Karl Theodor von Heigel

Aus drei Jahrhunderten

Vorträge aus der neueren deutschen Geschichte

Karl Theodor von Heigel

Aus drei Jahrhunderten

Vorträge aus der neueren deutschen Geschichte

ISBN/EAN: 9783743364578

Hergestellt in Europa, USA, Kanada, Australien, Japan

Cover: Foto ©ninafisch / pixelio.de

Manufactured and distributed by brebook publishing software (www.brebook.com)

Karl Theodor von Heigel

Aus drei Jahrhunderten

Aus

drei Jahrhunderten.

Vorträge

aus der neueren deutschen Geschichte

von

Dr. Karl Theodor Heigel

a. o. Professor der Geschichte an der k. Universität München.

Wien, 1881.

Wilhelm Braumüller

k. k. Hof- und Universitätsbuchhändler.

Vorwort.

Die hier vereinigten Vorträge hatten die Bestimmung, ein gebildetes Publikum mit einigen und anderen bemerkenswerten Ergebnissen der neuesten Forschung bekannt zu machen. Da die Abhängigkeit des Vortragenden von Zeit und Zuhörern sowohl auf die Wahl des Stoffes, wie auf Form und Colorit der Darstellung Einfluß übt, lassen sich vom Standpunkt des Gelehrten gegen diese Art historischer Erzählung Bedenken erheben, um so gewichtigere, wenn das Gesprochene durch den Druck der vollen Oeffentlichkeit übergeben und für eine größere Spanne Zeit erhalten wird. Andererseits bin ich mir des streng wissenschaftlichen Strebens bewußt, das mich bei den Vorstudien, bei Sammlung, Sichtung und Bearbeitung des Materials geleitet hat. Während der Maler bei aller Rücksicht auf die Aehnlichkeit eines Porträts doch in erster Linie sein künstlerisches Gewissen zufriedenstellt, wird der Historiker über dem Wunsche, die Theilnahme für seinen Vorwurf zu erwecken und zu fesseln, nun und nimmer die Wahrhaftigkeit verletzen dürfen. Er legt die allgemeinen Zustände dar und zeigt, was der Mann bei solchen Verhältnissen aus sich zum Vortheil oder Nachtheil des Allgemeinen zu machen wußte. Um es mit dem unübertrefflichen Worte Ranke's auszudrücken: „Der Historiker versucht, die Biographie zur Geschichte zu erweitern". Ob mir die Lösung einer so ernsten Aufgabe in gefälliger Form gelungen ist, muß ich dem Urtheil der Leser überlassen. Mein Wille war's!

Der Verfasser.

Inhalt.

	Seite
Deutschland nach dem dreißigjährigen Krieg	1
Prinz Eugen von Savoyen	24
Maria Theresia und Marie Antoinette	50
Gluck in Paris	78
Kaiser Joseph II.	106
Der Humorist Anton Bucher	134
Die Jakobiner in München	159
Königin Luise	208
Die Memoiren des Ritter von Lang	214
Paul Anselm von Feuerbach	234
Ludwig I., König von Bayern, und Thorwaldsen	258

Deutschland nach dem dreißigjährigen Krieg.

Nicht in der Geschichte der Genesis unserer Erde allein, auch in der Völkergeschichte ist die „Katastrophen-Theorie" unhaltbar geworden. Die moderne Naturwissenschaft begnügt sich nicht mehr mit der Erklärung, daß nur die Laune einer übernatürlichen Macht an gewissen Wendepunkten die lebenden Organismen vernichte und Festes und Flüssiges nach einer anderen Ordnung scheide, auf daß eine völlig neue Schöpfung beginne. Und wie die Geologie, sucht auch die wissenschaftliche Historie, d. h. die historische Kritik, in allen überlieferten Thatsachen Ursache und Wirkung. Ueberraschungen gibt es nur für die Zeitgenossen — natürlich mit Ausnahme der Diplomaten! Dem nachgeborenen Geschlecht zeigt sich die von langer Hand vorbereitete Intrigue, das Triebwerk der gewollten Mittel und mechanischen Gewalten, Ursache und Wirkung. Solch ein Blick hinter die Coulissen des Welttheaters ist für das Gemüth oft schmerzlich, aber heilsam. Denn die Wunden, welche die Wahrheit schlägt, sind nicht Verlust, sondern Gewinn an Lebenskraft. Ja, nur indem wir uns von der wahren Natur der wirkenden Kräfte in der Weltgeschichte überzeugen, können wir uns mit der Erfahrung aussöhnen, daß der Erfolg oft hinter berechtigten Erwartungen zurückbleibt, daß der Vortheil des Einen der Nachtheil des Andern, daß kein Fortschritt ohne Opfer möglich ist.

Mit dieser allgemeinen Betrachtung rechtfertigt sich mein Wagniß, ein Bild ohne Licht zu entrollen. Mögen Andere glänzend glänzende „Werke und Tage" schildern, auch die Betrachtung über Entwickelungsepochen ist für die Enkel von katharktischem Werth.

Kein Fortschritt ohne Opfer!

Spanien erschöpfte um der Entdeckung der neuen Welt willen die ganze Fülle seiner Kraft, Frankreich blutete für eine einförmigere und einfachere politische und gesellschaftliche Ordnung in der Revolution, Deutschland für die Befreiung des Geistes von der kirchlichen Autorität in den Religionskriegen. Wie einfach und klar und berechtigt erscheinen diese Forderungen und wie barbarisch war der Kampf um sie! Man ruft nicht ungestraft für Ideen die Erinnyen auf!

Zu den hier absolutistischen, dort ständischen Neigungen der Katholiken und Protestanten lag auch ein politischer Gegensatz von Anfang an; in der Folge, in der zweiten Hälfte des dreißigjährigen Krieges bildete sich dieser immer schärfer aus, das religiöse Princip wurde vom dynastischen Sonderinteresse verdrängt. Selbstsucht und Uneinigkeit der Fürsten schaden gleich sehr ihrer Sache und kommen nur dem Fremden zu gute. Das furchtbare Wort Mazarin's: „La guerre purge la France de ses mauvaises humeurs" galt schon für Richelieu, und Frankreich konnte in seiner in sich geschlossenen einheitlichen Stärke von vornherein mit großer Ueberlegenheit dem zerrissenen Nachbarreich entgegentreten. Ebenso hatte Schwedens Politik, obwohl ihr mit dem Tode Gustav Adolfs die großen Ziele und die Energie verloren gingen, noch immer genug traditioneller Wirkungsfähigkeit, um in Deutschland ihre Rechnung zu finden. Während das Volk den Himmel um Frieden anflehte, verfolgten die fremden und einheimischen Gewalthaber unerbittlich ihre ehr- und habgierigen Pläne, der „heilige Krieg" ist des Blutes und der Opfer unersättlich. Wohl wurden wiederholt Friedensunterhandlungen angeknüpft, sie nahmen aber nicht besseren Fortgang, als das Gewebe der Penelope. Während Hunderte von Städte in Asche sanken und ganze Länder zur Wüste wurden, debattirten die Herren Botschafter in Münster und Osnabrück über die barocksten Titel- und Etikettefragen, wurden Bände geschrieben um des Streits willen, ob die leeren Kutschen höherer Gesandten vor denjenigen, worin niedrigere Gesandte in persona befindlich, den Vorrang hätten. Nicht die männermordende Schlacht kostete die meisten Opfer, die zehnfache Zahl Menschen wurde von der entsetzlichen Nachhut der Armeen, durch Hunger, Pest und Raubmord dahingerafft. Nicht nur der Soldat, Kroat und Schwede, Franzose und Bayer plünderte, die Bauern selbst waren müde geworden, hungernd im Winkel der halbverbrannten Hütte zu kauern, sie begleiteten rudelweise, wie die Wölfe, die streifende Soldateska. Pestartige Seuchen verödeten ganze Städte, und zu welchen Verbrechen der Hunger stachelte, wage ich kaum anzudeuten — mußten doch nicht bloß in Worms die Kirchhöfe mit Wachen umstellt werden! Magdeburgs Schicksal erregte nur deshalb so allgemeines Aufsehen, weil die Katastrophe noch in die Anfänge des großen Würgens gefallen war!

Doch ich will das teuflische Treiben der Kriegshorden nicht weiter ausmalen. Schlage man die Chroniken aller Städte und Dörfer und Burgen auf, — die Blätter, die vom großen Krieg erzählen, triefen von Blut. Die Kirchenbücher sind Jahre lang nur durch Schweigen beredt oder erzählen mit peinlicher Gewissenhaftigkeit, wie viel Feuer man jeden Tag in der Ortsumgebung sehen konnte. Für die Frevel, die im Namen Christi verübt wurden, gibt es keine Worte. „Es ist mir nicht möglich, Alles zu beschreiben", sagte ein Zeitgenosse in einem Bericht über die Zwangsmittel, um Böhmen wieder zu katholisiren, „wenn ich nur an diese Actionen denke, muß ich bitterlich weinen." Wer nicht das Leben verlor, verlor doch alle Lebensfreudigkeit. „So kamen gar Viele in Verzweiflung," berichtet ein anderer Zeitgenosse, der das Wüthen der Franzosen im Baden'schen schildert, „daß sie gar nicht mehr glauben wollten, daß ein Gott im Himmel sei, vermeinend, wenn einer lebte, müßte er Alles mit Donner und Blitz in die Erde schlagen."

Endlich zwang die allgemeine Ohnmacht die widerstrebenden Herren der Erde zur Unterzeichnung des erlösenden Worts. Gerade als das schon so furchtbar heimgesuchte Prag nochmals von der Kriegsfurie in Brand gesteckt werden sollte, scholl das Wort:

„Friede" durch die Lande. Der Abschluß wäre auch jetzt kaum erfolgt, wenn die Franzosen und Schweden ihrer Heere noch sicher gewesen wären, denn sogar über ihre Horden, die überwiegend aus Deutschen bestanden, oder vielmehr aus vaterlandslosen Kindern des Lagers, war ein Gefühl der Ermattung und Abspannung gekommen, so daß sich ganze Rotten weigerten, länger noch Waffendienst zu leisten.

> „Wohlauf, so nimm nun wieder
> Dein Saitenspiel hervor,
> O Deutschland, singe Lieder
> Im hohen, vollen Chor!"

So frohlockt Paul Gerhard, und das war damals sicherlich aus dem Herzen des Volkes gesungen. Wir fühlen jetzt die Schmach jenes Friedens, der in den westphälischen Städten dem deutschen Volke abgerungen wurde, — damals lag des Krieges Noth und Qual so drückend auf Allen und Jedem, daß das eine Gefühl, Leben und Sicherheit wieder zu haben, alle anderen Rücksichten verdrängte.

„Ich fürchte," heißt es in der Flugschrift „Deutscher Brutus", „Frankreich sei uns Deutschen der zerbrochene Rohrstab Aegypti, welcher Dem, so sich darauf lehnet, die Hand durchbohret, — und Schweden war vor diesem Krieg hölzern und mit Stroh gedeckt, jetzt ist's steinern und prächtig hergerichtet." Rist's Drama „Das Friede wünschende Deutschland" ist ein charakteristisches Stimmungsbild: durch Mars und seine vier fremden Gesellen wird Germania bis zum Tod gefoltert und mißhandelt, bis sie endlich ausruft: „Herr, erbarme dich und verleihe mir wieder den Glauben an mich selbst, ansonst ich elendiglich verschmachten muß!"

Der Friede brachte aber nicht Ermannen und Kräftigung, sondern alle deutschen Interessen wurden preisgegeben, das deutsche Volk, das hundert Jahre früher der Weltgeschichte die Bahn vorzeichnete, war im Herzen getroffen, nur schwache Pulsschläge bekundeten, daß es politisch noch nicht todt.

An Umfang zwar übertraf das Reich, obwohl Frankreich das Elsaß an sich gerissen und an den Nord- und Ostseeküsten der Schwede sich eingenistet hatte, noch immer alle übrigen Staaten des

Abendlandes, aber die übrig gebliebenen Reichskreise bildeten nicht mehr ein Reich. Der Auflösungsproceß datirte übrigens nicht erst aus der Kriegszeit, schon vorher hatten sich deutsche Fürsten wiederholt unbedenklich mit dem Auslande gegen Kaiser und Reich verbündet; das Gefühl der Einheit der Nation war ihnen verloren gegangen, ohne Scheu sahen sie spanische oder schwedische oder französische Truppen gegen ihre Landsleute fechten. Der westphälische Friede war nur der Schlußact, die feierliche Sanction der allgemeinen Zersplitterung. Das Kaiserthum blieb zwar erhalten, nach wie vor hüllte man den Neugewählten im ehrwürdigen Römer in die Gewänder des großen Karl, und Viele mögen noch immer wie Leibnitz von einer gewissen religiösen Ehrfurcht vor der Autorität des Reichsoberhauptes beseelt gewesen sein. Da aber Leibnitz selbst diese traditionelle Scheu nur aus der Stellung des Kaisers als Schirmherrn der Christenheit und obersten Richters aller hohen Häupter der Erde erklärt, so sehen wir, daß sogar auch die Besten die Bedeutung des Kaiserthums in Vorstellungen sahen, denen der reale Boden fehlte. Die wirklichen Befugnisse der Krone beschränkten sich nach den einschnürenden Bestimmungen der Friedensacte und der nächsten Wahlcapitulationen fast nur auf Verleihung von Adelstiteln und ein Jahreseinkommen von etwa 8000 Thalern. Dagegen hatte der westphälische Friede die „germanische Freiheit" besiegelt, d. h. die Zerstückelung in mehr als 300 Territorien, deren Souveräne freilich oft nur ein paar Quadratmeilen besaßen. Namentlich Franken und Schwaben boten ein burleskes Bild der Zerrissenheit, eine bunte Mosaik lebensunfähiger Staatskörper, — zerfielen ja doch oft in einem Dorfe die Bewohner wieder in Unterthanen von Aebten und Rittern, Fürsten und Städten. In Allem, was auf Zusammensetzung und Verfassung des Reiches Bezug hatte, schien nur Willkür das einzig maßgebende Princip.

Trotz der Nachtheile jedoch, welche diese Vielheit der Interessen nicht bloß für Verwaltung und Verkehr, sondern noch mehr für die Fortentwicklung des nationalen Gedankens haben mußte, trotz der Stumpfheit der reichsständischen Gewissen hätten die habsburgischen

Kaiser vermöge ihrer Hausmacht die Würde und Autorität des Kaiserthums aufrechterhalten gekonnt, aber sie verlegten selbst nicht den Schwerpunkt ihrer Gewalt nach Deutschland; die ungeheuren Erwerbungen an slavischen, magyarischen und welschen Gebieten verdrängten aus ihrer Politik die Reichsidee, das Kaiserthum galt ihnen nur als Zugabe, es wurde nicht peinlich empfunden, sondern schien sogar wünschenswerth, daß „Kaiser" nur ein prangender Titel.

Reichshofrath und Reichskammergericht überfluteten nach wie vor das Reich mit Mandaten und Beschlüssen, aber dieselben genossen kein Ansehen, denn es fand sich kein starker Arm, um ihnen in schwierigen Fällen Geltung zu erzwingen, und es gab hundert Wege, sich ihnen zu entziehen.

Der Reichstag endlich, der die festeste Stütze der Reichseinheit hätte sein sollen, welch klägliches Bild gewährt er in der zweiten Hälfte des siebzehnten Jahrhunderts! Er hatte in den letzten Jahrhunderten seine Bedeutung namentlich dem Collegium der freien Städte verdankt, die sich mehr als einmal als starke Stütze deutscher Macht erwiesen, wenn die kaiserliche Gewalt nicht mehr zu steuern vermochte, wo sich neben dem Freiheitssinn der Gemeinsinn am stärksten entwickelt hatte. Ihre politische Wirksamkeit war aber durch die westphälische Friedensacte fast gänzlich gebrochen. Und seit nur noch Diplomaten und Gelehrte als Vertreter der Reichsstände in Regensburg tagten, trat man überhaupt selten mehr in's Stadium wirklich bedeutungsvoller Verhandlungen, wenigstens kamen große nationale Fragen niemals vor dieses Forum. Elende Formalien und jämmerliche Ceremoniellstreitigkeiten gaben den Herren in der Allonge vollauf zu thun. Was war das für ein herrlicher Triumph der fürstlichen über die kurfürstlichen Gesandten, als die ersteren durchsetzten, daß wenigstens die vorderen Füße ihrer Stühle auf den Franzen des Teppichs im Conferenzsaal stehen durften! Solcher Mummenschanz konnte doch im Volke nur die Lachlust rege machen!

Kann es bei solchem Siechthum der Reichsvertretung befremden, daß auch im Volk, wie Leibnitz im Essai über die Securität Deutschlands klagt, an Indifferentismus „cum in fidei, tum in moralibus et politicis rebus" krankte, daß vor allem das politische Leben wie abgestorben, daß gerade die Besseren, dem deutschen Volke jede politische Mission absprechend, gegen alle Dinge des öffentlichen Lebens überhaupt theilnahmslos blieben?

So sah es aus um Kaiser und Reich! Der schwedische Kanzler hatte gewiß nicht Unrecht, wenn er die deutsche Verfassung eine confusio divinitus conservata nannte, ein Wirrsal, das nur durch göttliche Vorsehung aufrecht gehalten werde. Ein Kaiser ohne kaiserliche Macht, Fürsten, die unbekannt mit deutscher Fürstenpflicht und dem deutschen Volksthum gänzlich entfremdet, eine nationale Wehrkraft und einheitliche Politik höchstens auf geduldigen Reichstagsdocumenten, das Volk ohne Vaterlandsgefühl, — in einer Zeit, da auf Richelieu's starken Widerlagen das Siècle Louis XIV. sich erhebt, da Frankreich als ein im Innern geeinigtes, nach Außen mächtig erweitertes Reich in imposanter Größe sich aufrichtet. So kann man sich nur erklären, wie der Raub Straßburgs geschehen konnte, ohne daß man an Donau und Elbe den Schimpf empfand!

Der Zerrüttung des Staatsorganismus entsprach allgemeiner materieller Bankerott. Die Friedenssonne beschien ein verarmtes, menschenleeres, zu Grunde gerichtetes Land. Wenn W. Menzel annimmt, daß Deutschland im großen Krieg die Hälfte oder gar zwei Drittheile der ganzen Bevölkerung verloren habe, sind wir versucht, die erschreckende Berechnung für falsch zu halten, aber ihr Ergebniß scheint uns kaum zu hoch gegriffen, wenn wir den einzelnen Spuren nachgehen und in so vielen Kirchspielen auf die Thatsache stoßen, daß von einer Bevölkerung von mehreren Hunderten kaum ein paar Dutzend den Krieg überlebten. Die Städte, im Mittelalter die gesegnetsten Sitze der Kultur, hatten fast ohne Ausnahme durch den Krieg furchtbar gelitten. Schutt, zerschossene Mauern, zerfallene Häuser, ausgebrannte Kirchthürme, — so bot sich das Aeußere von hundert Städten dar. Die Bürgerschaft war an vielen Orten so decimirt, daß die öffentlichen Aemter nicht mehr besetzt werden konnten. Die Hansestädte, einst der Ruhm und Stolz des deutschen Namens, deren Handel die ganze Welt umspannte, hatten schon vor dem Krieg an Wohlstand und Bedeutung eingebüßt. Durch die Entdeckung neuer Verkehrswege waren die am offenen Ocean gelegenen Stapelplätze, die früher der Einfluß der Hansa beherrscht hatte, zu raschem wirthschaftlichem Aufschwung gelangt; dagegen waren namentlich für die Brennpunkte des Binnenhandels die Handelsconjuncturen so ungünstig geworden, daß ein Sinken der alten Städte-Herrlichkeit schon im sechzehnten Jahrhundert erkennbar wird. Der Krieg vollends und religiös-politische Unruhen drückten sie zur Ohnmacht herab. Augsburg z. B., das vor dem Krieg 80,000 Einwohner hatte, zählte schon im Jahr 1632 nur noch 16,000. Langsam nur konnte sich die gebeugte Generation wieder aufrichten, langsam nur gelang es der deutschen bürgerlichen Kraft und Strebsamkeit, durch neue Producte und neue Absatzzweige wieder zu Wohlstand und Reichthum zu gelangen, — ohne jedoch die alte geschichtliche Bedeutung je wieder erreichen zu können.

Noch schlimmer als in den Städten sah es auf dem Lande aus, kann ja doch das Werk des Landmannes nur im Frieden gedeihen! Jetzt aber hatte der Krieg nicht blos ganze Dörfer vernichtet, auch in den besser erhaltenen fehlte es an fleißigen Händen, so daß die Felder wüst und brach lagen. Der Simplicissimus malt mit fürchterlichem Realismus die Schrecken des Krieges in Dorf und Flur. Was dem Schwert und der Raubgier der Soldaten entging, fiel der Erpressung der Freibeuter oder der Hinterlist der vacirenden Gauner zur Beute. „Der helle Haufen," so schildert eine bald nach dem Krieg erschienene Geschichte der Landschaft Thüringen die Apathie der Landleute, „litt wie das Vieh, das sich schlagen und raufen läßt, und sieht nicht einmal um nach dem, der schlägt, sondern geht in seinem Sinne also fort, wie von Pressuren trunkene Leute." Nicht blos fehlte es an Betriebscapital, die wenigen Kräftigen wurden zum Militärdienst weggenommen, denn der Krieg zog in allen Staaten Vermehrung der stehenden Heere nach sich, und nach der einseitigen Heeresorganisation jener Zeit hatte fast ausschließlich der Bauernstand die Last zu tragen. Ueberdies stiegen noch die Steuern und Abgaben, die Frohndienste, die der Unfreie den kleinen

Tyrannen zu leisten hatte. Aus dem Lande ob der Enns wird berichtet, daß „etliche Unterthanen so großen Trayb-, Weitz- und Haberdienst geben müssen, daß sie manchmal kaum so viel bauen können". Der unfreie Bauer war ja so gut wie rechtlos, die Gesetzgebung selbst entnahm Bestimmungen, die den härtesten Frohndienst und die unerträglichste Bedrückung straflos machten, dem römischen Recht, Grundsätzen aus der Zeit der Sclaverei oder doch eines halbsclavischen Colonats. So erklärt sich die klägliche Entwerthung aller Grundstücke. In Hessen konnte man für 50 Gulden ein ansehnliches Hofgut kaufen, im Braunschweigischen für 1 Schilling ein Stück Acker pachten, in Altenburg wurden häufig herrenlos gewordene Güter unentgeltlich vergeben, unter der Bedingung, daß die rückständigen Abgaben entrichtet würden. In Sachsen hatten sich, da ganze Landstriche verödet waren, die Wölfe so vermehrt, daß sie in großen Rudeln sogar kleine Städte überfielen und 1656 eine eigene „Wolfsordnung" zur Ausrottung der Bestien erlassen werden mußte.

Und wie das Land, so war auch der Volksgeist verwildert. Im sechzehnten Jahrhundert hatte sich die Landwirthschaft in Deutschland, angeregt durch das Beispiel der besser entwickelten westlichen Nachbarländer, erheblich aufgeschwungen, jetzt dachte Niemand mehr an rationelle Cultur, der Bauer kümmerte sich wieder nur um abergläubische Constellationen, nicht um nützliche Kenntnisse. Auch in den Städten war der durch den Krieg gesäete Samen der Zügellosigkeit und Rohheit aufgegangen. „Dahin führt," schreibt 1635 Hülsemann an Schmid, „dieser Bürgerkrieg, daß er nicht nur unser Land um Geld und Leute bringt, sondern durch seinen hinschleppenden Charakter jedes Alter abstumpft, daß er auf die Erziehung der Kinder seinen Einfluß äußert, Sinn und Streben der Erwachsenen verderbt, die Hoffnung der Greise ermüdet." Und Rector Rabener in Meissen vergleicht die Wenigen, die nicht von den schlechten Sitten der Zeit angesteckt wurden, mit den drei Knaben, die im Feuerofen ohne Brandmal blieben. Nicht die Hyperbeln der Kanzelschreier wollen wir als historisches Zeugniß für die Entsittlichung des Volkes gelten lassen, auch sonst verräth so Vieles den verderblichen Einfluß des Krieges auf die socialen Verhältnisse. Zu keiner Zeit waren mehr Mandate gegen zunehmenden Luxus, potencirten Sinnengenuß und Schwindelgeist nöthig, als damals, da noch allerorten die Ruinen rauchten. „Kaum gibt es ein widerlicheres Schauspiel," sagt Biedermann, „als den Anblick des ausschweifenden Luxus, dem sich mitten in der Zeit der ärgsten Noth wetteifernd fast alle Stände des Volks, natürlich mit vielen ehrenwerthen Ausnahmen, aber doch in ihrer großen Masse ergaben." Wie selten wirkt die Schule des Unglücks läuternd und veredelnd! In jener Zeit erst schlich sich in die deutsche Industrie jener schlimme Geist, der den Credit des deutschen Namens bei den Nachbarvölkern untergrub: aus den Zunftordnungen ist zu ersehen, daß jetzt bei Fabrication und Handtirung aller Art viel häufiger gewissenlos und nachlässig zu Werk gegangen wurde. Nichts zeugt eindringlicher von der geistigen Verwilderung jener Generationen, als die Thatsache, daß gerade damals das Hexenwesen seinen Höhepunkt erreichte, jener Spuk, der bedrohte, was den alten Deutschen das Heiligste war, das Weib und das Alter. Was sind die Christenverfolgungen der Diocletiane gegen die tausend Scheiterhaufen, die jener ruchlose fromme Wahn entzündete! Ließ doch der Bischof Philipp Adolf von Würzburg allein in den Jahren 1627—1629 900 „Hexenleut" zum Tode führen! Freilich war dies nicht blos ein Akt der Tyrannei, der Teufelsglaube hatte die Volksseele so umnachtet, daß Hunderte, von melancholischer Stimmung übermannt, sich selbst als Schuldige bezeichneten und dem gräßlichen Tode als Opfer überlieferten.

Die Heilung dieser socialen, moralischen und intellectuellen Krankheiten wurde durch Nichts mehr erschwert, als durch den radicalen Umschwung, den damals das Verhältniß zwischen Regenten und Regierten erfuhr.

Wie sich in den Einzelstaaten die Souveränetät nach außen ausbildete, so im Innern das unbedingte Recht des Gebietens, die unbedingte Pflicht des Gehorchens; die Kluft zwischen Fürst und Volk erweiterte sich mehr und mehr, die Bürgschaften und Schutzwehren des Rechts und der Freiheit der Bürger brachen vor der Uebermacht des absolutistischen Princips zusammen, das sich von

Frankreich und Spanien an die deutschen Höfe verpflanzte. Die herrschenden Kreise waren jetzt Alles, das Volk nur der Stoff, der nach Belieben geknetet werden konnte, die Idee eines Staatsinteresses war noch ein unbekannter Begriff. Nur nach äußerer Ausdehnung, nicht nach Entwickelung der inneren Kräfte wurden Größe und Glück eines Staates bemessen, demgemäß blieb in Entfaltung kriegerischer Macht und Beschaffung der Mittel für Militär und Hofhalt die Summe der Regierungsthätigkeit concentrirt. Es fehlte zwar auch in jener Periode nicht an Fürsten, die ihren öffentlichen Pflichten treu blieben. Vor Allen zeichnete sich Friedrich Wilhelm, der große Kurfürst, durch Ernst und Thatkraft, der brandenburgische Hof überhaupt durch eine gewisse solide, wenn auch nüchterne Größe aus. Ferdinand Maria von Bayern lebte inmitten eines prunkvollen Hofes wie ein einfacher Privatmann, Johann Georg von Sachsen, Ernst von Gotha und manche andere Fürsten, wenn schon dem fürstlichen Absolutismus huldigend, hielten es für ihren Beruf, für das Beste des Volkes zu sorgen. Ueberhaupt empfanden die größeren deutschen Staaten die Unbeschränktheit und Unverantwortlichkeit ihrer Regenten weniger als Last, die größeren Verhältnisse schon bedingten hier größere Gesichtspunkte der Regierungen als in den kleineren und kleinsten Ländern, wo die Beamten nur als Dienerschaft einer Domäne angesehen wurden und selbst angesehen sein wollten.

Gerade an den Höfen der Duodezstaaten zog es auch die schlimmsten Folgen nach sich, daß sie ganz der deutschen Sitte entfremdet und nach französischem Muster umgemodelt wurden. An und für sich sind ja rege Wechselbeziehungen der Völker unter einander durchaus nicht zu beklagen, sie wirken befruchtend auf das geistige und sittliche Leben. So war der Einfluß, den Frankreich schon im Mittelalter auf die deutsche Culturentwickelung ausübte, fast nur heilsam gewesen, denn an höfischer wie wissenschaftlicher Bildung war Frankreich mit seinen hohen Schulen von Montpellier und Paris dem kriegerischen Nachbarreich weit voraus. Was deutscher Geist an französischem Vorbild lernen, wie ein Dichtergenius fremden Stoff zu deutschem Nationaleigenthum machen konnte, zeigen Wolfram von Eschinbach und Gottfried von Straßburg. Auch der Einfluß, den französisches Wesen im sechzehnten Jahrhundert namentlich auf die reformirten Höfe Deutschlands übte, förderte den Aufschwung der Civilisation. Vom deutschen Hofleben der früheren Zeit werden uns in Memoiren und Correspondenzen wahrhaft erschreckende Beispiele barbarischer Derbheit geschildert. Jagdlust, die das Vergnügen nur nach der Zahl des zu Tode gehetzten Wildes bemißt, Kunstliebhaberei, die sich fast nur auf mechanische Spielwerke und gebrechselte Curiositäten erstreckt, allerwege und alleweile aber Durst und Lust zu einem Trinkgelage waren die Grundlage der höfischen Vergnügungen. Erst, nachdem Fürsten und Cavaliere, die mit den Protestanten Frankreichs in enge Beziehungen traten, in Paris feinere Lebensweise kennen gelernt hatten, begannen sie eifriger Künste und Wissenschaften zu pflegen.

Im siebzehnten Jahrhundert wurde nun, gefördert durch das Wachsthum der französischen Macht, auch die Vorliebe für das französische Wesen allgemein, und Lebensweise und Sprache des Nachbarlandes dienten nicht mehr als Vorbild, sondern wurden, so wie sie waren, auf den deutschen Boden verpflanzt. Schon 1620 klagt Opitz: „Wir schämen uns unseres Vaterlandes und trachten danach, daß wir nichts weniger als die deutsche Sprache zu verstehen scheinen. Aus dieser Quelle strömt das Verderben auf Vaterland und Volk, wir verachten uns selbst und werden deßhalb verachtet." Deutsche Eigenart wurde vollends erstickt, als der schöne und geistvolle Ludwig XIV. den französischen Thron bestieg, der, wie wenige Regenten, zu glänzen, zu imponiren, zu bezaubern verstand. Nicht die Thatsache war von Unheil, daß sein Hof, der ja die gefeiertsten Staatsmänner und Kriegshelden, Künstler und Gelehrten aufzuweisen hatte, den Ton angab für alle deutschen Höfe, — wie viel Rühmliches und Herrliches hatte man von Versailles zu lernen! Aber es fehlte schon an der nötigen materiellen Grundlage. Umsonst nahm man an den geistlichen und weltlichen Höfen seine Zuflucht zu jenen italienischen Abenteurern, die durch alchymistische Kunststücke oder gewagte Geldoperationen

gut machen sollten, was Verschwendung und verkehrte Finanz=
wirthschaft verschuldet hatten. Noch ungünstiger aber wirkt der
Vergleich zwischen dem Original und den Copien, wenn wir die
geistigen Elemente ins Auge fassen. Höflinge und Maitressen gab
es auch in Deutschland in Menge, aber wo sind jene Colbert
und Louvois, Corneille und Bossuet, Fenelon und Molière? Mit
dem Kleid stellte sich nicht zugleich der Geist ein; weil man das
Gute nicht haben konnte, gefiel man sich in der Uebertreibung des
Schlechten, man wurde nur, wie Logau's Epigramm höhnt, der
Bediente, der des Herrn Livrée trägt. In beleidigendem Contrast
mit der Armuth der ringsum gelagerten Hütten entstanden prunk=
volle Luftschlösser mit grotesk zugeschnittenen Parkanlagen, da gab
es Irrgärten mit versteckten Liebestempeln, Schäferhüttchen und
Eremitagen, — aber die Menschen, die hier Versailles und Mably
spielten, besaßen weder geistigen Schwung noch feines Empfinden.
An die Stelle der lateinisch=theologischen Erziehung der Fürsten=
söhne des sechzehnten Jahrhunderts tritt eine französisch=weltliche;
sicherlich wirkte der französische Hofmeister nicht unvortheilhafter als
der geistliche Magister, aber es wurde nicht an Stelle der gravi=
tätischen Gelehrsamkeit der französische Esprit eingetauscht, sondern
nur die französische Genußsucht. Für höchste Weisheit galt die
Kunst, den gesteigerten Luxus bestreiten zu können. „Es ist leicht
zu erachten," schreibt Elisabeth Charlotte, diese echt deutsche Seele,
„wie der luxe die Treuherzigkeit verjagt; man kann nicht magni=
fique sein ohne Geld, und wenn man so sehr nach Geld fragt,
sucht man die Mittel hervor, was zu bekommen, wodurch dann die
Falschheit, Lügen und Betrügen einreißt, welches dann Treue,
Glauben und Aufrichtigkeit ganz verjagt." Natürlich gilt diese
Schilderung nur im allgemeinen vom deutschen Hofleben, bei ein=
zelnen Höfen traten andere Einflüsse, so am bayerischen die italienische
Mode, bei einzelnen auch eigenartige Vorzüge hervor, namentlich an
manchen lutherischen Höfen blieb eine gewisse ehrliche altväterliche
Derbheit erhalten.

Verderblich wirkte diese Umgestaltung vor Allem auf den
Adel. Viele adelige Gutsherren hatten ihren Besitz verloren und

drängten sich nun zum Hofdienste, hier Bereicherung und Auszeichnung suchend und sich vom Volke, mit dem sie vorher oft in patriarchalischem Verhältniß gelebt, ängstlich absondernd. In diesen Kreisen insbesondere wird es Princip, daß Sittenstrenge nicht mit freierer Geistesrichtung vereinbar, wird äußerlicher Glanz der Endzweck des Lebens. Welch' kernige Gestalten weist der deutsche Adel im Reformationszeitalter auf, und was wurde er hundert Jahre später! Zierlich zu Roß auf der Stechbahn den Speer zu führen, für Schäferspiel und Mummenschanz mythisch-allegorische Devisen zu inveniren, französisch mit der Dame des Herzens zu parliren — das waren die einzig erforderlichen Künste der spanisch-französischen Chevalerie.

Das à la mode wurde in ganz Deutschland das Alles beherrschende Zauberwort, und der im deutschen Charakter liegende Zug aristokratischer Ausschließlichkeit, der deutsche Kastenhochmut bewirkte, daß man hier in lächerlicher Geschmacklosigkeit Frankreichs Sitten weit überbot. Dem Modeteufel zu Liebe bequemte man sich zu jeder Monstrosität. Wäre es denn überhaupt denkbar gewesen, daß ein solcher Monsieur à la mode, wie sie Moscherosch geißelt, umflattert von Bändern und Spitzen und Nesteln, durch männlichen Muth im Rath wie in der Schlacht sich ausgezeichnet hätte? Die Unnatur gipfelte in der „Perruque". Was Ludwig XIV. sich gefallen ließ, weil natürlicher Mangel es zum Bedürfniß machte, und was die Umgebung des Königs begreiflicherweise adoptirte, wurde alsbald von der vornehmen Lakaienwelt in ganz Europa mit Stolz getragen. Die Frauen durften natürlich nicht zurück bleiben, sie griffen zu dem ungeheuren Haargebäude der „Fontange", nach einer Gunstdame des Königs so genannt, die steife Robe folgte, die Mouches und was sonst das gebieterische à la mode erheischte. Und, wie Logau sagt:

"À la mode Kleider, à la mode Sinnen,
Wie sich's wandelt außen, wandelt's sich auch innen!"

Der Unnatur in der Tracht entsprach die Unnatur aller Umgangsformen, der ganzen Denk- und Redeweise. Je schimpflicher das

Weib in jenen Kreisen erniedrigt wurde, desto tiefer das Compliment, desto graziöser der Handkuß, desto gezierter die Anrede.

Am widerlichsten zeigt sich die Vermischung mit dem Fremden in der Sprache und Literatur unserer Periode. Was war aus der Sprache Luther's geworden? „Ich kann nicht glauben," sagt Leibnitz, „daß möglich sei, die Heilige Schrift in einiger Sprache zierlicher zu dolmetschen, als wir sie in Teutsch haben; so oft ich die Offenbarung in Teutsch lese, werde ich gleichsam entzückt." Welche Sprache wäre eine so reiche Fundgrube, wo für alles menschliche Sinnen und Dichten, Denken und Thun der rechte Ausdruck zu finden? Aber auch die Sprache blieb bei der allgemeinen Verwelschung nicht unberührt, auch dieses unser tiefinnerstes National-Eigenthum wurde durch à la mode-Geschmack in jenes Kauderwelsch verwandelt, das uns beim Lesen z. B. eines Decrets des Reichskammergerichts aus jenen Tagen wahrhaft Grauen einflößt. Umsonst suchte ein an der slavisch-deutschen Sprachgrenzscheide gebildeter Bund, die Fruchtbringende Gesellschaft, die freilich in ihrem Purismus hinwider über das Ziel hinausschoß, dem Eindringen der fremden Elemente in das Hochdeutsch entgegenzuwirken, umsonst geißelte Gryphius in seinem Horribilicribrifax den lächerlichen Bombast, umsonst rief Moscherosch den Sprachverbesserern zu: „Hast Du je einen Vogel plärren, eine Kuh pfeiffen hören? — und ihr wollt die edle Sprache, die euch angeboren, so gar nicht in Obacht nehmen in unserm Vaterland. Pfui dich der Schand!"

Und wie aus der Sprache, so entschwand auch aus der Literatur alle Natürlichkeit. Freilich, was sollte die Poesie feiern? Ein Vaterland? Die Idee war untergegangen! Gott und Religion? Das gab nur Stoff zu haßtriefender Polemik! Liebe und Sitte? Könnte die abgeschmackte Zierbengelei einen Dichter finden? — Nur da, wo die Noth und das Elend und die Verkommenheit des Zeitalters mit naturalistischer Treue geschildert wird, zeigt die Literatur einen kräftigen, ehrenhaften Charakter. Der muthige Freibeuter Simplex des Grimmelshausen ist die ansprechendste Schöpfung der ganzen poetischen Literatur des Jahrhunderts. Er ist für dessen Verwilderung charakteristisch, und doch verleugnet sich auch in ihm der gute Kern des deutschen Volksgeistes nicht, selbst im wildesten Strudel läßt ihn ein gewisser Adel der Seele nicht gänzlich untergehen. Was bietet aber sonst noch das Zeitalter nach dem Krieg? Hohen poetischen Werth werden wir auch den Leistungen eines Opitz und Flemming nicht nachrühmen, aber doch sind diese Dichter der ersten schlesischen Schule noch von sittlichem Ernst und würdevollem Streben getragen — wie niedrig und geschmacklos und frostig erscheinen uns aber die Lohenstein und Hoffmanswaldau! Nichts kennzeichnet trauriger den verderbten poetischen Geschmack, als daß die armseligen Carmina einer gar dunklen Dichterexistenz, des Jacob Vogel, seines Zeichens Bader zu Stößen bei Naumburg an der Saale, damals wirklich aufrichtige Bewunderer fanden. In einem Gedichte klagt er, daß Deutschland zwar einen Lutherum, aber noch keinen Homerum hervorgebracht, schließt aber mit der bescheidenen Anspielung:

"Doch nun thut Gott erwecken frey
Einen Vogel, der ohne Scheu
Zum teutschen Poeten gekrönet ist
Von hohen Leuten dieser Frist!"

Erst die Nachwelt erfand für dieses saft- und kraftlose Gewäsch das angemessene Wort: Saalbaderei!

Nur wenige Dichter leihen der wahren Empfindung Ausdruck, Paul Gerhard schlägt im geistlichen Lied ungekünstelten Ton an, — die Vielgelesenen und Vielbewunderten aber kehrten sich vom wahren Gefühl ebenso hochmüthig ab, wie vom volksthümlichen Leben, ergingen sich in schwulstiger Schilderung hinterindischer Herrlichkeiten oder eines erlogenen Germanenthums, oder fabricirten in Marini's Geschmack taffetne Schäferromane und Liebesallegorien, die uns um so frostiger anmuten, je mehr vom Feuer geredet wird. Das Herz hat bei diesen Liebesworten nicht mitgesprochen. Nirgendwo in unserer Literatur tritt der Uebergang vom Pathetischen in's Triviale, vom Gekünstelten in's

Banale so unvermittelt auf, ist so charakteristisch, wie für die A la mode-Dichter in Schlesien.

Daß auch die bildende Kunst — vereinzelte Triumphe des Grabstichels ausgenommen — von der Höhe der Dürer, Holbein, Vischer ꝛc. tief herabgesunken, kann nicht befremden, da sie frei und selbständig nur aus einem gesund und kräftig entwickelten Gesammt= leben der Nation hervorquellen kann, da ihr die Herrschaft des fremden Modeeinflusses nach dem Kriege ebenso verderblich sein mußte, wie die Verwüstung und Verwirrung in den Kriegsjahren.

Nur eine Kunst fand selbst im Schiffbruch aller Dinge noch liebevolle Pflege. Mitten in den Stürmen des dreißigjährigen Kriegs legte Heinrich Schütz den Grund zu einer neuen Musik, und auch in den Jahren der Gefangenschaft des deutschen Genius blieb der Tonsprache die gesunde Empfindungsweise erhalten, die der Literatur abhanden gekommen war. Wenn auch dann die Musik fremdes Gewand anlegte, im Tiefinnersten blieb sie immer deutsch, — und bald füllt ein Geistesriese aus diesem Reich, Händel, die Welt mit seinem Ruhme, während vorerst in beschränkterem Kreise, aber nicht minder epochemachend, wie ein anderer Luther, strebt und schafft Sebastian Bach.

Vor ihnen schon wirkte ein noch in höherem Maße universell zu nennender Genius für die Erlösung der deutschen Geistesbildung, Leibnitz. Er ist vor Allen als der Erste zu nennen, wenn wir uns zur Frage wenden: Wie war es möglich, daß wieder eine neue, bessere Zeit für Deutschland anbrach?

„Die Thaten schlechter Menschen," sagt Buckle, „bringen nur zeitweilig Uebel hervor, die Thaten guter nur zeitweilig Gutes, und endlich sinkt Gut und Uebel völlig zu Boden, wird aufgehoben durch nachfolgende Generationen und geht in die unaufhörliche Be= wegung folgender Jahrhunderte auf: aber die wissenschaftlichen Entdeckungen großer Männer verlassen uns nie, sie sind unsterb= lich!" Wir müßten die uns gesteckten Gränzen weit überschreiten, wollten wir auf das Leben dieses Mannes näher eingehen, ein Leben so reich, wie kaum jemals eines gelebt wurde. Wir können nur flüchtig hinstreifen an die Thaten dieses Geistes, der auf allen

Gebieten, politisch wie kirchlich, nicht bloß in die Verhältnisse Deutschlands, sondern ganz Europa's eingriff und in jeder Wissenschaft anregend und befruchtend wirkte.

Das Deutschland des sechzehnten Jahrhunderts nimmt in der Geschichte der Wissenschaften einen Ehrenplatz ein, aber alle diese Bestrebungen, des Alterthums Sprache und Geschichte aufzuhellen, den Gesetzen der Zahlen nachzuspüren, die Kräfte der Natur und ihren Ursprung zu erforschen, all dieses Sinnen und Wägen wurde durch den großen Krieg unterbrochen, die Bahn geistigen Fortschritts gleichsam verschüttet, — wie konnte beim Elend der Verwüstung, bei der erschlaffenden Wirkung des Elends noch wissenschaftliches Interesse lebendig bleiben! Während Italien noch einen Galilei, einen Toricelli sein eigen nennt, die kleinen Niederlande ein Brennpunkt philologischer Bildung werden und Frankreich durch seine Akademie die wissenschaftliche Bewegung ganz Europa's beschäftigt, ist Deutschland, was Selbständigkeit der Forschung und Originalität der Erfindung betrifft, auf allen Gebieten überflügelt, — erst mit Leibnitz tritt es wieder stimmberechtigt in den edlen Wettstreit der Nationen ein. Getragen von der Ueberzeugung, daß das Princip des Materialismus unhaltbar sei, denkt er den großen Gedanken: Die Natur ist ein Organismus, von dem auch der kleinste Theil wieder ein selbständiges Leben hat! Ihm ist das Niedrigste wie das Höchste vergeistigt. Die Kühnheit seiner Rechtstheorien erfüllt gerade in unseren Tagen mit Staunen. Er ist der Erste, der die Berechtigung der socialistischen Idee — im edlen Sinne des Wortes — erkannte. In den Wiener Denkschriften: „Zur Stellung der Armen in Arbeit" und „Was eine Obrigkeit zur Wohlfahrt ihrer Unterthanen thun soll," vertritt er die Forderung, daß die Besserstellung der niedersten Volksclassen eine Aufgabe des Staates, der Arbeitsgelegenheit und Arbeitsverdienst, wenn nicht beschaffen, so doch regeln müsse. Er verliert sich nie in die Nebel der Abstraction; gemeinnützig, im Sinne der Humanität zu wirken, ist stets das Ziel seines rastlosen Strebens. Wenn seine Vorschläge damals der unmittelbaren Einwirkung auf das praktische Leben verlustig gingen, so können wir die Schuld nur der Schwerfälligkeit und Unzugänglichkeit der leitenden Kreise, nicht aber dem pfadfindenden Idealisten aufbürden. Auf alle denkbaren, scheinbar unbedeutendsten volkswirthschaftlichen Fragen geht er ein, die große Idee einer Vereinigung aller Völker durch die Bande der Civilisation ergreift er zuerst, das Fernste wie das Nächste umfaßt sein universeller Geist.

Mit Leibnitz an der Spitze wagen nun auch die Deutschen wieder Eroberungszüge auf dem Gebiete der Naturforschung, und die Princip- und Systemlosigkeit der Beobachtung einzelner Materien und Erscheinungen macht einer festen Methodik Platz. Indem dem fallenden Apfel ebenso wie der im fernsten Aetherraume rollenden Sternenwelt wissenschaftliche Beobachtung zugewendet wird und daraus die Kräfte und Gesetze der allgemeinen Körperbewegung festgestellt werden, indem man die Vorgänge im menschlichen wie im thierischen Organismus planmäßig verfolgt, indem aus den Experimenten der an den Höfen irrlichternden Alchymisten das lautere Gold einer neuen Wissenschaft gesondert wird, öffnet sich dem Menschenauge der Blick in eine neue Welt. Wenn die Civilisation dem Wägen und Wagen anderer Nationen die wichtigsten ethnographischen Errungenschaften verdankt, kann die deutsche das stillere, aber nicht unwichtigere Verdienst beanspruchen, durch Durchforschung des Menschen- und Erdenlebens eine Menge Schranken der Erkenntniß gebrochen und die Bahn zur Feststellung der obersten Gesetze alles Seins geöffnet zu haben.

Befreiung des Menschengeistes aus jeglicher Unfreiheit, das ist das Endziel, dem die neu erwachte Wissenschaft entgegenarbeitet.

Zum nämlichen Ziele auf ganz anderem Wege steuerten auch zwei unter sich wieder verschiedene Richtungen auf religiösem Gebiet. Wenn wir von Fortschritten in dieser Sphäre reden, können wir überhaupt nur den Protestantismus im Auge haben. Die katholische Kirche verpönt ja nicht bloß die Reform, sondern überhaupt schon die Bewegung, sie sucht ihre Stärke in Beharrlichkeit und Unveränderlichkeit. Daß diese Stabilität, wie sie durch die Jesuiten fast in ganz Süddeutschland herrschend geblieben war, nicht von heilsamem Einfluß auf die Volkscultur, beweist das Zurückbleiben der katho-

lischen Länder in geistiger und sittlicher Beziehung im nächsten
Jahrhundert, zur reichen Entfaltung des deutschen Geisteslebens in
der classischen Literatur-Epoche haben sie soviel wie nichts beigetragen
und haben daraus erst verspätet Gewinn gezogen. Der kirchlichen
Gewalt dagegen kam die Einheit und Unwandelbarkeit ihres Orga=
nismus natürlich sehr zu Statten. Die Hierarchie erlitt daher
durch den dreißigjährigen Krieg keine Einbuße, sie steht nach wie vor
als ein festgeschlossenes Ganzes da, während die Vielbewegtheit
und Vielgestaltigkeit des Protestantismus nur Zwist und Streit zu
wecken schienen. Die Versuche, Eintracht und Vereinigung unter den
verwandten Religionsparteien zu erzielen, blieben erfolglos, der
Kampf zwischen dem Lutherthum und dem reformirten Bekenntniß
dauerte fort. Bei den häufig wiederholten Religionsdisputationen
herrschte selten ein milder, versöhnlicher Geist, das in den Kriegs=
zeiten verwilderte Predigeramt hatte die Streitlust des sechzehnten
Jahrhunderts nicht abgelegt. Aber die Vorkämpfer jenes Fanatis=
mus, der jederzeit, wo er die Macht hatte, Schwert und Scheiter=
haufen für den Gegner rüstete, hatten sich nicht mehr, wie ehedem,
der regen Empfänglichkeit des Volkes zu erfreuen.

Es trat nach den Stürmen des Kriegs eine eigenthümliche reli=
giöse Erregtheit der Gemüther zu Tage, aber oppositionell gegen
jedes bestimmte kirchliche Bekenntniß, mit schwärmerischer Begeisterung
verlangend nach einer von Formen nicht beengten Gottesverehrung.
Das geistige Haupt dieser in weitesten Kreisen verbreiteten „Erweckten"
wird Spener. Er lenkt zurück zur urchristlichen Idee vom allgemeinen
Priesterthum und betont gegenüber der Buchstabengläubigkeit die
Berechtigung des Gefühls und zugleich die praktische Aufgabe des
Christenthums, das ja auf Herzensbefriedigung und Herzensbesserung
abzielen soll. Auch Leibnitz kam dieser pietistischen Bewegung —
die erst später zu engherzigem Conventikelwesen ausartete — wohl=
wollend entgegen, denn auch er hatte gegen die Herrschsucht der
Orthodoxie zu kämpfen. „Das ist nicht die wahre Liebe zu Gott,"
schreibt er an Marie de Brinon, „wenn man seinen Nächsten nicht
liebt, und man liebt ihn nicht, wenn man mit vorschnellem Urtheil
ihn zum Teufel in die Hölle schickt, um dort ewig auf Gott zu

lästern. Es ist ein Gräuel und eine Schande, wenn man diese Lieblosigkeit erwägt." Während Spener die Reaction des Gefühls gegen die Abstraction vertritt, steht Leibnitz auf dem Standpunkt des feingebildeten Geistes, er verlangt Uebereinstimmung der Vernunft mit dem Glauben.

Darin nähert sich ihm eine andere Richtung von Gegnern der streitenden Kirche, Thomasius, der Vertreter des sogenannten gesunden Menschenverstandes, des Aufklärungsprincips. Ohne dem Franzosen an Schärfe und Leuchtkraft des Geistes gleichzukommen, übt er doch nicht minder wichtigen Einfluß wie Bayle; er selbst entbehrt der Tiefe, aber sein und seiner Schüler Skepticismus regt mächtig zu freier, selbständiger Forschung an. „Die Natur ist Gottes Buch, nicht Gottes Feindin!" so lautet das Grunddogma des neuen Glaubens. „Un siècle philosophique va naître!" ruft 1671 Leibnitz prophetisch aus.

Die Gefahr lag nahe, daß diese Siege der Vernunft gerade erst recht den ohnehin im deutschen Charakter steckenden endemischen Geist nähren, das Zurückziehen gerade der Besten und Erleuchtetsten in sich selbst fördern würde. Sollten sie nicht blos den Gelehrten zu Gute kommen, sollten sie Gemeingut der Nation werden, so war die Mitwirkung der Schule nötig.

Das Volksschulwesen war durch den langen Krieg fast gänzlich ausgerottet und auch die höheren Schulen waren einer wüsten Verwilderung verfallen. Moscherosch's Satyre: „Die Höllenkinder" gibt ein erschreckendes Bild des deutschen Studententhums. Es war keine leichte Aufgabe, den Pennalismus und andere Mißstände einzudämmen, aber der ehrlich strebenden deutschen Schulmeisternatur gelang auch das Schwere: dem Humanismus neue Heimstätten zu bereiten. Wohl steckt etwas Komisches in dieser akademischen Aristokratie, die auf ihre Gradus nicht weniger stolz, wie die Vollbluttories auf ihre Ahnen, aber die pedantische Tugendhaftigkeit dieser Kreise war eine starke Schutzwehr gegen die Frivolität des höfischen Treibens, und sogar im wilden Gebaren der Jugend blieb ein gesunder Kern deutscher Sitte erhalten. So stellen sich die hohen Schulen zwar nicht als Leuchten, aber doch als Warten des deutschen Volksgeistes dar, sie waren ein wichtiges Element der nationalen Neubelebung.

Allmälig vollzieht sich Annäherung der Wissenschaft an das Leben: ein gebildeter Mittelstand wird erzogen, der eine selbständige Stellung behauptet gegenüber der höfischen Sitte in welschem Stil, wie gegenüber den Uebergriffen der geistlichen Gewalt.

Dieser Kampf konnte aber mit Sieg nur enden, weil dem deutschen Volk inmitten aller Fremdländerei und Entartung Eins heilig geblieben war: die Familie.

Auch die bürgerlichen Stände waren von den schädlichen Einflüssen des Kriegs und seiner Folgen nicht unberührt geblieben, aber im bürgerlichen Haushalt hatte sich doch im Ganzen und Großen die alte Einfachheit der Sitte erhalten, steif und spießbürgerlich, wie die höheren Kreise spotteten, aber gesund. In Briefen und Memoiren sind uns Hunderte von anziehenden Beispielen erhalten, die uns beweisen, daß auch in jenen Tagen, da die Nation ihre Kraft und ihre Ehre verloren hatte, das deutsche Familienleben nicht der Innigkeit und Sinnigkeit entbehrte. Treu und streng walteten hier Eheherr und Hausfrau, Ehrfurcht beseelte die Kinder, und treu und willig wirkte auch, da das Dienstverhältniß noch nicht gelockert, das Gesinde zum Wohl des kleinen Staates.

Aus dem Haus, dem Mittelpunkt der rein menschlichen Interessen, geht die geistliche und sittliche Wiedererhebung Deutschlands hervor. Weder Staat noch Kirche boten hilfreichen Arm, — durch eigene Kraft hat sich der bessere Theil des Volkes, der wahrhafte Adel, eine neue, bessere Zeit erkämpft. Während die vom Ausland erlernte Leichtfertigkeit noch immer die Höfe beherrscht, während der bedrückte Bauernstand noch in Rohheit des Glaubens und der Sitte versunken, sehen wir ein Säculum nach dem Vernichtungskrieg im Mittelstand den glücklichsten Umschwung sich vollziehen. Moses Mendelssohn, das rührende Beispiel eines in seiner Bescheidenheit großen Gelehrten, — Klopstock, ein Dichter von frischester Eigenart und seltenstem Seelenadel, — Lessing, der hellrufende Wächter des Tages, — Frau Rath Goethe, das edelste Bild deutscher Weiblichkeit, — so reiht sich Bild an Bild von Männern und Frauen, die das Vaterland mit Stolz die Seinen nennt. Ein König spricht das große Wort: Der Fürst ist der erste Diener des Staates, der Staat ist eine selbständige sittliche Macht, — und wieder arbeiten Tausende von Geistern, bis als Markstein einer neuen Epoche das Wort Geltung erringt: Das Volk ist die bewegende Kraft des Staates. Und damit ist, wie schon vorher vom geistigen, auch vom politischen Leben der Bann der Erstarrung genommen, der Gemeinsinn erwacht wieder im deutschen Bürgerthum. Mit verjüngter Kraft, mit veredelter Sitte, mit wärmerer patriotischer Empfindung erfaßt das Volk wieder große, gemeinsame Ziele, und mit dem neu erwachten Gemeinbewußtsein ersteht auch wieder das todt geglaubte Reich.

Prinz Eugen von Savoyen.

„Prinz Eugen, der edle Ritter!" — wer kennt nicht das Lied, das — Wort und Weise — ein schlichter Kriegskamerad des Prinzen erfand und das zum erstenmal wohl mag gesungen worden sein, wie Freiligrath's farbiges Gedicht es schildert, in einer „lustigen Nacht am Donau-Ufer", während das österreichische Piquet um's Wachtfeuer lagerte.

Daß ein Historiker die Schilderung seines Helden mit poetischen Citaten beginnt, dürfte manchen eine bedenkliche captatio benevolentiae dünken, aber unser Held ist wahrhaft eine Gestalt, wie sie sonst nur im Liede lebt, Eugen von Savoyen ein Name ohne Makel, eine Erinnerung ohne Schatten!

Er gehört zu den Unsterblichen. Ihr Denkmal wird, wie die Meschâhib, die Steinzeugen in der Sahara, von den folgenden Geschlechtern Stein um Stein weiter gebaut. Nach der epochemachenden Biographie Eugens von Arneth erhalten wir eben jetzt in einer Reihe stattlicher Bände ein musterhaft gearbeitetes Werk, wodurch die kriegsgeschichtliche Abtheilung des österreichischen Generalstabs das Andenken des größten österreichischen Feldherrn zu ehren unternommen hat. Nicht nur das rein militärische Element wurde darin berücksichtigt, sondern auch die politischen Ursachen der Kriege, wie die ethnographischen und socialen Verhältnisse der kriegführenden Staaten, so daß Welle für Welle die Geschichte jener ereignißschweren Jahre an uns vorüberzieht.

Das Unternehmen ist um so dankbarer zu begrüßen, als im Allgemeinen noch immer die Klage Wolfgang Menzels berechtigt ist: daß keine Periode deutscher Geschichte so auffällig vernachlässigt wird, wie das sogenannte „undankbare" Jahrhundert nach dem dreißig= jährigen Krieg. Wir werden bald Facsimile=Ausgaben von allen mittelalterlichen Urkunden über fromme Schenkungen und Stiftungen haben, aber der Briefwechsel Eugens mit den berühmtesten Männern seiner Zeit ist noch ungedruckt.

Freilich zeigen sich trübe, traurige Zustände, wenn wir Eugens Zeitgenossen vom nationalen Standpunkte beurtheilen. Man kann schwerlich der in jenem officiellen Werk ausgesprochenen Behauptung beistimmen, daß die Habsburgischen Kaiser stets so unermüdlich und uneigennützig bestrebt gewesen seien, des Deutschen Reiches Sicherheit und Wohlfahrt zu schirmen. Das Kaiserhaus war mehr und mehr seinem deutschen Beruf entfremdet worden, und nicht weniger entartet war das deutsche Volk. Der große Kurfürst von Brandenburg hatte zwar Kraft und Muth, wenigstens zeitweise gegen fremde Gewalt= haber aufzutreten, aber auch er war abhängig von Sonderinteressen; auch er verkaufte, wie die rückengeschmeidigen Kirchenfürsten von Mainz und Köln, seine Kurstimme an Frankreich. Und noch weit unbedenklicher opferten andere Standesgenossen das Reichswohl den Forderungen der Hauspolitik, — das Reichsgebäude ging in Trüm= mer, während im Osten ein Volk, das von den Karpathen bis zur Sahara und zu den Katarakten des Nil herrschte, mit Einfall drohte, und im Westen ein König, der über alle Kräfte eines reichen Landes und hochbegabten Volkes uneingeschränkt verfügte, — nec pluribus impar! — die Weltherrschaft anstrebte. Der französischen Diplomatie war es schon gelungen, in die Habsburgische Familienpolitik Zwie= spalt zu tragen, Oesterreich mit Spanien zu entzweien, Holland war politisch und militärisch gedemüthigt, die Stuart in England waren ganz in französisches Interesse verflochten. Da konnte nur ein genialer und glücklicher Feldherr das Schlimmste abwenden, und in der That ist es nur Eugen zu verdanken, daß der Aufschwung Frankreichs zur Weltmonarchie verhütet und türkische Barbarei in ihre Schranken zurückgedrängt wurde. Nicht durch den Degen allein gelang das Befreiungswerk, es wäre im Gegentheil eine schwer zu entscheidende Frage, ob der Heerführer oder der Staatsmann Eugen größeres Verdienst beanspruchen könne, und wie ließe sich erst der wichtige Einfluß abwägen, den der hohe sittliche Werth des seltenen Mannes ausübte, in einer Zeit, da sich die Bildung des Geistes in rohe Empirie oder unfruchtbare Pedanterie verlor, für Bildung des Herzens vollends keine Stätte war, wo nur Genußsucht und Frivolität herrschten.

Wahrlich, es handelt sich bei Eugens Thaten nicht bloß um Veränderung der Gränzpfähle, sondern um eine großartige Culturmission, — im Leben dieses Mannes schlägt der Pulsschlag der Weltgeschichte!

Schon von den zeitgenössischen Biographen wird auf die eigenthümliche Erscheinung aufmerksam gemacht, wie Eugen, von Abstammung Italiener, von Geburt Franzose, so ganz ein Deutscher wurde, indem er sich nicht bloß das Heimatsrecht mit seinem Blut erkaufte, sondern sich auch in Sitte und Anschauungsweise eines Sohnes deutscher Erde völlig einlebte. Lassen Sie uns die Blätter seiner Lebensgeschichte aufrollen!

Am glänzenden Hofe zu Versailles verlebte Eugen, vor dessen Muth und Glück später das Lilienbanner so oft in den Staub sank, seine Jugendzeit. War er ja doch der Sohn jener geistvollen Olympia, der Nichte Mazarin's, die sich rühmen konnte, zuerst des vielumworbenen Ludwig Herz gewonnen zu haben. Auch nach ihrer Vermählung mit dem Grafen von Soissons aus dem Hause Savoyen-Carignan sah ihr Palast noch manches rauschende Fest, dessen Mittelpunkt der vergötterte Fürst und die ehrgeizige Italienerin bildeten. Wenn Ludwig für sich das Sinnbild der von leuchtenden Planeten umkreisten Sonne wählte, so entsprach dieses Selbstbewußtsein den thatsächlichen Verhältnissen: nur die Gunst des Monarchen spendete in Versailles Licht und Wärme. Um sie zu behaupten und dadurch die erste Rolle im effectreichen Schauspiel zu behalten, scheute Olympia vor keiner Intrigue zurück. Der Haß der aufstrebenden Montespan stürzte sie aber aus stolzer Höhe; klagend und grollend mußte sie sich, verbannt vom Hofe, nach

Brüssel zurückziehen. Die Söhne blieben in Versailles. Während sich nun hier dem Aeltesten, einem Jüngling von einnehmender, ritterlicher Erscheinung, hoffnungsvolle Aussichten boten, blieb Eugenio, der jüngste Sohn Olympia's, das Aschenputtel in der Königshalle. Er war von unansehnlicher Gestalt und unregelmäßigen Gesichtszügen. „Prinz Eugen", so schildert ihn 1709 Elisabeth Charlotte, „ist klein und heßlich von person, hat die oberleffzen so kurtz, daß er den Mund nie zuthun kann, man sieht also allezeit zwey große breitte Zähn, die Naß hatt er ein wenig aufgeschnupft und ziemlich weitte Naßlöcher, aber die Augen nicht heßlich und lebhafft." Mit dieser Schilderung stimmen im Allgemeinen die uns erhaltenen Porträte überein: er hatte die Gestalt eines Thersites, aber die Augen eines Achill. Für den geistlichen Stand bestimmt, mußte er schon als Knabe die Soutane tragen, obwohl schon damals sein Sinn nur auf Waffenübungen und militärische Studien gerichtet war. Als er endlich, um der verhaßten Zukunft zu entgehen, an den König die Bitte um eine Stelle im Heer zu richten wagte, wurde „le petit abbé" nur höhnisch abgewiesen. In den unechten Memoiren Eugens, die angeblich aus dem Nachlaß des Grafen von Canales veröffentlicht wurden, ist erzählt: der kleine Prinz, im Zorn über die erlittene Schmach und in Erinnerung an die Verbannung seines Vaters und an die schmerzlichen Klagen seiner Mutter, habe damals das Gelübde gethan: „Ich werde nur mit den Waffen in der Hand nach Frankreich zurückkehren." Die Worte sind vermuthlich Erfindung, aber die Empfindung, die solch ein prophetisches Wort gebiert, wird ohne Zweifel den Jüngling erfüllt und geleitet haben.

Von Versailles nach Wien. Für einen Villeroy oder Lauzun wäre dieser Wechsel unerträgliche Pein gewesen, für Eugen bezeichnet er den Beginn eines glücklicheren Lebens, ihm war ja Streben und Schaffen identisch mit Leben.

Eugen fand in Wien die herzlichste Aufnahme. Man sah es hier gern, wenn fremde Prinzen in kaiserlichen Dienst traten, und Oesterreich hatte es wahrlich nicht zu beklagen. Die berühmtesten und verdientesten Generale waren Ausländer, wie sich dies merk=

würdigerweise in der preußischen Armee wiederholte. Mag sein, daß Kaiser Leopold auch deshalb, weil er selbst in seiner Jugend für den geistlichen Stand bestimmt war, dem kleinen Abbé um so bereitwilliger sein Wohlwollen zuwandte. Ueberdies mußte gerade in jenen Tagen jeder Degen dem kaiserlichen Heere hoch willkommen sein; denn Oesterreich stand — die Sturmzeichen waren nicht zu verkennen — vor einer gefährlichen Katastrophe. Das Verhältniß zu Frankreich war so gespannt, daß jeder Augenblick den Waffengang zwischen den Nebenbuhlern bringen konnte. Noch lauter aber pochte der Türke an die Thore des Reichs. Es dauerte auch gar nicht lange, so waren die Lande bis Wien von Spahis und Janitscharen überschwemmt. Nur der Beutegier des Großwessiers, der noch lieber plündern als zerstören wollte, verdankte die Hauptstadt ihre Erhaltung, bis endlich das christliche Heer zum Entsatz anrückte. In der großen Befreiungsschlacht fand Eugen zum erstenmal Gelegenheit, seine persönliche Bravour zu zeigen. Todverachtende Unerschrockenheit war damals noch ein wichtigerer Vorzug des Feldherrn als heute. In jener Zeit, da noch nicht Telegraphen und Eisenbahnen und alle die Hilfsmittel zur Hand waren, welche heute die Wissenschaft den Kriegführenden zur Verfügung stellt, als es noch nicht möglich war, in weite Fernen die Netzfäden künstlich zu schlingen, um den Gegner zu Fall zu bringen, gab noch weit häufiger kühne, schlagfertige Benützung des günstigen Augenblicks den Ausschlag; den Führer, der mitten im wilden Getümmel die Blöße des Gegners zu erspähen wußte und dort die Schlachtlinie durchbrach, lohnte der Sieg.

An Muth und Geschick hatte in jenen Türkenkämpfen Herzog Karl von Lothringen nicht seines Gleichen. An diesen Meister schloß sich Eugen am innigsten an, und der Dienst unter seiner Leitung wurde für ihn eine nutzbringende Schule. Während seine Standesgenossen den kaiserlichen Heeresdienst nur als eine Stufe zu Aemtern und Auszeichnungen betrachteten, waren ihm Pflichteifer und Pflichttreue nicht nur Ehren-, sondern auch Herzenssache. Dieser Unterschied zwischen ihm und den Anderen zeigte sich nicht blos im Feldlager und auf der Walstatt. Wenn zur Winterszeit die Truppen ihre Standquartiere bezogen, gingen die Prinzen gewöhnlich nach Venedig, wo der Carneval — il Re Carnovale — die Blüthe des europäischen Adels versammelte. Während sich nun seine Freunde den Faschingsfreuden hingaben, verwandte er, unbeirrt vom bacchischen Treiben, seine Zeit auf diplomatische Geschäfte für seinen Herrn, den Kaiser, und benützte die Gelegenheit, ihm Bundesgenossen und tüchtige Officiere zu werben. Häufig war er als Gast im Arsenal beim Gießen der Geschütze zu finden, selten in den maskengefüllten Sälen des Dogenpalastes. Wohl mochten die hier versammelten Schönen auf den jungen Helden, der so unerhört rasch die höchsten militärischen Ehren errang, mit Interesse blicken: aber Eugen, obwohl immer freundlich und ritterlich, bewies sich auch hier unbesieglich. „Mars ohne Venus!" flüsterte man mehr bewundernd als spöttisch.

Schon in jener Zeit gab der Prinz Proben eines ungewöhnlichen staatsmännischen Scharfblicks. Ludwig XIV. hätte sich wohl kaum des Besitzes der schönen Elsaß-Städte lange erfreut, hätte der Kaiser nach Eugens Rath beim Ausbruch des Krieges mit Frankreich den von der Pforte angebotenen günstigen Frieden angenommen. So aber wurde auf Wunsch des Papstes auch der Kampf mit den Ungläubigen fortgesetzt. Bei dieser Theilung der Streitmacht, bei der natürlichen Unentschlossenheit Leopolds, der Lahmheit seines Kriegsrats und der lauen Betheiligung der Bundesgenossen konnte der Feldzug keinen erfreulichen Fortgang haben. Es war keine geringe Geduldprobe für einen von redlichem Willen und unermüdlicher Thatenlust beseelten General, unter dem Oberbefehl von Fürsten, denen ihre Stellung nur aus politischen Gründen übertragen war, die selbst nur zu oft von Sonderinteressen sich leiten ließen, die erste Soldatenpflicht: „Gehorsam" zu erfüllen.

Endlich gewann Eugen 1697, indem man ihn mit dem Oberbefehl im Türkenkriege betraute, volle Selbständigkeit. Jetzt erst konnte sich der Genius entfalten, man hört aus seinen im Allgemeinen nüchternen, rein sachlichen Berichten an den Kaiser heraus, wie jetzt so recht der frische, freudige Soldatenmuth zum Durchbruch kommt. Vom trockenen Curialstil geht er zu dramatisch lebhafter Darstellung über, wo er zu schildern hat, wie er, um die Coruzzen und Tartaren zurückzudrängen, seine Cürassiere scharmuziren und aus den schweren Karthaunen „ein gar erschröckliches Feuer" eröffnen läßt. Sogleich den Beginn seiner Feldherrnlaufbahn bezeichnet ein herrlicher Markstein, der Sieg bei Zenta. Wie schoß der kaiserliche Adler jach hernieder, als die Türken in langem Zug die Theiß passiren wollten, welch blutiges Ringen gab es auf den Ufern und in den tief gerötheten Wogen des Stroms! Die Türken kämpften verzweiflungsvoll für ihr Leben, aber tapferer noch stritten Eugen und die Seinigen um die Ehre. Als die Nacht niedersank, gab es keine türkische Armee mehr. Hunderte von Fahnen und Roßschweifen, Geschütze, Kameele, Brückenschiffe, unermeßliche orientalische Kostbarkeiten waren die Beute des „kleinen Abbé". Aus seinem Schlachtbericht spricht nur die helle Siegesfreude; kein Wort über seine eigene Leistung, nur ungetheiltes Lob für die Kühnheit und Festigkeit seiner Krieger. Wohl hatte der Kaiser vollauf Grund, des Prinzen „vernünftige Conduite" zu loben und sich selbst zum Besitz eines solchen Dieners Glück zu wünschen.

Um so mehr befremdet es uns, wenn wir aus den Briefen Eugens ersehen, daß auch nach dieser glorreichen That von Wien aus Nichts geschah, um seinen billigen Wünschen gerecht zu werden, um sein Heer in den Stand zu setzen, die Früchte des Sieges zu ernten. Jetzt eine energische Verfolgung der zersprengten türkischen Streitmacht und ganz Ungarn wäre befreit gewesen! Es fehlte aber den Siegern am Nötigsten, an Geld, Schießbedarf und Lebensmitteln. Man durchgehe die ganze, von Heller veröffentlichte militärische Correspondenz Eugens, und man wird fast auf jedem Blatte die Klage über die „unglaubliche Miseria" der Armee finden. Eugens Feldherrngenie läßt sich erst gerecht würdigen, wenn man die unzureichenden Kräfte mißt, mit denen er das Große leistete. Auch im officiellen Werk über jene Feldzüge wird aufrichtig zugestanden, wie kläglich für die Bedürfnisse der Sieger von Zenta gesorgt worden. Es fehlte in Wien nicht bloß an den Mitteln, sondern häufiger noch an gutem Willen. In der Hofburg sahen viele nur mit Neid und Mißtrauen auf die seltenen Erfolge des fremden Prinzen; andere hatten nicht die nöthige Spannkraft, um dem herkömmlichen Schlendrian zu entsagen. So schleppend war der Geschäftsgang des Hofkriegsraths, daß sogar Leopold sich einmal beklagte: „Es scheint wohl aller Orten eine Lethargie zu sein."

Um so unermüdlicher war Eugen selbst für seine Waffenbrüder besorgt, deren Strapazen und Gefahren er wie ein einfacher Pikenträger theilte. Sein ganzes Trachten ging dahin, die Armee, so gut es ging, schlagfertig zu erhalten und durch kluge Ausnützung aller Kräfte für Lücken und Mängel Ersatz zu schaffen. Seine Thätigkeit ist geradezu epochemachend in der Geschichte des Kriegswesens. Vor allem reformirte er das Heer selbst. Aus Söldlingen schuf er Soldaten, die sich mit Hingebung um ihren Führer schaarten. Während im dreißigjährigen Kriege nur ein wildes Freibeuterwesen aufgewuchert war, erwachte jetzt wieder ein soldatisches Standesbewußtsein, der Grenadier und der Dragoner folgten opferwillig der Fahne, aber diese Fahne adelte sie auch. Während in jenem unseligen, langjährigen Vernichtungskampf eine leitende Idee in einem Feldzug oder im einzelnen Treffen kaum wahrzunehmen ist, lenkte Eugen die Bewegungen seiner Truppen wie ein erfahrener Schachspieler. Nie ließ er sich zu unbedachten Schritten fortreißen, und da er nur über geringere Streitkräfte verfügte, suchte er durch engste Concentrirung der eigenen Kräfte die größere Operationsfreiheit der Feinde zu paralysiren. Auch behielt er stets die Individualität, die Eigenart seines Gegners im Auge. Daraus namentlich erklären sich seine staunenswerthen Erfolge gegen die Türken, die weniger nach strategischen oder taktischen Maximen als nach der Eingebung des Augenblicks handelnd stets geneigt waren, Alles auf eine Karte zu setzen.

Der Friede von Carlowitz brachte dem Haus Oesterreich reichen Gewinn, aber sein Schwert konnte nicht lange in der Scheide rasten. Ludwig XIV., dessen Stern noch in hellstem Lichte strahlte, und der die Kraft in sich fühlte, seinen Fuß auf den Nacken Europa's zu setzen, rief, indem er Spanien für seinen Enkel forderte, die deutschen Habsburger, die ihr Anrecht auf das erledigte Erbe nicht aufgeben konnten, zum Zweikampf heraus. In den ersten Jahren hatte das

Kaiserhaus fast allein die schwere Last des Kriegs gegen das überlegene Frankreich zu tragen. Ueberdies hatte Ludwig, wie in London an den Tories, im Haag an den Vertretern einer kurzsichtigen Interessen-Politik, so auch in Wien Bundesgenossen an einer Partei des Friedens oder vielmehr der politischen Trägheit. Viel beklagt und gebrandmarkt wird die laue Theilnahme des Reichs, aber es war innerhalb der schwarzgelben Gränzpfähle kaum besser. Man traut seinen Augen kaum, wenn man aus den officiellen Actenstücken ersieht, wie z. B. der Landtag von Oberösterreich damals die Forderung erhob: das Land möge doch von den beschwerlichen Truppendurchzügen verschont bleiben! Sogar einflußreiche Würdenträger am Hofe sahen im Krieg, den nicht bloß ein dynastisches Specialinteresse, sondern die Nationalehre forderte, ein unerlaubtes Wagniß. Allerdings stand es um die Finanzen kläglich, und das Geschäftsgebaren der leitenden Behörden macht keinen erfreulichen Eindruck. Oesterreich hatte aber einen Feldherrn, dem auch das Schwierigste angesonnen werden durfte, dessen Name schon Officieren wie Soldaten Gewähr künftiger Siege war!

Achtunddreißig Jahre alt, übernahm Eugen den Oberbefehl der für den Feldzug in Italien bestimmten Armee. Hatte er sich bisher in den weitgestreckten Niederungen an Theiß und Donau geschlagen, wo die breiten Ströme fast wellenlos durch endloses Sumpfgras und ödes Kieselgeröll dahingleiten, wo der Ausbreitung der Truppen geringe Hindernisse sich boten, so war jetzt die Lage weit schwieriger, die Aufgabe weit gefährlicher. Aber auch hier zeigte er sich als Meister, auch diesen Feldzug eröffnete er mit einer aus Märchenhafte streifenden That.

Die Franzosen hatten alle Pässe besetzt, die aus Tirol nach Italien führen; unzugängliche Höhen und unangreifbare Schanzen bildeten nach Aussage der Einwohner unüberwindliche Hindernisse. Eugen aber, von Roveredo aus den Blick auf die Dolomiten richtend, beschloß der unwirthlichen Natur zu trotzen und sein Heer über die Höhen hinweg zu führen. Nun wurden Felsen gesprengt, aus Baumstämmen Stützwände hergestellt, mittelst Faschinen Rinnsale und Abgründe überbrückt, und alle diese Vorbereitungen blieben

in das Dunkel des Geheimnisses gehüllt, so daß in der That, Dank
der Verschwiegenheit der treuen Bergbewohner, keine Kunde zu den
jenseits lagernden Gegnern drang. Noch waren die Gipfel um
Val Frebba und Val Arsa weithin mit Schnee bedeckt, als Eugens
Heer an den Felsenhängen, wo kaum ein sicherer Pfad für das vorsichtig schreitende Saumthier war, hinanzuklimmen begann. Diese
classischen Märsche, wie einfach und schlicht beschreibt sie Eugen selbst
in dem Tagebuch, das 1808 die österreichische Militärzeitschrift veröffentlicht hat. Pünktlich in der vom Obercommandanten vorgeschrie-
benen Weise ging der Uebergang vor sich, ohne daß ein Pferd oder
eines der auf Schleifen und Schlitten fortgeschleppten Geschütze verloren gegangen wäre. Es war eine Musterleistung, die nur von einem
Heere verlangt werden konnte, das, wie Eugen selbst sich einmal
ausdrückt, vollkommen „auf den Ton zusammengestimmt" war.

Die Franzosen wurden überrascht, Eugen stand auf italienischem
Boden, ehe sich Catinat, der am Monte Baldo den Angriff erwartete,
dessen versah. Dem kühnen Marsch folgte ein kühner Kampf, der
Sieg blieb bei Carpi den kaiserlichen Truppen. Ihn auszubeuten
fehlte es geradezu an allem. Umsonst flehte Eugen vom Schmerzens-
lager aus — denn er war, unter den Ersten vordringend, verwundet
worden — um Verstärkung und Geldsendung. Abgesehen von andren
hindernden Einflüssen, zeigte sich, wie im österreichischen General-
stabswerk bitter beklagt wird, „auch damals eine Eigenthümlichkeit
des Volkscharakters, daß man nämlich in Wien nicht genug Uebles
von der eigenen braven Armee zu erzählen wußte". Trotz eines
zweiten Sieges bei Chiari war die Armee Eugens in weit schlim-
merer Lage als die Besiegten. Daß diese daraus nicht besseren
Vortheil zogen, läßt sich nur aus dem bannenden Einfluß der Persönlichkeit Eugens auch auf den Gegner erklären. Wo er nicht große
Erfolge erzielen konnte, benützte er das wenig übersichtliche, stark
coupirte Terrain mit den überall zerstreuten Häusern und dichten
Reis- und Maulbeerpflanzungen zu vorsichtiger Defensive und für
den kleinen Krieg. Seine glänzende Haltung war von weittragender
Bedeutung; erst jetzt, da sich erkennen ließ, daß der Kampf unter
Eugens Auspicien Ruhm und Gewinn verheiße, gewann der Kaiser

Holland und England zu Bundesgenossen, und kleinere deutsche Staaten folgten diesem Beispiel.

Sollte man es für möglich halten, daß ein Kriegsheld von so unantastbarer Pflichttreue unausgesetzt mit kleinlichen Intriguen zu kämpfen hatte und sich für sein selbstloses Streben und Wirken nur durch Undank belohnt sah? Nicht auf dem Schlachtfelde waren die gefährlichsten Gegner zu überwinden, sondern in den Kanzleistuben Wiens und sogar in der nächsten Umgebung des Thrones. Eugens Bitten und Vorstellungen stießen nur auf eine superkluge Kritik und wurden schließlich ad acta gelegt. Leopold selbst versenkte sich mehr und mehr in Andachtsübungen und vergaß seine darbende brave Armee. Nur um das Aeußerste abzuwenden, schrieb endlich Eugen — wie charakteristisch für die Zeitverhältnisse! — an den Beichtvater des Kaisers, den Jesuiten Pater Bischoff, und beschwor ihn, seinen Einfluß aufzuwenden, damit nicht das Heer der Untergang ereile. Er wisse recht gut, wie man in Wien über ihn spreche. „Man leget mir Alles übl aus, man taxieret mich und nennet meine operationes Crobathenritt, wo doch die ganze Weldt, ja der Feind selbsten meinen modum bellandi guett heisset." Ohne Geld und ohne Proviant gelassen, habe er dem Feinde schon zwei Armeen vernichtet, und doch verfüge dieser jetzt über achtzigtausend, er aber nur über achtzehntausend Mann. Wenn man an maßgebender Stelle lieber den Neidern, die ihr heimliches Gift gegen ihn ausspritzen, als seinem ehrlichen Wort Glauben schenken wolle — gut, so sei er bereit, den Dienst des Kaisers aufzugeben. „Ich bin", schreibt er an Hofkammerrath Palm, „dem Feind in Allen weith underlegen, principaliter an Infanterie, welche doch hierlandts zum vornembsten erfordert wirde, und also, wann auch alles über hauffen fahlen und zu grundt gehen sollte, so protestire nochmahlen, daran nit die geringste schuldt zu tragen." Alles umsonst! Vier Wochen später sieht er sich wieder genötigt, an Pater Bischoff zu schreiben. Man habe auch seine letzten Vorstellungen nur als chimaeram angesehen, oder man betrachte überhaupt Krieg und Armee nur als Bagatelle; ihm liege, dies beteuere er mit heiligem Eide, nichts an seiner eigenen Waffenehre, er sei bereit, diese, wie Leib

und Leben, für den Kaiser zu opfern, aber er müsse die Armee
retten, und diese sei verloren, wenn keine Hilfe käme. Wieder wendet
er sich an den Kaiser: kein Officier besitze mehr einen Heller Geld,
da seit langem schon keine Monatsgelder bezahlt wären, nicht einmal
so viel könne aufgetrieben werden, um einen Courier absenden zu
können. Fast Tag für Tag schreibt er an die Hofkammer — alles
umsonst! „Es blutet mir das Herz," klagt er dem Beichtvater, „wann
ich betrachte, daß ich mit diesem jetztmaligen Commando daß unglickh
und gefahr auf mir habe, Ihrer Kaiserlichen Majestät und dero
unterthängisten Interessen, Cron, Scepter, Armee, reputation der
Waffen, Landt und Leith zu verlieren".

Die Armee war an der Gränze der Actionsfähigkeit angelangt.
Im Officierscorps herrschte gerechte Entrüstung über die erlittene
Zurücksetzung und Mißachtung. In Brescello starb ein Fähnrich, der
sich schämte zu betteln, den Hungertod. Nur das leuchtende Beispiel
der Entsagung und ungebrochenen Thatkraft, das der Prinz seinem
Heere gab, hielt noch Zucht und Ordnung aufrecht, so daß des Kaisers
Fahne sich mit Ehren auf italischem Boden behauptete. Die Ehrfurcht,
die alle dem Führer zollten, war das Geheimniß seiner Herrschaft. „So
kam es, daß sich die Blicke der düsteren bärtigen Männer in zerrissenen
Uniformen, die in den Straßen der Quartiere in klagenden und grol=
lenden Gruppen zusammenstanden, erhellten, daß die erregten Erörte=
rungen der Officiere verstummten und die alte glühende Begeisterung
für des Kaisers Majestät und die Bewunderung für das edelste Vor=
bild, für ihren Feldherrn, in ihren Augen aufblitzte und sie ehrfurchts=
voll die Hüte und die stolzen Stirnen senkten, wenn der kleine schlichte
Mann mit den klaren durchdringenden Augen, in einfachem dunklem
Kleid, die Straßen von Carbonara hinabritt." Seine treuen Soldaten
sahen viel ruhiger dem Kampf entgegen, sie ahnten nicht die tiefe Sorge,
die ihren Feldherrn quälte, der des Feindes Ueberlegenheit kannte.
„Nur ein Miracl kann uns retten!" schrieb er an Palm. Aber dieses
Wunder geschah auch, Dank der zielbewußten Leitung Eugens und
der unerschrockenen Ausführung der Befehle durch die Seinigen.
Mit einem in Lumpen gekleideten, schlecht bewaffneten, hungernden
Heer erfocht er den Sieg bei Luzzara.

Darauf ging er nach Wien, um persönlich seine Forderungen zu betreiben, aber auch jetzt wäre es ihm wohl kaum gelungen, die Ausführung der nötigen Reformen durchzusetzen und die Apathie der leitenden Kreise zu brechen, wenn sich nicht zugleich mit ihm ein anderer Gast in Wien eingestellt hätte: die dringendste Gefahr für Stadt und Land! Eine Zeit lang schien ganz Oesterreich in die Gewalt des Kurfürsten von Bayern gegeben. Hätte sich dieser unmittelbar gegen Wien gewandt, statt nach Tirol zu gehen, um sich mit Vendome zu vereinigen — der Krieg hätte wohl zweifellos eine andere Wendung genommen. Denn auch im Osten stand ein gefährlicher Feind an der Landesgränze, noch nie hatte ein so furchtbarer Aufstand Ungarn erfaßt, wie damals, angefacht durch Racoczy. Jetzt mußte der Kaiser einsehen, wohin eine laue und lahme Kriegführung bringe, wie gut der Rat des Prinzen Eugen war, der stets betonte: Man beginne Krieg nur, wenn er nothwendig geboten ist; sobald man sich aber darauf eingelassen hat, so führe man ihn in großem Stil, denn nur so bringt er bald ehrenvollen Frieden!

Eugen wurde jetzt selbst zum Präsidenten des Hofkriegsrats ernannt, die Leitung des gesammten Kriegswesens in seine Hand gelegt. Die Finanznot war aufs Höchste gestiegen. Wenn man, schrieb Eugen vertraulich an Guido Stahremberg, die ganze Monarchie mit 50,000 Gulden oder noch weniger erretten könnte, so wäre es augenblicklich unmöglich, dem Uebel zu steuern. Eugen entfaltete eine unglaubliche Thätigkeit, Alles geschah, um die Bundesgenossen zu kräftiger Hülfe anzuspornen, in Oesterreich selbst wurde der letzte Mann ausgehoben, der letzte Gulden flüssig gemacht. Mit scharfem Blick erkannte er, wo die Gefahr am dringendsten, die Hülfe am nötigsten. Mit aller Bestimmtheit erklärte er: vom politischen wie vom militärischen Standpunkt aus sei vor allem die Bezwingung des Kurfürsten von Bayern geboten, in Deutschland müsse der Weg zur Rettung zuerst gebahnt werden, in Italien und Ungarn genüge es, die feindlichen Streitkräfte hinzuhalten. Seine Worte fanden jedoch Widerspruch bei manchen Räten des Kaisers, die dafür hielten, daß man gegenüber dem Kurfürsten wohl noch temporisiren dürfe. Da erleuchtete wie ein jäh niederfahrender Blitz die Niederlage Styrums bei Höchstädt die ganze Lage und zeugte für die Wahrheit der Worte Eugens. Das kaiserliche Heer an der Donau war theils vernichtet, theils demoralisirt. In einem Schreiben an Eugen gesteht Graf Palffy unverhohlen ein, daß nach diesem Siege Max Emanuels auf das kaiserliche Corps schlechterdings nicht mehr zu zählen sei. Nur ein Mann, schreibt er, kann Oesterreich retten: Prinz Eugen!

Nie wurde in einem Feldzuge durch das persönliche Eingreifen eines Heerführers in so kurzer Frist ein so radicaler Umschwung erzielt, wie in jenem entscheidenden Kampf im Herzen Deutschlands. Und im Augenblick der höchsten Gefahr fand sich auch der Freund, der es verdient, genannt und gerühmt zu werden, wenn Eugens Name gefeiert wird. Am 12. Juni 1704 traf der Befehlshaber der englisch=holländischen Truppen, Johann Herzog von Marlborough, mit Prinz Eugen in Großheppach zusammen. Der unansehnliche Eugen, der auf äußere Formen keinen Werth legte, und der Herzog, vom Scheitel bis zur Sohle ein vollkommener Cavalier — welch ein Unterschied! Auch die geistigen Vorzüge des Engländers waren ohne Zweifel blendender und bestechender; Mylord war im Diplomatenrat ein Meister wie auf dem Schlachtfelde. Dagegen gewinnt der Prinz, wenn man auf Kern und Wesen achtet. Hinter seiner äußerlichen Ruhe und Gleichgültigkeit verbarg sich eine geschäftige feurige Seele, stark genug, jeden Wechsel zu ertragen, während der so gewandte Lord in der Stunde der Gefahr gar oft der Spannkraft und der Beharrlichkeit entbehrte. Weit höher aber noch steht Eugen, wenn man die rein menschliche Seite ins Auge faßt. „Als politischer Charakter," sagt Noorden, „als selbstsuchtsloser Freund und entsagungsfreudiger Unterthan, kurz, im sittlichen Werthe des Mannes, war Eugen dem englischen Feldherrn weit überlegen. Der Prinz war von ganzem Herzen jenen krummen und schlüpfrigen Pfaden abhold, welche Marlborough so manchesmal gewandelt, und höfischer Intrigue sowohl wie scheinheiliger Selbstgerechtigkeit hatte dieser kaiserliche Feldherr jederzeit voll Abscheu den Rücken gewandt. . . . Unbekümmert um Fürstengunst, gab Eugen, durch schneidige Offenheit den Hohen furchtbar, der Wahrheit unter allen Umständen die Ehre." Trotz dieser Charakter-Verschiedenheit aber waren Eugen und Marlborough vom ersten Zusammentreffen an Freunde und blieben es trotz aller Drangsale und, was ein noch schärferer Prüfstein ihrer Neigung, trotz der gemeinsam erfochtenen Siege, für welche jeder dem anderen den Lorbeer gönnte. Kleinliche Eifersucht war Eugen fremd, neidlos räumte er oft dem glänzenderen Freunde den Schauplatz rühmlicherer Thätigkeit, da ihm stets nur die Sache, nie die Person, auch nicht die eigene, am Herzen lag.

Wie anders sah es bei ihren Gegnern aus, wo allezeit der Kurfürst von Bayern und die französischen Marschälle in Plänen und Bewegungen einander feindlich entgegenarbeiteten. In einer Zeit, da nur das treueste Zusammenwirken den Sieg bringen konnte, wußte Villars nichts besseres zu thun, als in den Berichten an seinen König sich in Spott und Witzelei über Max Emanuel zu ergehen; es war eben diesen Generalen gerade im Gegensatze zu Eugen nur um ihre eigene Person, nur darum zu thun, die eigenen Verdienste vor den Augen der Herren und Damen von Versailles in helles Licht zu setzen. Auch als es bei Höchstädt zum entscheidenden Zusammenstoße kam, fehlte es in Folge der Uneinigkeit im bayerisch-französischen Kriegsrat an den nötigsten Vorbereitungen und in der Schlacht selbst an einträchtigem Zusammenwirken. Der Kurfürst behauptete sich gegen drei Angriffe Eugens; erst als Tallards Schlachtordnung durch Marlborough durchbrochen war, konnte Eugen durch einen letzten Sturm den glorreichen Erfolg des Tages vervollständigen. Daß dadurch Oesterreich gerettet, der gänzliche Zusammensturz des deutschen Reiches verhütet war, wurde jetzt sogar in der Wiener Hofburg willig anerkannt; großmütig wollte aber jeder der beiden Sieger dem andern den Löwenanteil des Sieges zuschreiben. An das ruhmgekrönte Dioskuren Paar schloß sich ein bescheidenerer Dritter auf's Innigste an: der holländische Ratspensionär Heinsius, der im Haag der Träger der Politik Wilhelms von Oranien war und unermüdlich die "hochmogenden Herren" beschwor, mit Aufopferung ihrer pfahlbürgerlichen Interessen und ihrer Neigung zu bequemem Stillleben am Kriege gegen den europäischen Friedensstörer thatkräftig theilzunehmen. Man darf sagen, daß in den nächsten Jahren die drei kriegführenden Mächte Marlborough, Eugen und Heinsius hießen, und zwar hatten sie nicht blos gegen einen Feind mit Waffen zu kämpfen, sondern auch gegen die widerstrebende Trias: Lord Rochester und seine Tories im englischen Parlament, Fürst Salm, den einflußreichen Vertrauten des Kaisers und persönlichen Gegner Eugens, und die allezeit mit dem französischen Hofe liebäugelnden holländischen Mynhers.

Aus dem durch diese Parteiungen verschuldeten Schwanken erklärt sich, daß die Lage der Verbündeten trotz der bisher erfochtenen Erfolge sich eher verschlimmerte als verbesserte. Auch Eugen mußte die Wandelbarkeit des Kriegsglücks erfahren. Bei Cassano mußte er, obwohl er auch diesmal selbst die Stürmenden gegen die feindlichen Batterien führte, die Walstatt räumen, und während seiner Abwesenheit wurde nochmals sein Heer bei Calcinota geschlagen. Aber auch dem geschlagenen und zertrümmerten Heere wußte er wieder solches Selbstvertrauen einzuflößen, daß er den Plan, Turin zu befreien, sofort wieder aufnehmen konnte. Mit weisester Bedachtsamkeit und kühnster Entschlossenheit schritt er zum Angriff, und bald war das Unglaubliche gelungen: das kaiserliche Banner wehte von den Mauerzinnen der geretteten Stadt. Mit Begeisterung wurde Eugen als Befreier Italiens in Mailand begrüßt. Von allen Seiten erhielt er Beweise der Sympathie; sogar schlichte Handwerksleute bedachten ihn mit Geschenken und Legaten. Allein auch die Bewunderung von ganz Europa änderte nicht seinen schlichten und bescheidenen Sinn. Als braver Soldat seinem Kaiser zu dienen, war sein höchstes Ziel und Streben. Als sich 1707 für ihn Aussicht eröffnete, durch russischen Einfluß auf den polnischen Königsthron erhoben zu werden, schrieb er an den Kaiser: er werde sich nie durch „eitle Ambition" zu irgend einem Schritte verleiten lassen; der Kaiser möge nie auf ihn, sondern nur auf Oesterreichs Ehre und Vortheil Rücksicht nehmen.

Ein Freund kühnen Entschlusses, wenn Aussicht auf Gelingen geboten war, war er ein entschiedener Gegner abenteuerlicher Unternehmungen. Als England um seiner maritimen Interessen willen darauf bestand, daß der Krieg nach Südfrankreich gespielt und der

Seehafen Toulon belagert werde, verwahrte sich Eugen entschieden
gegen so waghalsiges Beginnen. Als dessenungeachtet die englischen
Admirale darauf bestanden, wurde ihm bald die traurige Genug=
thuung zu Theil, daß seine Prophezeiung in Erfüllung ging. Auch
in den Niederlanden hatten sich der Kurfürst von Bayern und
Marschall Berwick eine so günstige Position erstritten, daß Marlborough schon den Feldzug verloren gab. Da wußte Eugen durch=
zusetzen, daß er nicht, wie schon beschlossen war, nach Spanien,
sondern nach den Niederlanden zur Unterstützung Marlboroughs
abgeordnet wurde.

Das Bedeutungsvolle der kriegerischen Thaten Eugens liegt
darin, daß er stets im entscheidenden Augenblick Rettung brachte.
Wie er Ungarn durch die Vernichtung der Türken bei Zenta, Deutsch=
land durch den Sieg bei Höchstädt, Italien durch die Einnahme
von Turin befreit hatte, so war auch der Sieg bei Oudenarde
von entscheidender Bedeutung für die Niederlande.

Die unerwartete furchtbare Niederlage bewog Ludwig endlich,
zu ernsten Friedensunterhandlungen die Hand zu bieten. Eugen war
ein zu guter Patriot, als daß er etwa aus selbstsüchtigen Motiven
gegen einen ehrenvollen Frieden gestimmt hätte; doch verwahrte
er sich energisch dagegen, daß man die Früchte der Waffenerfolge
leichtfertig vergeude und nicht an genügende Sicherung der Grenzen
denke. Die Gründe, die er in einem Brief an Graf Sinzendorff
entwickelte, haben noch heut ein actuelles Interesse. „Oft habe ich
es schon gesagt: Frankreichs Glück besteht darin, daß es, wenn
es die Oberhand erhalten, ohne alle Rücksicht seine Eroberungen
so weit als nur immer möglich ausdehnt; ist es aber mit un-
glaublichem Aufwand von Blut und Anstrengung in einen Zustand
wie der gegenwärtige versetzt, so fürchten alle oder doch die Mehr=
zahl seiner Gegner, es zu tief zu erniedrigen, ohne zu bedenken,
daß es binnen wenigen Jahren sich ohne allen Zweifel erholen
und von Neuem beginnen wird, seine Nachbarn zu quälen." Auch
hundertundsechzig Jahre später fehlte es bekanntlich nicht an Stimmen,
die es als unbegreifliche Schonungslosigkeit beklagten, daß die
siegreichen Deutschen Frankreich durch Wegnahme von Metz und

Straßburg seiner Ausfallthore gegen Deutschland beraubten. Dagegen war Eugen nicht mit dem Ansinnen einverstanden, das die Seemächte an den tiefgebeugten Ludwig richteten: daß er seine eigenen Truppen zur Bekämpfung seines Enkels in Spanien marschiren lasse. Eugen warnte wiederholt: „man möge den Bogen nicht allzu straff anspannen". Wie er richtig geahnt hatte, ging Ludwig auf so demüthigende Bedingung nicht ein und versuchte das Aeußerste. Villars, in dessen Charakter alle Vorzüge und alle Schwächen des französischen Nationalcharakters vereinigt waren, wurde zur rettenden That ausersehen. An die Spitze auserlesener Truppen gestellt, zweifelte er keinen Augenblick an seiner Unüberwindlichkeit. Ihm stand ja ein Heer gegenüber, das aus den verschiedenartigsten Contingenten zusammengesetzt war, ohne Einheit der Bewaffnung, der Felddienstübung, des Commando's. Aber auch diesmal errangen Eugen und Marlborough bei Malplaquet den Sieg, wieder war für des Kaisers Sache ein heißer blutiger Tag gewonnen, was achtete da Eugen auf die eigenen Wunden! Er hatte schon fast so viele Narben am Körper, als er Schlachten geschlagen hatte; nur wie durch ein Wunder war er auch diesmal gerettet worden.

Gerade in dem Augenblicke aber, da für Frankreich der letzte Hoffnungsschimmer erloschen schien, traten jene bekannten Ereignisse ein, die einen raschen Umschwung der Lage Europa's nach sich zogen und das bedrängte Haus Bourbon retteten. Zuerst verdüsterte sich die Sache der Verbündeten durch den Kabinetswechsel in England, dann brachten der Tod Josephs I. und die Berufung des bisherigen spanischen Kronprätendenten Karl auf den Kaiserthron einen unheilbaren Riß in das bisher schon nur mit äußerster Anstrengung erhaltene Gewebe der Allianzen. Wenn bisher Eugen im Allgemeinen nur Gelegenheit gehabt hatte, seine militärischen Tugenden zu zeigen, so bewährte er sich jetzt, da die Krisis von Tag zu Tag gefährlicher wurde, als ebenso hervorragender Staatsmann — nicht als glattzüngiger, geschmeidiger Diplomat, aber als politischer Charakter, in dem sich Energie mit Klugheit paarte. Freilich konnten unter den gegebenen Verhältnissen seine Bemühungen nicht auf die Dauer von Erfolg belohnt sein. Vergeblich ging er selbst nach London, um einen letzten Versuch zur Umstimmung des englischen Kabinets zu wagen, aber gerade sein Auftreten in jenen Tagen gewinnt unsere ganze Sympathie. Schöner als der Kriegsruhm von Höchstädt und Malplaquet kleidet ihn der Freimut, womit er der Königin Anna auf ihre Klagen über den gestürzten Hofmann Marlborough erwiderte: sie möge sich doch der großen Verdienste dieses Mannes erinnern. Wo immer er bei Banketten und Festen als unvergleichlicher Kriegsheld gefeiert wurde, nahm er das Wort, um den Ruhm des unglücklichen Freundes zu verkünden und ihm für alles zu danken, was er für ihn und das kaiserliche Haus geleistet hatte.

Nur seiner festen Haltung war zu danken, daß nicht sofort alle Bundesgenossen von der Sache Oesterreichs abfielen. Den schwierigsten Stand hatte er mit den Holländern. „Niemand kann glauben," schreibt er an Sinzendorff, „was man mit diesen Leuten auszustehen hat und wie schwer mit ihnen auszukommen ist. Ich aber kehre mich an nichts, und alle diese Verdrießlichkeiten rauben mir weder den Mut, noch die Obsorge, dasjenige nach den Umständen, der Lage des Feindes und der sich ergebenden Gelegenheit wahrzunehmen, was zu des Kaisers Dienst und zur Förderung der gemeinsamen Sache gereichen kann." Als sich Graf Albemarle nach der Niederlage bei Denain den heftigsten Vorwürfen preisgegeben sah, trat Eugen allein für ihn ein und wies darauf hin, wie bei einem Heerführer nicht immer der Erfolg als gerechtes Kriterium für Verdienst oder Schuld anzusehen sei. „Ich würde glauben die Pflicht eines ehrlichen Mannes zu verletzen, wenn ich die Wahrheit nicht bekennen würde."

Allein weder der Pflichteifer, noch die Standhaftigkeit Eugens konnten die natürliche Entwicklung der Dinge aufhalten, alle seine Entwürfe scheiterten am Starrsinn der eingeschüchterten Holländer und an der Unthätigkeit seiner eigenen Regierung. Der Feldzug, welcher Thaten gezeugt hatte, die sich den größten Leistungen der berühmtesten Feldherren aller Zeiten an die Seite stellen lassen, nahm ein armseliges Ende für die kaiserlichen Waffen. Von allen Verbündeten verlassen, mußte sich endlich auch der Kaiser fügen.

Zu Rastatt kam Eugen mit dem glänzendsten Paladin Ludwigs XIV., Villars, zusammen. Bei den Unterhandlungen zeigte er eine Festigkeit, die ihm das Bewußtsein eigener Größe verlieh, und dadurch rettete er wenigstens, was zu retten war. Villars selbst gesteht: er sei oft hingerissen worden von dem schlichten und doch so imponirenden Wesen des Prinzen, der, sonst so ernst und ruhig, plötzlich beredt wurde, wenn es sich um Wohl und Wehe seines neuen Vaterlandes handelte und eine Logik der Beweisführung entwickelte, gegen welche es keinen Widerspruch gab.

Wenn man den Prinzen dafür verantwortlich machen wollte, daß das deutsche Reich die Kosten des Friedens zu tragen hatte, so möge man sich erinnern, daß Villars auf eine Aeußerung des Prinzen, das Reich werde mit ungeschwächter Kraft in den bevorstehenden Feldzug eintreten, höhnisch erwidern konnte: es werde seinem verehrten Gegner wohl nichts anderes übrig bleiben, als die Fürsten des deutschen Reiches an den Haaren in den neuen Krieg zu ziehen. —

Der Friede war geschlossen, Eugen kehrte nach Wien zurück. Er wurde zwar ehrenvoll aufgenommen, — weit größeren Einfluß aber als der Retter Oesterreichs hatten die spanischen Granden, die Karl nach Wien begleitet hatten. Dagegen konnte Villars erzählen, daß in sein Haus zu Paris, wo ein Porträt Eugens, das dieser geschenkt hatte, aufgehängt war, die Pariser „wie in Procession wallfahrten gingen", um die Züge des unvergleichlichen Helden kennen zu lernen.

Nicht lange jedoch war es dem Prinzen vergönnt, sich seinen Friedensaufgaben, der Reform des Heerwesens und der Verwaltung der Niederlande, zu deren Gouverneur er ernannt war, zu widmen. Gleich als hätte das Geschick Ersatz für den kläglichen Ausgang des letzten Feldzugs bieten wollen, wurde Eugen mit der Aufgabe betraut, die Republik Venedig aus der eisernen Umklammerung durch die Osmanen zu befreien. Er löste sie durch den glänzenden Tag von Peterwardein. Ganz Europa jubelte dem Feldherrn zu, dessen Adlerblick sofort erkannte, was die Lage erheische und dessen Löwenkraft alles Gebotene ausführte. „Entweder", sagte er, „werde ich mich Belgrads oder die Türken werden sich meiner bemächtigen." Mit fliegenden Fahnen und klingendem Spiel rückte er vorwärts, und nach blutigem Ringkampf war die Vormauer der christlichen Reiche wieder in seinen Händen. In jenen Tagen entstand das Lied vom Prinz Eugenius, dem edlen Ritter, das sich fort und fort im Munde des deutschen Volkes erhielt und im siebenjährigen Krieg an den Wachtfeuern der Preußen wie der Oesterreicher gesungen wurde. Nicht blos kriegerischer Ruhm und Vertrauen auf seine Leitung gewannen ihm die Herzen seiner Leute, sie fühlten tief und wahr, wie selten eine so lautere Seele sei; Prinz Eugen hatte nicht Maitressen, nicht Nepoten, nur das Verdienst durfte gewiß sein, von ihm erkannt und gewürdigt zu werden.

Wieder brachte der Friede von Passarowitz reichen Zuwachs für Oesterreich. Dennoch fand Eugen nur kühle Aufnahme in der Wiener Hofburg. Den spanischen Günstlingen gelang es sogar, das Mißtrauen und den schnödesten Argwohn im Kaiser wachzurufen, als stehe Eugen mit dem Kurfürsten von Bayern in verräterischer Verbindung. Ja, es fehlte wenig, so wäre der Mann, ohne dessen Degen aller Wahrscheinlichkeit nach die Kaiserkrone nicht mehr auf dem Haupte eines Habsburgers und Wien nicht mehr eine christliche Stadt gewesen wäre, aus kaiserlichen Diensten entlassen und verbannt worden. Dieser Wechsel der Hofgunst war um so empfindlicher, je schmeichelhafter vorher Karl VI. den Prinzen seines höchsten Vertrauens und seiner ewigen Dankbarkeit versichert hatte. „Generale wären ja noch etwa aufzutreiben, aber ein Prinz Eugen, den ich so liebe und schätze und in den ich allein mein ganzes Vertrauen setze, wäre für mich nicht mehr zu finden." Jetzt mußte Eugen von seinem früheren Gegner Villars erfahren, wie in Versailles alles darüber entrüstet sei, daß der Kaiser daran denke, seinen besten Wohlthäter zu verbannen. Die gefährlichste Schlinge aber war ihm von seinem nächsten Verwandten, Victor von Savoyen, gelegt, dessen Heiratspläne Eugen durchkreuzt hatte. Victor miethete förmlich zwei Denuncianten, die mit offener Anklage gegen den Prinzen auftreten sollten. Nur ein Zufall enthüllte diesem das Complott; seine Entschlossenheit rettete ihn auch hier, er forderte rasch und bestimmt offene Untersuchung, und im Lichte der Wahrheit zerfiel sofort das Gespinnst seiner Feinde in Nichts.

Der Kaiser ließ es nun zwar an Worten des Bedauerns nicht fehlen und zog auch wieder in den nächsten Jahren den Prinzen in manchen Fragen, wie sie der ewige Proceß des Anziehens und Abstoßens zwischen den europäischen Staaten mit sich bringt, zu Rate, aber niemals gewann er jenen Einfluß, den ein Diener von so erprobter Treue und so hervorragenden Verdiensten beanspruchen konnte. Eugen kannte aber keine Leidenschaftlichkeit und keine Empfindlichkeit im Dienste seines Herrn; nach wie vor widmete er ihm alle Kräfte. Als Leiter des Kriegswesens wandte er, wie Tausende von Signaten und Rescripten beweisen, allen Zweigen, auch dem unscheinbarsten, unermüdliche Thätigkeit zu. Als Gouverneur der Niederlande gab er, da er sich selbst dorthin nicht begeben konnte, seinem Stellvertreter über alles und jedes genaueste Instruction.

Erst durch Arneth wurde auch die früher ganz übersehene friedliche Wirksamkeit des Prinzen als Volks- und Staatswirt in die gebührende Beleuchtung gesetzt. Er war mit gutem Erfolge bestrebt, die Wunden, die der langwierige Krieg der Nation geschlagen hatte, zu heilen, den öffentlichen Credit zu heben und den Handel wieder emporzurichten. Nur der eine Zug sei hervorgehoben: wie sich Eugen, unbeirrt von dem Taumel jener classischen Gründerzeit, stets ablehnend gegen jede abenteuerliche Projectenmacherei verhielt, wie sie damals nach dem Vorbilde des Schotten Law in allen Ländern emporwucherte, die Phantasie der Völker erhitzend und unersättliche Begehrlichkeit weckend. Als ein Franzose, Marseau, mit blendenden Verheißungen, den ostindischen Handel wieder nach den Niederlanden zurückführen zu wollen, hervortrat, scheiterte das Project sofort an Eugens nüchternem Urtheil. „Ich habe diesen Menschen", signirte er, „viele Monat mit allerhand Gedanken dahier (in Wien) umgehen gesehen und von vielen Millionen reden gehört, da er doch bei seiner Abreise nicht einmal die notturft und mit harter Mühe 7—800 Gulden Credit gefunden, so auch dem Vernehmen nach mit Gefahr des Creditoris biß anhero ohnbezahlt außstehen, daß also leicht zu erachten, daß von einem solchen mann keineswegs große sachen können vermuthet werden."

Von seiner scharfen Menschenkenntniß zeugt es auch, daß er den Preußen-König Friedrich Wilhelm richtig beurtheilte, indem er nicht auf die rohe Schale, sondern auf den gesunden tüchtigen Kern sah. Der König bewunderte ihn als großen General, und Eugen fühlte sich durch das ehrliche Streben eines Monarchen für das Wohl seines Staates so angezogen, daß sich fast ein freundschaftliches Verhältniß zwischen beiden bildete. An dem Zustandekommen des Bündnisses zwischen Oesterreich und Preußen hatte Eugen den größten Antheil. Im Conflict zwischen Vater und Sohn nahm Eugen aus Gründen der Politik und der Humanität für den jungen Kronprinzen Friedrich Partei und bot seinen ganzen Einfluß für dessen Begnadigung und Aussöhnung mit dem Vater auf. Die beiden größten Feldherren des vorigen Jahrhunderts traten auch noch in persönliche Berührung. Friedrich Wilhelm schickte, als Eugen noch einmal im polnischen Erbfolgekrieg an die Spitze der Reichsarmee gestellt wurde, seinen Sohn als Schüler in das Lager des alten Kriegsmeisters. Eugen nahm ihn nicht ohne ungünstiges Vorurtheil auf, bei näherer Bekanntschaft wich dieses Mißtrauen einigermaßen, doch äußerte Eugen wiederholt sein Bedauern, daß bei einem deutschen Prinzen das „französische Gift" ziemlich tief eingedrungen sei.

Darunter konnte nur eine seinem geraden Sinne anstößige Frivolität verstanden sein, denn die Neigung zu Kunst und Literatur Frankreichs hatten die beiden erleuchteten Genien mit einander gemein. Eugen fühlte sich ganz als Deutscher, ja er erlaubte sich sogar über französischen und italienischen Nationalcharakter gar wegwerfende Urtheile. In einem Brief an den Kaiser aus Crago nennt er die Italiener ein „feiges" Volk; das „eitle", „prahlerische" Wesen der Franzosen verspottet er an mehr als einer Stelle. Er wäre aber nicht der scharfblickende Mann von Geist gewesen, wenn er nicht erkannt hätte, daß Frankreichs Dichter, Künstler und Gelehrte, trotz der ihnen anklebenden Schwächen, zur Zeit über der Pedanterie und Schwerfälligkeit der deutschen Leistungen hoch erhaben ständen. Nur einem deutschen Gelehrten trat er näher, dem universellsten Geist aller Jahrhunderte, Leibnitz. Die Monadologie, worin Leibnitz sein philosophisches System entwickelt, ist im Umgang mit dem Prinzen entstanden; das ihm gewidmete Manuscript verwahrte er, wie Graf Bonneval spottete, so sorgfältig, wie die Priester zu Neapel das Blut des hl. Januarius. Die Freundschaft der beiden auf so verschiedenartigen Gebieten hervorragenden Männer erinnert Leibnitzens Biographen, Guhrauer, an jenes gefeierte Verhältniß zwischen Alexander und Aristoteles. Aufs Wärmste befürwortete Eugen den Plan seines gelehrten Freundes, eine Akademie der Wissenschaften in Wien zu errichten, aber der Widerstand der Jesuiten machte vorläufig das Project scheitern.

Kein eifrigerer Sammler lebte in Wien, als der Türkensieger Eugen. In allen Städten Europa's hatte er Vertrauensmänner, die ihn auf die neuesten literarischen und künstlerischen Erscheinungen aufmerksam machten. Namentlich für seltene Buchausgaben, Münzen und Gemmen hatte er Interesse, verlor sich aber nicht in dilettantische Sammelwuth. „Das Merkwürdigste ist," schreibt der Dichter Jean Baptiste Rousseau, „daß sich in der prachtvollen Bibliothek des Prinzen kein einziges Werk findet, das er nicht gelesen oder wenigstens durchgegangen hätte." In diesen stillen Räumen lebte er, der scheinbar Einsame, im innigsten Verkehr mit großen Männern aller Zeiten. Deshalb hatte auch der Gedanke, seine hohen Aemter und Würden zu verlieren, nichts Schreckendes für ihn. Einem Freunde, der in jener kritischen Zeit die Möglichkeit einer Verbannung Eugens vom Hofe beklagte, erwiederte er: „Ich besitze einen ausreichenden Vorrat guter Bücher, um mich nicht zu langweilen." Eben so viel Liebe wandte er der Kunst zu. Mit Hilfe des gediegenen Kunstkenners Mariette und des feingebildeten päpstlichen Nuntius Passionei legte er eine Gemälde- und Kupferstichsammlung an, aus welcher einzelne Stücke heute die schönsten Perlen der Wiener Staatssammlung sind. Die Mittel zur Anschaffung solcher Schätze fand er in den reichen Dotationen, die ihm für seine Dienste zu Theil und durch kluge Sparsamkeit erhalten und vermehrt wurden. Für seine eigene Person kannte der Prinz keine Bedürfnisse. Zu einer Vermählung konnte er nie bewogen werden; darin blieb er der kleine Abbé. Mag sein, daß auch ihm die Stunde nicht ausblieb, da ihm der Kranz nicht genügte, den ihm die kalte, schwer lastende Hand des Ruhms aufs Haupt gedrückt, daß er Sehnsucht empfand nach jenem zerbrechlichen Glück, das die aus Staub geschaffene Menschenbrust erfreut!

„Solange Prinz Eugen die volle Kraft seines Geistes besaß," schreibt Friedrich der Große in der Geschichte seiner Zeit, „war Glück mit den Waffen und Staatsunterhandlungen der Oesterreicher; als ihn aber Alter und Krankheit schwächten, war dieser Kopf, der so lange für das Wohl des kaiserlichen Hauses gearbeitet hatte, nicht mehr fähig, diese Arbeit fortzusetzen und dieselben Dienste zu leisten. Demütigende Betrachtung für unsere Eitelkeit! Ein Condé, ein Eugen, ein Marlborough sehen ihren Geist früher absterben, als ihren Körper, und die größten Geister verfallen in Schwäche!"

Prinz Eugens Theilnahme am polnischen Feldzuge erinnert an jene Episode, da man den todten Cid auf seinem Streitroß in den Kampf mitführte und die Feinde vor dem Gefürchteten scheu zurückwichen. Es kann nur als ein Act von Selbstverleugnung angesehen werden, daß er sich freiwillig erbot, nochmals den Oberbefehl zu übernehmen, denn es ließ sich, wie die Sachlage damals war, leicht voraussehen, daß er in diesem Feldzug keinen Lorbeer um die greise Stirn winden werde. Nie war das Reichsheer in einem kläglicheren Zustand, und es konnte auch, da es sich nur um rein dynastische Interessen des Kaisers handelte, den deutschen Fürsten ihre Unlust zu neuen Opfern nicht verdacht werden. Eugen sah ein, daß er mit so geringen Streitkräften zu energischem Vordringen nicht gelangen werde; ihm gegenüber stand ja sein tüchtigster Gegner aus alter Zeit, mit dem er seit zwanzig Jahren in vertraulichem Briefwechsel stand, Villars. Man hatte, wo ein Eugen befehligte, nicht nötig, Niederlagen zu befürchten, konnte aber auch nicht mehr auf entscheidende Erfolge hoffen.

Die Strapazen des Feldzugs erschütterten die Gesundheit des Prinzen. Solange er im Feldlager stand, bezwang er den Körper durch eiserne Willenskraft; nach der Rückkehr aber brach er zusammen. Ruhig und friedlich war das Ende des so oft vom Schlachten lärm umrauschten Kriegsmannes. Am 20. April 1736 spielte er die gewohnte Partie Piquet, in der folgenden Nacht schlummerte er hinüber.

Sein Tod weckte die Erinnerung an das, was er für Österreich, für Deutschland gewesen war. Es ehrt Kaiser Karl VI. mehr als Bände von Lobschriften, daß er, als die Glocken in Wien zusammenklangen, um die Einsegnung der Leiche des großen Mannes in St. Stefan zu verkünden, der sonst so hochgehaltenen Etikette zuwider die Hofburg verließ und der ernsten Feier im Dom beiwohnte. —

Wem geht nicht das Herz auf, wenn er Wien betritt, die majestätisch-liebliche Kaiserstadt, die unter allen deutschen Städten die glücklichste Wandlung in eine Metropole der Neuzeit erfuhr! In dämmernden Straßen erzählen prächtige Paläste von vergangenen Jahrhunderten, und noch prunkvollere Bauten, von freundlichem Grün umkränzt, stiegen aus der Tiefe der alten Wallgräben empor. Vor des Kaisers Burg erhebt sich ein Reiter-Standbild des Prinzen Eugen von Savoyen, aber ein schöneres Denkmal hat er sich selbst aufgerichtet. Kein Punkt in Alt- und Neu-Wien kann sich mit dem Belvedere messen, das inmitten weitgedehnter Gärten auch heute noch die herrlichste Aussicht gewährt und in seinem Innern eine Fülle von Kunstschätzen birgt, in allen Theilen ein Denkmal geläuterten Geschmacks. In diesen heiteren Räumen, dem Lieblingsaufenthalt des Prinzen, lernt man so recht den Charakter des seltenen Mannes schätzen und lieben und versteht das Wort Rousseau's über Eugen: „Nie war in einem anderen Manne so viel Einfachheit mit so viel Größe vereinigt."

Maria Theresia und Marie Antoinette.

Ernst ist die Geschichte, und fast ungeziemend möchte es bedünken, für ihre furchtbare Realität die Namen aus der Welt des Scheines zu entlehnen, von einer Tragödie zu sprechen, wo die Handelnden mit ihrem wirklichen warmen rothen Herzblut den Beifall der Corona bezahlten oder für ihren Mißerfolg mit unauslöschlichem Brandmal gezeichnet wurden. Dennoch gibt es Schicksale, die zu jenem Vergleich auch den Widerwilligen zwingen. „Der bedeutsame Inhalt und der vollständig abgeschlossene Verlauf" lassen sie wie ein Kunstwerk erscheinen, und wie sie selbst mit einem großartigen Pathos sich vollzogen, möchte man sie, um einen Ausdruck des Aristoteles zu gebrauchen, „mit künstlerischer Würze" erzählen.

In diesem Sinne kann man von einer Tragödie „Marie Antoinette" sprechen. Marie Antoinette am 16. Mai 1774 Königin von Frankreich, am 16. Oktober 1793 guillotinirt.

Diese Tragödie wird immer theilnehmende Hörer finden. Wenn ich selbst aber dem gewaltigen Stoff rückgreifend weitere Grenzen stecke und im Athemzug einer Stunde von Marie Antoinette und Maria Theresia, von Mutter und Tochter, zu sprechen mich unterfange, geschieht es, weil diese Beziehungen von Mutter und Kind in jüngster Zeit durch neuerschlossene Quellen uns näher gerückt wurden und ein freundliches Element in die Ereignisse tragen, deren pathetische Seite allein zu schildern erdrückend wirken müßte.

Beiden war durch Geburt eine erhabene Stellung angewiesen, beide erfuhren die trübe Kehrseite dieses glänzenden Looses, beide wurden gestählt, geläutert in der Schule des Unglücks. An der Mutter ging das Mißgeschick wie eine Wetterwolke vorüber, ihr war ein friedlicher Abend beschieden, ihr Kind aber zahlte den glänzenden Traum mit ihrer Jugend, ihrer Schönheit, ihrem Leben. Und während Maria Theresia durch ihre gesunde Logik und ihr männlich festes Handeln in den Tagen der Prüfung sich die hohe Achtung der Zeitgenossen erwarb und ihre Regententugenden und ihre sittliche Lauterkeit von der Nachwelt dankbar gepriesen wurden, waren tausend Läster- und Lasterzungen geschäftig, die Ehre der Gattin Ludwigs XVI. zu begeifern, und es gibt keinen Fluch, der ihr nicht ins Grab nachgeschleudert, keine Schmach, die nicht an ihr Andenken geheftet worden wäre.

Nur mit Ekel kann man in der Literatur blättern, die sich vor und nach der Revolution namentlich mit dem Privatleben Marie Antoinetten's beschäftigte; dieser Memoirenklatsch, diese schmutzigen Epopöen, diese Bänkelsängerstrophen sind an Frivolität ohne gleichen. Nicht blos ihre Richter und Mörder stellten sie, um ihre Verurteilung zu rechtfertigen, mit jener Katharina von Medicis, die alle Fehler und nicht eine Tugend ihres Geschlechts besaß, auf eine Stufe — Viel Castel lieferte den Beweis, daß auch Legitimisten das feige Handwerk des tapfern Verleumders nicht verschmähten, daß der Graf von Provence, den einst sein eigener Bruder, der gutmütige Ludwig XVI., einen Tartufe nannte, zuerst den Krieg gegen die Frauenehre seiner Verwandten begann und daß er ihn selbst gegen das Andenken der Todten weiterführte.

Es ist leicht begreiflich, daß jene Zeitgenossen, die ihre Vertheidigung übernahmen, in den entgegengesetzten Fehler verfielen, und eine Apotheose dichteten, wo sie Geschichte schreiben sollten.

Die Nachwelt schuldet ihr nur die Wahrheit.

Durch Nichts wurde aber die Aufgabe, ein lebenswahres Bild von ihr zu zeichnen, mehr erleichtert, als durch die Veröffentlichung des Briefwechsels zwischen Maria Theresia und ihrer Tochter, die wir Arneth verdanken. Die Echtheit dieser Correspondenz ist nicht

4*

anzuzweifeln, während die früher von Feuillet de Conches und Hunolstein veröffentlichten Briefe durch Sybel als Fälschungen gekennzeichnet worden sind. Jene echten Briefe sind von um so größerem Werth, als sie nicht nur Aufklärung über das Verhältniß zwischen Mutter und Kind, sondern auch über das zwischen der Kaiserin Oesterreichs und der Königin Frankreichs geben. Eine überaus wichtige Ergänzung fanden sie durch die in neuester Zeit von Arneth und Geoffroy herausgegebene Correspondenz zwischen Maria Theresia und dem österreichischen Gesandten am Hofe zu Versailles, Grafen Mercy Argenteau. Die Kaiserin, bekümmert über das Loos ihrer Tochter, die, fast noch ein Kind, in die für Sitte und Tugend gefährlichsten Kreise, an den Hof Ludwigs XV., kam, beauftragte den treu ergebenen Mercy, ihr über Thun und Treiben der Dauphine und alles, was auf sie Bezug habe, genaueste Auskunft zu geben. Jeden Monat überbrachte der Mutter ein Courier diese Berichte, deren fortlaufende Reihe ein förmliches Tagebuch über den Aufenthalt der Kaisertochter in Frankreich bildet, durch Mitteilung von tausendfältigem Detail das hellste Licht über alle Vorgänge bei Hofe verbreitet und alle wichtigeren Persönlichkeiten in der Farbe des Lebens vor unsere Augen bringt. Mercy's Darstellung ist unparteiisch und aufrichtig, denn wenn er auch hie und da sich Mühe gibt, Vorfälle zu verheimlichen oder in höfischem Tone zu beschönigen, errät der Scharfblick seiner Gebieterin doch sofort diese Winkelzüge, und strenge Wahrheit wird gefordert und gegeben. Weder Marie Antoinette selbst noch irgend Jemand in Versailles und Wien, den Sohn der Kaiserin, Joseph II., und den Minister Kaunitz ausgenommen, wußten um diese Correspondenz. Wenn die Königin häufig voll Erstaunens gewahr wurde, daß selbst vertrauliche Angelegenheiten der Mutter bekannt waren, schob sie die Schuld auf die Klatschsucht der Spione des „Ungeheuers", wie sie Friedrich den Großen, den Eroberer Schlesiens, zu nennen pflegte. Daß aber nicht Neugierde die Kaiserin zu diesem Ueberwachungssystem bewog, sondern die edelste Regung eines besorgten Mutterherzens, beweist sie durch die Verwendung ihrer Erfahrungen, indem sie sofort immer entweder brieflich oder durch Vermittlung Mercy's ihre Warnungen

und Ratschläge daran knüpft. Die Correspondenz ist daher auch
von hohem Interesse für die Geschichte der Kaiserin. Wäre noch
ein Beweis dafür nötig, daß Maria Theresia nicht nur die gute
Hausfrau auf dem Throne, sondern ein eminent politisches Talent
gewesen, immer opfer- und arbeitswillig und scharfblickend in Beurteilung von Menschen und Verhältnissen, so ist er hier geboten
in diesen Briefen, in denen goldene Lebensweisheit die Fülle uns
für den weniger gleißenden Stil entschädigt.

Nur in Kürze greife ich auf die früheren Lebenstage der
großen Frau zurück.

Obwohl die vielumworbene Tochter des letzten Kaisers aus
habsburgischem Stamme, erhielt sie den zum Gatten, zu dem ihr
Herz sie hinzog. Vom politischen Gesichtspunkt war es ein Fehler
Kaiser Karls VI., daß er die Verbindung seiner Tochter mit Franz
von Lothringen billigte. Es machte ihr von vorneherein Frankreich
zum Feinde, das als der Räuber der lothringischen Lande im Titel
des Gemahls der Erzherzogin beständigen Grund zu Mißtrauen
und Mißgunst fand.

Die Anfänge ihrer Regierung waren so düster, wie nur denkbar. Noch war der Vater nicht bestattet, so erhob der Kurfürst
von Bayern Anspruch auf Krone und Reich. Ein großer Teil
des eigenen Volkes machte kein Hehl aus seinem Wunsche, lieber
den Bayerfürsten auf dem Throne zu sehen, als die junge Frau,
von der man nicht mehr wußte, als daß sie ein einnehmendes
Aeußeres besaß und ihren Gatten herzlich liebte. Gleichzeitig fordert
der ehrgeizige König Preußens die schönste Provinz des Reiches und
antwortet auf die Ablehnung mit bewaffnetem Einfall in Schlesien.
Die Niederlage der Oesterreicher bei Mollwitz gibt das Signal
zu einer allgemeinen Schilderhebung ihrer Feinde. Bald stehen
Franzosen und Bayern vor den Thoren Wiens, und nur die Eifersucht Fleury's, der auch das verbündete Bayern nicht zu wirklicher
Macht gelangen lassen will, rettet die Hauptstadt. Aber Böhmen
mit Prag fällt in die Hände der Sieger und die italienischen
Provinzen scheinen unrettbar an Spanien verloren. Doch nicht
die äußerste Not und Gefahr vermögen den Mut der Herrscherin

zu brechen, energisch weist sie jeden Vermittlungsvorschlag zurück, der von Zerstückelung ihres natürlichen Erbes spricht. Bei den Ungarn sucht sie Schutz für sich und ihr Kind, und dieses Volk, das seinen habsburgischen Königen stets trotzigen Widerstand geleistet hatte, erhebt sich in ritterlicher Aufwallung wie ein Mann für die Königin. Jählings wendet sich das Kriegsglück auf ihre Seite, bald ist alle Gefahr verschwunden, Oesterreich gerettet und in die ehemalige Machtstellung wieder eingesetzt. Auch der Lieblingswunsch Maria Theresia's, ihren Gemal auf dem Kaiserthrone zu sehen, geht nach dem Tode Karls VII. in Erfüllung.

Nach den Kriegsjahren aber schreitet sie zu inneren Reformen und erzielt durch Klugheit und Beharrlichkeit auch auf diesem Gebiet Erfolge, die es rechtfertigen, daß Oesterreich sie seine große Kaiserin nennt. Sie gewinnt eine Fülle absoluter Macht, wie selbst die Ferdinande sie nicht besaßen. Während man noch unter Karl VI. nur von einem „Haus" Oesterreich sprechen konnte, das über viele Staaten ohne jeglichen Zusammenhang die Krone trug, faßt sie alle Provinzen zu einer wesentlichen Einheit zusammen und schafft eine Centralgewalt, die bis in die entferntesten Theile des ungeheuren Reiches wirkt. Ohne Lärm, mit dem leichtesten Zügelspiel, leitet sie die wichtigsten Veränderungen; wo sie aber auf Widerstand stößt, wie in Böhmen, scheut sie sich nicht, ihren Willen auch mit Härte durchzusetzen, denn sie ist von ihrem Recht, von ihrer göttlichen Sendung, felsenfest überzeugt. Dabei hat aber dieses absolute Regiment einen patriarchalisch zu nennenden Zug. Wie zu ihrer Zeit auch das Band, das den Diener an den Brotherrn knüpfte, nicht als Vertrag aufgefaßt wurde, so betrachtet die Kaiserin ihr Verhältniß zu den Unterthanen als das des Hauptes zu den Gliedern einer Familie. Es war eine ganz neue Erscheinung, einen Regenten so vertraulich mit seinen Völkern sprechen zu hören; man war aus der Zeit des spanischen und des französischen Absolutismus gewohnt, stolze Unnahbarkeit als eine von der Majestät unzertrennliche Eigenschaft anzusehen, darum wirkte jetzt der Wahlspruch: „Zum Heile des Ganzen!" wie eine Zauberformel. Fast alle Reformen Joseph's II. führen in ihrer Wurzel auf die Regierungszeit seiner Mutter zurück. Nur der Kirche steht sie als schwache Frau gegenüber, sie hält für ihre Pflicht, die Unterthanen selbst gegen ihren Willen zur Wahrung ihres Seelenheiles zu zwingen, und dieser Glaubenseifer wurde vom Clerus benützt, um die ungerechtesten Eingriffe in die persönliche Freiheit des Einzelnen in Gesetzgebung und Verwaltung einzuschwärzen. Auf den protestantischen Bürgern lastete unerhörter Druck, und die Folgen des romanischen Systems, mit dem die sonst so Mutige nicht zu brechen wagt, stellen sich unerbittlich ein: Oesterreich bleibt trotz aller guten Anfänge hinter der geistigen Entwicklung des protestantischen Deutschland weit zurück. Dagegen war ihr die großartige Culturaufgabe in den nichtdeutschen Kronländern eine wahre Herzenssorge, für Aufpfropfen der germanischen Cultur geschah dort unter ihrer Regierung mehr als je vorher. Vieles geschah, um die reichen Hilfsquellen des Landes nutzbar zu machen, das Heer alteingewurzelter Mißbräuche wurde vermindert, nützliche Anstalten und Einrichtungen gediehen überall zur Blüthe.

Ganz deutsch bleibt sie auch in ihrem Privatleben. Sie setzt ihre Ehre darein, eine schlichte deutsche Hausfrau, Gattin und Mutter zu sein. Mit einer Derbheit, die an Elisabeth Charlotte erinnert, zeigt sie offen, daß ihr alles Falsche, Gezierte und Gespreizte widerlich ist. Aber die Frau, die im Wiener Burgtheater die Geburt ihres Enkels „gerad' zum Bindband auf den Hochzeitstag" dem Publikum von ihrer Loge aus selbst ankündigt, erscheint auch wieder, wo es die Gelegenheit erfordert, voll majestätischer Würde, eine geborne Herrscherin.

Nach dem Tod ihres Gatten schloß sie sich mehr und mehr von der Welt ab. Sie ernannte ihren Sohn zum Mitregenten, noch größeren Antheil an der Leitung der wichtigsten Geschäfte hatte aber Minister Kaunitz.

Dieser Staatsmann war es auch, der die Kaiserin für die Idee gewann, daß ein enges Bündniß Oesterreichs mit dem nicht mehr allzu mächtigen Frankreich die sicherste Friedensgarantie biete und daß man daran denken müsse, durch ein natürliches Band, durch Vermählung einer Tochter der Kaiserin mit einem Bourbon, die beiden Dynastien enger zu vereinigen, deren Reiche auf ein festes Bündniß angewiesen seien.

Die politische Absicht tritt unverkennbar schon in der Erziehung, welche die jüngste Tochter der deutschen Kaiserin erhält, hervor. Ein Franzose leitet sie, die kleine Marie Antoinette weiß alles und schwärmt für alles, was sich auf Frankreich, auf Paris bezieht, wird mit allem umgeben, was ihr den Ton von Versailles geläufig macht. Als sie vierzehn Jahre zählte, wurde ihre Vermählung mit dem Dauphin zwischen den beiden Höfen verabredet und im Mai 1770 trat die Erzherzogin die Reise nach dem neuen Vaterland an. Dieselbe glich einem Triumphzug. In allen Städten empfing sie Glockengeläute, Kanonendonner und der trautere Ton, der Jubelruf des Volkes: „La Dauphine est si belle!" Und die Schönheit der Unschuld war es! Im fürstlichen Purpur erschien diese dem Volk ein Wunder und es hoffte Wunder von ihr: daß die weltgewordene Lilie in ihren Händen sich wieder aufrichten, daß unter diesen den Himmel spiegelnden Augen das Laster in Versailles sich hinwegkrümmen werde.

Die Mutter hörte von der Begeisterung des Empfangs mit wehmütiger Freude. Das Aufhissen der bunten Wimpel auf dem Schiffe, das die Tochter trug, täuschte sie nicht über den dunklen reißenden Strom. In jedem Wort, womit sie ihr Kind der Liebe des Dauphin, der Obhut Mercy's empfiehlt, verrät sich der bange Schlag des Mutterherzens.

Wohl war sie des Schutzes bedürftig und des Mitleids wert, diese Kaisertochter, im Reize der Jugend prangend, aber auch im Wahne der Jugend befangen, daß Flitter Gold und das Leben mehr Vergnügen als Pflicht sei. Welche Erbschaft trat sie lächelnd an! Das war das „schöne" Frankreich nicht mehr. Ein Thron ohne Majestät, eine Regierung ohne Kraft, ein Volk ohne Bewußtsein. Die Finanzen sind zerrüttet und die erschöpften Lande scheinen nur noch für Empörung fruchtbar. Von Ludwig XIV. und seiner Zeit ist Nichts geblieben als die Tradition. Ihn hatten Männer und Frauen von Mut und Geist umgeben, die Gesellschaft aber, die seinen Nachfolger umgab, besaß weder den einen noch den andern, sondern war einfach lasterhaft. Unfähig, natürlich zu empfinden, kannte sie weder die Liebe zum Vaterland, noch den heiligen Zorn für das Recht, selbst zum Verbrechen fehlte ihr der Schwung. Bosheit gilt als Witz, das Leben so angenehm als möglich zu genießen, ist höchste Weisheit und die Gunst von Frauen, die sich schämten, sich zu schämen, gilt als der schönste Erfolg. Ich verweise auf die überaus reichhaltige Memoirenliteratur jener Tage und auf Mercy's erschöpfende Schilderungen. Ludwig XV. selbst war ganz in den Händen der Dubarry, in ihrem Boudoir spielten sich die Geschicke Frankreichs ab, ihre Huld oder ihr Zorn entschieden über Glück und Mißgeschick aller, die mit dem Hofe in Berührung traten. Da waren dann Mesdames die Töchter des Königs, als ihr Haupt der intrigante Blaustrumpf Madame Adélaïde. Sie zeigten sich sämmtlich vom Tage der Ankunft Marie Antoinettens feindselig gegen sie und spannen um ihre jüngere und schönere Rivalin alsbald ein Netz von Kabalen. Da waren dann die Brüder des Dauphin, der Graf von Artois, eine ritterliche glänzende Erscheinung, aber verderbt wie alle andern, und der Graf von Provence, der seine Schwägerin systematisch verfolgte, und eine Schaar von Höflingen, groß nur in der Kleinheit, ebenso ehrlos wie ehrsüchtig, in Parteien gespalten, die einander unermüdlich bekämpften, aber die feindseligen Streiche nur hinterrücks zu führen gewohnt waren.

Kaum war die Dauphine am Hof erschienen, so sah sie den Sturz des mächtigen Choiseul, der ihre Heirat, wie das Bündniß zwischen Oesterreich und Frankreich vermittelt hatte: damit wurde ihr gleich von Anfang der einzige sichere Halt genommen. Denn den siegreichen Gegnern Choiseuls, dem Herzog v. Vauguyon, dem Kanzler Maupeau und den weitverzweigten Rohans war sie nur die „Oesterreicherin".

Dies war die neue Umgebung der Dauphine, nachdem sie ihre strenge, aber zärtliche Mutter, einen weniger glänzenden, aber auch noch gesünderen Hof, ein seinem Fürstenhaus treuherzig ergebenes Volk verlassen hatte. Ihr Gemal aber bot ihr für das Verlorene keinen Ersatz. Er war nicht im Stande, eine Frau sprühenden Geistes und lebhaften Temperaments, wie Marie Antoinette, zu fesseln, geschweige denn zu leiten und zu läutern. Nicht ohne natürliche

Anlagen, besaß er nicht im Geringsten die Gabe, dieselben zu verwerten. Das Geräusch und das gleißnerische Treiben des Hofes waren ihm zwar gründlich zuwider, aber ebenso mied er geistig bedeutende Gesellschaft und ernste Arbeit. Er schwärmte in seiner behäbigen Weise nur für Jagd und — Schlosserei und liebte den häuslichen Herd in Form einer wohlbesetzten Tafel. Den Wert einer anmutigen, witzig plaudernden Gefährtin lernte er erst nach und nach, d. h. in solchen Fällen immer erst zu spät schätzen.

Doch die ersten Nachrichten Mercy's über das „Début" der Dauphine, wie man sich in Versailles auszudrücken beliebte, lauteten aufs Günstigste. „Man könnte nicht unter glücklicheren Auspicien erscheinen!" schreibt er an die Kaiserin. Die Morgenfrische des Mädchens mit den blonden Locken, der edlen Stirn und den munter blickenden blauen Augen, ihr ungekünsteltes Wesen, das durch die Lebhaftigkeit der Bewegungen nichts an Majestät einbüßte, wirkten elektrisch sogar auf den König, doch die Dubarry und ihr Anhang wußten zu verhindern, daß sie ernsteren Einfluß gewann. Antoinette war zu ehrlich, als daß sie ihren Widerwillen gegen die „dümmste und unverschämteste Person, die man sich vorstellen kann", wie sie die Gebieterin von Versailles bei ihrer Mutter einführt, verhehlt hätte. Dieses Verhältniß wurde bald eine Quelle von Verdruß für die Dauphine, von Sorgen für ihre Mutter. Antoinette läßt sich jedoch weder durch die Chicanen der Gunstdame, noch durch die scheue Zurückhaltung ihres jungen Gatten ihre fröhliche Laune verkümmern. Sie plaudert in ihren Briefen an die Mutter wie ein sorglos die Lust des Tages genießendes Kind. Sie erzählt von Jagden und Promenaden, Kammerzofen und neuen Roben, wann sie gebetet, welche Besuche sie empfangen, wie sie sich mit dem Dauphin unterhalten, wie sie ihm wegen ungalanten Benehmens eine Gardinenpredigt gehalten, wie sie den Minister horchend an der Thüre angetroffen, wie sie für den König eine Weste zu sticken angefangen habe, aber nicht die Zeit dazu finden könne, „mit Hülfe Gottes wird sie wohl in einigen Jahren fertig werden." Wenn sie ernstere Angelegenheiten berührt, geschieht es ohne Ernst. Der Sturz Choiseuls träumt sie nur, weil er einen Triumph der Dubarry be-

deutet. Man wäre versucht, aus dem Ton dieser Briefe auf Ober-
flächlichkeit der Verfasserin zu schließen, wenn man sich nicht erinnerte,
daß sie ja kaum den Kinderschuhen entwachsen war. Besonders
verhaßt ist ihr der steife Zwang des Hoflebens, ihre Ehrendame,
die Gräfin Noailles, betitelt sie „Madame Etiquette", das Kartenspiel in der Abendgesellschaft des Königs ist ihr ein Greuel —
welche Lust gewährt dagegen ein rascher Ritt in Park und Haide,
eine fröhliche Jagd in den Forsten! Daß sie diesen Liebhabereien
allzu leidenschaftlich nachhänge, ist ein häufig wiederkehrender Gegenstand der Klage Mercy's, sowie ihre Spottsucht auf Kosten aller
Vorsicht, ihre Unlust an ernsterer Beschäftigung, die sie immer neue
Ausflüchte und Vorwände lehrt, wenn es gilt, den Vorlesungen des
Abbé Vermond zu entgehen.

Dieser letzte Punkt namentlich flößt der Mutter Besorgniß
ein. „Ich fürchte die Jugend meiner Tochter, die Wirkungen der
Schmeichelei, ihre Trägheit und ihre Schen vor jedem Studium;
deshalb lege ich Euch aus Herz, über sie zu wachen, daß sie nicht
in schlechte Hände falle, und setze mein ganzes Vertrauen auf Euch."
Ihrer Tochter selbst gibt sie über Alles und Jedes Ermahnungen
und Vorschriften. Vor Allem soll sie eifrig beten, aber ihre Andachtsübungen, wie überhaupt ihre Beschäftigungen genau der Sitte
ihres Hofes anpassen. „Bezüglich der Jesuiten müssen Sie sich
jeder Aeußerung für oder wider enthalten." Kein Mittel soll sie
unversucht lassen, das Vertrauen ihres Gemals zu gewinnen. „Das
Weib ist in Allem untergeordnet dem Mann und darf an kein
anderes Thun denken, als was ihm gefällt und Freude macht. Das
einzige wahre Glück auf dieser Welt ist eine glückliche Ehe, ich kann
davon sprechen, und Alles hängt von der Frau ab, wenn nur sie
gefällig, sanft und anregend ist." „Keine Vertraulichkeiten gegen die
Umgebung, die schicken sich nicht, aber die Güte ist's, die alle Welt
anzieht und Vertrauen einflößt." Nach dem Sturze Choiseuls
schreibt sie: „Ich empfehle Ihnen noch dringender, Zurückhaltung
bei allen Vorkommnissen zu bewahren, Niemand unvorsichtig zu
vertrauen, über Nichts Neugierde zu äußern.... Es ist traurig,
zu sagen, aber es muß gesagt sein: selbst Ihren Tanten, die ich

im Uebrigen hochschätze, vertrauen Sie Nichts an, ich weiß, warum ich so spreche!" Gegen die Dubarry soll sie sich kein auffälliges Benehmen zu Schulden kommen lassen. „Sie dürfen in ihr nichts Anderes sehen, als eine Dame vom Hof und der Gesellschaft des Königs. Sie sind seine erste Unterthanin, Sie schulden ihm Gehorsam und Unterwerfung, und dem Hofe das Beispiel, daß der Wille des Gebieters unter allen Umständen zu vollziehen sei. Wenn man von Ihnen niedrige Handlungsweise oder Vertraulichkeit fordern würde, könnte weder ich, noch irgend Jemand anraten, dem Folge zu leisten, aber ein nichtssagendes Wort, gewisse Rücksichten sind nicht ausgeschlossen, nicht für jene Dame, sondern für Ihren Großvater, Ihren Herrn und Wohlthäter."

Nichts erscheint ihr zu kleinlich. Ihre Mahnungsworte und Warnungen erstrecken sich auf Gesundheitspflege und Kleidung, auf Etiquette-Fragen und Orthographie ihrer Briefe, sie warnt vor dem Zuviel in Reiten und Jagen, sie mahnt, die rechte Schulter nicht in die Höhe zu ziehen, sie schickt Bücher und Musikalien und läßt sich von Zeit zu Zeit von ihrem Vorleser Vermond über ihre Lectüre genaueste Rechenschaft geben. „Geben Sie sich nur Mühe, Ihr Köpfchen mit guten Kenntnissen auszutapezieren, die Ihnen noch weit nöthiger sind als andern Frauen." Sie ist nicht blos nicht blind gegen die Fehler Ihrer Tochter, sondern eifert nicht selten gegen ihre verzeihlichen Schwächen mit überraschender Strenge. „Sehen Sie zu, daß Sie die allgemeine Beliebtheit nicht wieder verscherzen, indem Sie vernachlässigen, was sie Ihnen erwarb: weder Ihrer Schönheit, die nicht so glänzend ist, noch Ihren Talenten und Kenntnissen (Sie wissen recht gut, daß davon nichts vorhanden ist) haben Sie sie zu verdanken, sondern der wahren Herzensgüte, Geradheit und Aufmerksamkeit gegen Jedermann, verbunden mit gesundem Urteil." Solchen Rügen fügt sie dann gewöhnlich bei: „Bedenken Sie, daß nur wahre Liebe die harten Worte eingab." Häufig beklagt sich die Mutter, daß sie erfahren habe, daß Antoinette die am französischen Hof anwesenden Deutschen vernachlässige oder gar über ihre Manieren sich lustig mache, den französischen Esprit überschätze und den altfränkisch finde, der nicht durch Witz und Ironie zu glänzen wisse. „Lassen Sie sich nicht durch fremdes Beispiel einfädeln, nehmen Sie nicht diese französische Leichtfertigkeit an, bleiben Sie eine gute Deutsche und rechnen Sie es sich zur Ehre, eine Deutsche zu sein." Dann nimmt sich Antoinette stets ihres neuen Vaterlandes voll Eifers an. „Lassen doch auch Sie dem wahren Verdienst dieser Nation Gerechtigkeit widerfahren," schreibt sie, „wenn Sie von manchem Lächerlichen in der äußeren Erscheinung und im Benehmen, ihren Frisuren u. s. w. absehen, so werden Sie auch viel praktisches Talent und hohes Verdienst bei ihnen finden." Es gewinnt unser Herz, daß Antoinette, obwohl Gattin des Thronfolgers des mächtigsten Reiches, sogar demütigende Zurechtweisungen ihrer Mutter nur mit Ehrfurcht aufnimmt und über ein spärlich bemessenes Lob in laute Freude ausbricht. Und zu noch größerer Ehre gereicht es ihr in unsern Augen, wenn sie bei all dem Respekt vor der Mutter in einem Punkt unnachgiebig sich erweist, wenn nämlich diese den weltklugen Rat gibt, sich mit der Dubarry auf besseren Fuß zu stellen. „Sie können glauben," erwidert Antoinette auf das Zureden Mercy's, „daß ich jederzeit gern alle Vorurteile und Antipathien zu opfern bereit sei, aber niemals gegen meine Ehre handeln werde."

Die Kaiserin wurde zu diesem mit ihrer eigenen Anschauung contrastirenden Wunsche nur durch politische Gründe bewogen. Es führt uns dies auf die Anklage, welche sowohl von französischer, als von deutscher Seite gegen Maria Theresia erhoben worden: daß sie durch ihre Tochter auf die Politik Frankreichs Einfluß üben wollte. Der Versuch ist nicht in Abrede zu stellen, aber nicht so aufzufassen, als ob sie beabsichtigt hätte, die österreichischen Interessen auf Kosten der französischen zu begünstigen. Ihr politisches Ideal war engstes Bündniß Frankreichs und Oesterreichs. Allerdings mochte ein Gedanke, der fort und fort in ihrer Seele brannte, Wiedergewinn Schlesiens, dazu beitragen, diesen Wunsch lebendig zu erhalten; aber man wird nicht behaupten können, daß dieses Trachten mit den Endzielen der französischen Politik im Widerspruch gestanden hätte.

Daß die Verbindung mit Frankreich durch das Zusammengehen Oesterreichs mit den nordischen Mächten in der polnischen Frage einen harten Stoß erlitt, verursachte Maria Theresia schwere Sorge. Bekanntlich war sie anfänglich eine Gegnerin des Teilungsplans, und erklärte: „daß sie von den Unfällen einer Nation, die für ihre Freiheit, für das Recht und den Glauben der Väter die Waffen ergriff, keinen Vorteil ziehen wolle"; aber es geschah nicht ohne Mentalreservat, indem sie beifügte: sie wolle sich gern dazu verstehen, „jene Bezirke Polens, die ihr als Königin von Ungarn nicht fremd seien, in der Verwirrung dieser schrecklichen Zeit zu schirmen". Aber unsicher fühlte sie sich trotz alledem bei diesem Handel, der sie in den Verdacht engerer Beziehungen zu dem gehaßten Preußen brachte, und mit allen Kräften strebte sie, das gute Einvernehmen mit Frankreich wieder herzustellen, und rief dazu auch die Verwendung ihrer Tochter an. Um Ludwig XV. günstig zu stimmen, gab es nur ein Mittel: die Dubarry günstig zu stimmen, die sich unablässig über Zurücksetzung durch die hochmütige Dauphine beklagte. Nach vielem Hin und Wider willigte endlich Antoinette ein, die Gräfin zu empfangen, und da diese in Begleitung der Herzogin von Aiguillon erschien, richtete die Dauphine an die letztere einige Worte, jedoch so, daß sie die Gräfin auch auf sich beziehen konnte. Und Madame la Comtesse Dubarry bezog sie auf sich. Sie war ja schon mit der Audienz überhaupt zufrieden. Mercy kann hocherfreut an die Kaiserin berichten, daß er jetzt täglich bei der Favoritin empfangen werde, während den übrigen Gesandten nur an den Sonntagen Audienz gewährt werde, — der drohende Schlag war abgewendet, die Annäherung Frankreichs an Preußen hintertrieben! Ein Cabinetsstück zur Geschichte des achtzehnten Jahrhunderts!

Die Kaiserin wünschte übrigens nicht, daß sich Antoinette in die eigentlichen Staatsgeschäfte mische. In einem Brief an Mercy spricht sie dies auf das Entschiedenste aus: „Ich weiß nur zu gut aus eigener Erfahrung, welche zu Boden drückende Last mit der Leitung eines großen Reiches verbunden ist. Ueberdies ist mir die Jugend und der Leichtsinn meiner Tochter wohlbekannt, ihre Abneigung vor jeder Beschäftigung .... Da also meine Tochter dem zerrütteten Zustand des Regiments nicht aufhelfen könnte, und der Zustand des Reiches sich nur noch mehr verschlimmern würde, so will ich doch lieber, daß man einem Minister die Schuld beimißt, als meiner Tochter!"

Bald kam eine Zeit, welche diese Besorgniß wohlbegründet erscheinen ließ.

Die Scene wechselt. Am 10. Mai 1774 verkündeten die Glocken von Notre Dame der „ersten und getreuesten Stadt Frankreichs", daß Ludwig XV., „der Vielgeliebte", verschieden sei. In einem Briefe, der von innerster Erregung zeugt, schüttet die neue Königin vor ihrer Mutter ihre Trauer und Freude, ihre Sorgen und Hoffnungen aus. „Wenn mir auch Gott schon bei meiner Geburt den Rang anwies, den ich jetzt einnehme, kann ich doch nicht umhin, die Fügung der Vorsehung zu bewundern, die mich, die jüngste Ihrer Töchter, für den glänzendsten Königsthron Europa's auserkor.... Der neue König scheint die Herzen seiner Völker zu besitzen: ganz über allen Zweifel erhaben ist, daß er an Sparsamkeit und Ordnung Geschmack findet und das lebhafte Verlangen fühlt, seine Völker glücklich zu machen." Mit einer in diesem Augenblick grausam zu nennenden Befriedigung erzählt sie, daß nun die „Kreatur" in ein Kloster wandern müsse und Alles, was mit diesem skandalösen Namen in Verbindung stehe, vom Hof entfernt werde. Maria Theresia fühlt Mitleid mit der Gestürzten und bittet, sie nicht noch tiefer zu demütigen, die durch den Verlust ihrer Macht genug bestraft sei.

Die Nation begrüßte die Thronbesteigung Ludwigs XVI. mit Begeisterung: nicht bloß die Schmeichelei knüpfte an dem Bearner Heinrich an, Alles hoffte auf entschiedene Umkehr vom absolutistischen Regiment, das den Staat an den Rand des Bankerotts geführt hatte. Diese Erwartung wurde auch nicht getäuscht, wohl aber die Zuversicht, daß nun mit einem Schlage der Zerrüttung eine Schranke gesetzt, allem Uebel abgeholfen sei. Maria Theresia sah tiefer. „Ich bin über das Schicksal meiner Tochter tief besorgt," schreibt sie an Mercy; „es wird entweder ein erhabenes oder ein höchst unglückliches werden.... Die Lage des Königs, des Ministeriums, des Landes hat nichts Beruhigendes, und mein Kind ist so jung..." Der Königin selbst und ihrem Gemal rät sie, im Anfange Nichts zu überstürzen, sondern zuerst klaren Einblick in alle Verhältnisse zu suchen, überall mit eigenen Augen nachzusehen und keine Intriguen zu dulden, allmälich sodann zu den nöthigen Reformen zu schreiten. „Unsere beiden Staaten haben nichts nötig als Ruhe, um ihre Verwaltung wieder zu ordnen; wenn wir fest und treu zu einander halten, wird Niemand unsere Arbeit stören können, und Europa wird dauernd das Glück des Friedens genießen." Mercy, der sich in der Erwartung, daß sein Einfluß durch den Thronwechsel erheblich gesteigert würde, getäuscht sah, klagte, daß die Königin sich so teilnahmslos zeige, wenn er das Gespräch auf Politik bringe, und doch würde es für sie ein Leichtes sein, ihren schwachen Gemal vollständig zu beherrschen. Die Kaiserin verweist ihm diese Rede und erklärt: es genüge durchaus, wenn die Königin sich nur so viel Einfluß wahre, daß kein gegen Oesterreich feindlich gesinntes Ministerium an's Ruder käme. Die ersten Nachrichten, die über das Leben und Wirken des jungen königlichen Paares in die Oeffentlichkeit drangen, gereichen ihr zu hoher Befriedigung. Zum ersten Mal schmeichelt sie sogar ihrer Tochter. „Alle Welt ist voll Bewunderung und wahrlich nicht ohne Grund: ein König von zwanzig und eine Königin von neunzehn Jahren, deren ganze Handlungsweise von Menschenliebe, Großmut, Klugheit und Urteilsschärfe zeugt! Wie liebe ich jetzt die Franzosen, welche Kraft muß in einem Volke stecken, das so lebhaft empfindet!"

Doch der Jubel, der den „Ersehnten" begrüßte, verhallte rasch, und auf das Hosiannah folgte bald das „Kreuzige!" Ein großer Teil der Bevölkerung erblickte die Ursache des Verfalls des mächtigen Frankreich schon nicht mehr in den Auswüchsen der monarchischen Verfassung, sondern in der Monarchie selbst. Um den Thron zu erschüttern, wurde vorerst ein unscheinbarer, aber gefährlicher Hebel in Bewegung gesetzt: der Spott. Witzig zugespitzt war jede politische Kühnheit, in Form einer lustigen Schnurre jeder freche Ausfall der Parteileidenschaft des allgemeinen Beifalls sicher. In London gab es eine förmliche Pamphletfabrik, von Franzosen geleitet, mit dem ausgesprochenen Zweck, den französischen Hof, besonders aber die „Oesterreicherin", allgemein verhaßt zu machen.

Bald drangen Skandalgerüchte als Anekdötchen der frivolsten und gehässigsten Art an den Wiener Hof und riefen Erbitterung wie Furcht im Herzen der Kaiserin wach. Mercy sucht den Eindruck abzuschwächen, indem er den Ursprung der Gerüchte aus der notorischen Klatschsucht der Franzosen erklärt und ihre Wirkung bestreitet, weil, Dank einer zweiten französischen Eigenthümlichkeit, dort zu Lande morgen schon wieder vergessen sei, was das Heute gebracht hat. Auch Antoinette selbst legte diesen Angriffen offenbar zu wenig Bedeutung bei, nicht ahnend, wie dadurch dem Umsturz der gesellschaftlichen Ordnung vorgearbeitet werde. „Wir haben heutzutag eine Epidemie der Satire," schreibt sie begütigend an die Mutter, „man macht Spottverse auf alle Personen des Hofes, Herren und Damen, ja der Leichtsinn wagt sich selbst an die Person des Königs. Ich bin auch nicht verschont geblieben. Wenn auch solcher Schabernack hier zu Land sehr beliebt ist, so war er doch meistens so plump und taktlos, daß damit kein Erfolg erzielt wurde, weder im großen Publikum noch in der guten Gesellschaft." Bekanntlich war es gerade die Königin, welche die anfänglich verbotene Aufführung von Beaumarchais' „Figaro" veranlaßte, jener Comödie, die so recht zum Bewußtsein brachte, was schon lange die Geister erfüllte:

„Les grands sont si grands,
   Parceque nous sommes à genoux;
      Levons nous!"

Wie aber kam es, daß sich die Abneigung, ja der Haß des Volkes gerade gegen die Königin wandte? Verdient die schwere Verdächtigung ihrer politischen und sittlichen Führung, wie sie in dieser Pamphletliteratur auftaucht, Glauben?

Ihre Biographen Montjoie, Goncourt, Viel Castel, Lescure u. A. haben mehr wie Anwälte, denn als Historiker, diese Anklagen zu entkräften gesucht. Aus Mercy's Berichten an Maria Theresia wird es uns aber vollends, bei aller Rücksicht auf seine subjective Stimmung, bis zur Evidenz klar, daß Marie Antoinette zuweilen ihre Stellung, nie aber ihre Pflicht vergessen hat.

Es ist wahr, der Glanz des Hofes wirkte berauschend auf sie, sie fand mehr und mehr Gefallen daran, sich zu zeigen, sich bewundern, sich schmeicheln zu lassen. Sie liebte den Beifall der Menge und ließ sich dadurch verführen, darnach zu haschen. Sie mischte sich gern unter die Spaziergänger in Versailles und unter die fröhlichen Gäste der Opernbälle. Eine Königin von Frankreich, sagte sie, bedarf inmitten ihres Volkes keines Schutzes — und das galante Volk dankte ihr mit Verleumdungen. Sie haßte die Langweile und verachtete die Etikette; das rechnete man einer Königin von Frankreich als Verbrechen an. Ihren lebhaften Gang nannte man anstandswidrig, ihren offenen Blick herausfordernd; trug sie phantastischen Kopfputz, so murmelte man von einer Bacchantin, und lachte sie im Theater, so zischte man von schamloser Koketterie. Sie nahm gern selbst Theil an den kleinen Vaudevilles, die in Klein-Trianon gespielt wurden, und wählte sich, wie es für die geborne Wienerin charakteristisch ist, die Soubrettenrollen; das galt als vollgültiger Beweis von unköniglicher Leichtfertigkeit. Das Medusenhaupt, das im Treppenhaus zu Trianon angebracht war, schreckte die Verleumdung nicht, hier einzutreten; gerade die Vettern und Basen waren als die ersten thätig, die unheimliche Lohe zu schüren. Sie hatten um so leichteres Spiel, als Marie Antoinette auch einen abstracten Begriff zum mächtigen Gegner hatte: die alte Politik des Hauses Bourbon, die im Hause Habsburg den Erbfeind und daher in der Verbindung des Königs mit der Oesterreicherin eine Niederlage erblickte.

Ich wiederhole aber auch: Sie vergaß ihre Stellung.

Mit Recht rügt Mercy unabläſſig ihre Isolirung von ihrem Gemal. Sie schätzt ihn zwar im Innersten ihres Herzens. „Wenn ich unter den drei Brüdern mir jetzt einen Mann zu wählen hätte," schreibt sie an die Mutter, „so würde ich noch immer dem den Vorzug geben, den mir der Himmel bestimmte, denn sein Charakter ist offen und aufrichtig, und wenn er sich auch linkisch benimmt, so erweist er doch mir alle Aufmerksamkeit und Zuvorkommenheit." Aber die Nüchternheit, die aus diesen Worten spricht, verrät auch, daß sie wahres Familienglück in dieser Verbindung nicht gefunden hatte. Ja, in einem Briefe an Graf Rosenberg spricht sie sogar mit einer gewissen Frivolität von ihrem Gemal. Sie will sich darin

gegen den Vorwurf rechtfertigen, daß sie so häufig ohne ihren Gatten gesehen werde. „Sie werden begreifen, daß es mir in einer Eisenschmiede wenig gefallen kann, Vulcan könnte ich dort nicht sein, und wenn ich die Rolle der Venus spielen wollte, könnte ihm dies noch mehr mißfallen als meine Liebhabereien, die er nicht miß=
billigt." Dieser Brief kam der Kaiserin vor Augen. In heftigstem Zorn schreibt sie darüber an Mercy. Dieser erwidert: „Es unter=
liegt keinem Zweifel, daß die Königin ihren erhabenen Gemal liebt, daß sie sogar über seinen Ruhm eifersüchtig wacht — doch hie und da tritt dieses Denken und Fühlen hinter Anwandlungen von Leicht=
sinn zurück. Wenn auch die Moralität und Sittlichkeit der Königin über jeden Tadel erhaben ist, so ist dies nicht so absolut der Fall hinsichtlich ihres Auftretens und Benehmens." Aber der Argwohn der Kaiserin war einmal erwacht, fast jeder folgende Brief an die Tochter enthält bittere Vorwürfe. Immer nur von Bällen und Concerten und Spazierritten zu hören, war ihr, die am Wiener Hofe so einfache, fast bürgerliche Sitte eingeführt hatte, ein Greuel. „Diese verwünschte französische Leichtfertigkeit mit ihrem Schnick=
schnack! Mein Kind, mein theures Kind, die erste Königin Europa's, möge sie bald wieder zu sich selbst kommen!" Antoinette fühlte sich durch diese Anklagen oft schwer verletzt. „Meine Mutter," sagte sie zu Mercy, „sieht die Verhältnisse nur aus der Entfernung und beurteilt mich viel zu streng; aber sie ist meine Mutter, die ich herzlich liebe, und wenn sie spricht, bleibt mir nichts übrig, als das Haupt zu neigen und sie ehrfurchtsvoll zu küssen." Noch immer jedoch nimmt sie mit Wärme Partei für die Franzosen und für französisches Wesen. „Es ist eine wunderbare Eigenschaft des fran=
zösischen Charakters, sich von schlimmen Eingebungen leicht hinreißen zu lassen, aber unmittelbar darauf wieder zum Guten zurückzu=
kehren." „Meine theure Mutter hat ganz recht," schreibt sie ein andermal, „leichtsinnig sind die Franzosen, aber ich bin aufrichtig betrübt, daß sie deßhalb Abneigung gegen diese Nation fühlt: der Volkscharakter ist reich an Widersprüchen, aber er ist nicht schlecht, die Feder und die Zunge sagen gar viel, wovon das Herz nichts weiß. Daß sie nicht haßerfüllt sind, beweist, daß sie auch die geringste

Gelegenheit ergreifen, wo es zu loben gibt, und uns weit über Verdienst loben." Und nun erzählt sie vom Applaus, womit man sie im Theater empfange, von dem Lob, das man ihrer Wohlthätigkeit zolle ec. Aber das beruhigt die Mutter nicht. „Die Zeitungen," klagt sie, „die einst die Freude meiner Tage waren, da sie nur von edlen Zügen und Handlungen meiner Tochter berichteten, sprechen in gänzlich verändertem Tone, man findet jetzt nichts mehr darin berichtet, als von Wettrennen, Hazardspiel und durchschwärmten Nächten!" Da Antoinette ihr Zeichnungen ihrer Coiffüren schicken will, erwidert sie: derlei wolle sie lieber gar nicht sehen, die Königin thäte besser, solche Extravaganzen den petites dames zu überlassen. „Ich hoffe," erwidert dann Antoinette auf solche Vorwürfe, „daß meine gute Mama nicht allzulange „grandig" sein wird." Der wienerische Ausdruck macht der Mutter offenbar Vergnügen, denn sie schlägt milderen Ton an. „Mein Herz stimmt ja immer Ihnen bei und kann nur mit Qual an etwas glauben, was gegen Sie spricht: aber ich habe als Mutter und Freundin die Pflicht, Sie auf das aufmerksam zu machen, was man von Ihnen spricht, um Sie wachsam zu erhalten, was Ihnen so nötig inmitten einer so leichtblütigen und flatterhaften Nation. Sie haben, mein liebes Kind, eine solche Freundin wie mich sehr vonnöten."

Gerechter Tadel wurde auch gegen die Unvorsichtigkeit der Königin bei der Wahl ihrer Umgebung erhoben. „Sie sieht," berichtet Mercy, „Alles den Leuten nach, die sich um ihr Vergnügen verdient machen; dieses Motiv ist fast der einzige Gradmesser für die Verteilung ihrer Gunst." Da ihr Versailles öde und traurig erschien, sammelte sie in ihrem Trianon einen eigenen Hofstaat um sich, Prunk und Etiquette sollten hier verbannt sein, Witz und Frohsinn allein gebieten. Es soll ihr unvergessen bleiben, daß hier ein Gluck herzliche Aufnahme und manches andere Talent Schutz und Förderung fand, aber das waren nur Ausnahmen. Welchen Geistes Kinder die Leute, die ihre gewöhnliche Gesellschaft bildeten, diese Besenval, Lanzun, Coigny, beweisen die Memoiren dieser Ritter, deren dunkler Ruf auch auf die Königin den Schatten warf. Wo die Herrscherin Freiheiten gestattete, gebarten sie sich als Libertins, und unter dem

Namen der Königin wurde complottirt und intriguirt, wie in den Zeiten der Pompadour und Dubarry. Vor Allen verstand es die Gräfin von Polignac, die, wie Mercy schreibt, „weder den Geist, noch das Urteil, ja nicht einmal die Charakter-Eigenschaften besitzt, die sie des Vertrauens einer großen Fürstin würdig machten," sich in der Gunst der Königin so zu befestigen, daß diese ungeheure Summen an die Freundin und ihre Familie verschwendete.

Solche Günstlinge nährten auch die Neigung der Königin für hohes Spiel. Umsonst warnte Maria Theresia: „Mit einem Male muß man diese Leidenschaft aus der Seele reißen, Niemand kann Ihnen da besser raten als ich, denn auch ich war einmal in solcher Lage." Während das Hazard im übrigen Frankreich verboten war, wurde in den Salons der Prinzessin von Guéménée, wohin die Königin kam, Pharao gespielt. Eine halb scherzhafte Aeußerung des Königs über diese Soiréen, die regelmäßig zu Matinéen wurden, verrät deutlich seinen inneren Mißmut über diese Ausschreitungen. Auch als die Königin ihrem Gemal gestehen mußte, daß sie eine beträchtliche Schuldenlast auf sich geladen, erwiderte er nicht ohne Bitterkeit: es nehme ihn nicht Wunder, da ja seine Gattin so sehr die Diamanten liebe. Man darf aber, um gerecht zu urteilen, nicht vergessen, daß die Leute, die jetzt solche Schwächen der Königin mit den härtesten Worten brandmarkten, es einst ganz in der Ordnung fanden, wenn eine Montespan an einem Weihnachtsabend 700,000 Thaler im Spiel verlor und eine Pompadour die Einnahmen einer reichen Provinz in einer blitzenden Perlenschnur um den Nacken trug.

Der Ruf der Königin litt auch durch die Begünstigung, die sie scheinbar dem Bruder des Königs, dem lockeren Grafen von Artois, zuwandte. Er galt als ihr erklärter Galan. Aber auch dieser Verdacht läßt sich darauf zurückführen, daß Antoinette nicht vorsichtig genug war, den bösen Schein zu meiden. „Ich hege für ihn nur Interesse," gestand sie dem Gesandten, „weil er Sinn für Amusement hat, aber seine sonstigen Eigenschaften sind wahrlich nicht dazu angethan, mir tiefere Neigung einzuflößen."

Doch schädlicher als alle diese nugae wirkte, daß die Königin ihrem früher ausgesprochenen Grundsatz, sich nicht in die Staatsgeschäfte mischen zu wollen, nicht treu blieb, sondern häufig demonstrativ die Gelegenheit ergriff, ihren entscheidenden Einfluß zu zeigen. Namentlich auf Wiederberufung Choiseul's war ihr Bemühen gerichtet, und in diesem Eifer vergißt sie sich einmal so weit, von ihrem Gemal als pauvre homme zu sprechen. Maria Theresia gerät darüber außer sich. Als Mercy zur Entschuldigung vorbrachte, Antoinette habe nur scherzweise ihren Gatten von homme genannt, erwiderte die Kaiserin heftig: „Nein, nein, nicht mit dem Beinamen eines guten, sondern eines armen Mannes hat sie den König beehrt! Welche Ausdrucksweise! Dies bestärkt nur allzu sehr meine Unruhe! Sie läuft mit großen Schritten ihrem Verderben zu, und es ist noch ein glücklicher Ausgang zu nennen, wenn sie dabei wenigstens die Tugenden noch bewahrt, die mit ihrer Stellung verbunden sein müssen!"

Die Einmischung Antoinettens in die Staatsgeschäfte wurde noch heftiger von ihren Brüdern Joseph und Leopold getadelt. Einen im Juli 1775 an die Schwester gerichteten Brief, worin sie gewarnt wird, nicht in ernsten Dingen mitreden zu wollen, da sie ja doch nur auf Putz und Vergnügungen sich verstehe und ohne tiefere Kenntniß der Verhältnisse sich nur von der Eingebung des Augenblicks leiten lasse oder gar der Spielball von Günstlingen sei, unterschlug die Mutter; aber auch in anderen Briefen ergeht sich Joseph in Ausdrücken der Entrüstung über das unvorsichtige Betragen der Schwester, die notwendigerweise den Schein auf sich lade, als ob sie das Laster nicht blos dulde, sondern teile.

Aber dieses Urteil war eben nur auf die übertriebenen Gerüchte gebaut, die nach Wien gelangten. Ganz anders urteilt Joseph über die Schwester, nachdem er sie bei seinem Aufenthalt in Paris im Mai 1775 näher kennen gelernt. „Sie ist liebenswürdig, sie ist entzückend; wie viele Stunden habe ich mit ihr verlebt, ohne zu bemerken, wie sie verflogen!" Und auch als der erste bezaubernde Eindruck ruhigerer Ueberlegung Platz gemacht hatte, schrieb er an seinen Bruder Leopold: „Antoinette ist eine Frau von Ehre und von einer seltenen Liebenswürdigkeit, sie ist freilich ein wenig jung, ein wenig unvorsichtig, aber sie besitzt einen Schatz von Ehrbarkeit und Tugend, der in ihrer Lage wahrhaft Achtung einflößt; dabei gebietet sie über einen Scharfblick, der mich oft verblüffte, ihr erster Eindruck, den sie empfindet, trifft stets das Wahre und Richtige!"

Den Besuch, welchen Kaiser Joseph der Schwester und ihrem Gatten abstattete, hatten vorzugsweise politische Gründe veranlaßt. Maria Theresia, die anfänglich die Reiselust ihres Sohnes miß= billigte, söhnte sich mit dem Plan aus, als ihr Mercy vorstellte, daß davon die Befestigung der Allianz zwischen Oesterreich und Frankreich zu hoffen sei. „Der Kaiser und der König sind beide so jung," schreibt sie daher an die Tochter, „beide haben ein gutes und großes Herz; somit darf man hoffen, daß sie, wenn sie sich persönlich kennen lernen, Vertrauen zu einander fassen, das ihnen beiden so nützlich und nötig wäre für ihre politische Laufbahn, um sowohl selbst glücklich zu werden, als auch ihre Staaten und ganz Europa glücklich zu machen; das sind so die Ideen einer guten, alten Maman und Souveränin!" Joseph II. selbst hatte noch andere Beweggründe. „Hier in Wien," schreibt er an die Schwester, „bin ich doch nur das fünfte Rad am Wagen, ich thue daher wohl daran, mich zu entfernen."

Die Briefe der Kaiserin an den vertrauten Mercy gewähren Einblick in den Conflict, der zwischen ihren und ihres Sohnes poli= tischen und religiösen Anschauungen mehr und mehr zu Tage trat. Maria Theresia, die, selbst strenggläubige Katholikin, auch ihr Volk in strenggläubiger Zucht erziehen wollte, erschrack darüber, daß Joseph die Gemächer des altererbten Hauses eng und dumpf fand und allenthalben niederreißen und nach neuen Plänen aufbauen wollte. „Ich passe nicht mehr in diese Zeit," klagt sie wiederholt. „Ueberall beginnt der Geist der Widerspänstigkeit sich einzunisten," schreibt sie an Antoinette, „das ist eine Errungenschaft unseres auf= geklärten Zeitalters. Es preßt mir viele Seufzer aus. Die allge= meine Sittenverderbniß, die Gleichgültigkeit gegen Alles, was unsere heilige Religion betrifft, der Hang nach Zerstreuung und Vergnügen sind Ursache aller Uebel." Sie ahnte nicht, daß ihr Sohn gerade dadurch, daß er selbst den Ideen der Neuzeit Freiheit und Licht gewährte, die elektrisch gespannten Lüfte entlastete.

Auch die Absichten Joseph's auf Gewinn der bayerischen Lande, durch das Erlöschen der jüngeren Wittelsbachischen Linie unterstützt, waren der Kaiserin nicht sympathisch. In Joseph's Augen war dieser Erwerb eine Lebensfrage für Oesterreich. Die deutschen Elemente dieses Staates hätten durch Einverleibung des einzigen noch unvermischten und unzerstückelten deutschen Stammes eine mächtige Verstärkung gegen die slavischen und die magyarischen Elemente erhalten, und zugleich würde diese Wiedervereinigung Oesterreichs mit dem Mutterlande dem Kaiser auch im deutschen Reich faktisch die Hegemonie gesichert haben. Der Kaiserin dagegen stand der Rechtsstandpunkt höher als solche Gründe der Staatsklugheit. Sie fühlte, daß eine Fürstin, die einst vor ganz Europa aussprach: sie wolle ihr Recht und nur ihr Recht behaupten, diese Principien auch anderen Völkern gegenüber nicht verläugnen dürfe. „Selbst wenn unsere Ansprüche auf Bayern begründeter wären, als sie es in der That sind," schreibt sie an Antoinette, „müßte man Bedenken tragen, eine allgemeine Feuersbrunst anzufachen, ja schon um des gewöhnlichen Anstands willen." Aber Joseph hatte sich so in den Plan hineingelebt, daß er sogar alle Consequenz vergaß und die Schwester, die er wegen ihrer Einmischung in Politik so hart getadelt hatte, nunmehr mit Bitten und Vorstellungen bestürmte, sein Project zu begünstigen. Nur, um zu verhüten, daß Frankreich mit Preußen sich verbinde, wandte sich auch Maria Theresia an die Tochter. „Der Bruch unserer Allianz würde mein Tod sein!" Wer möchte gegen die Königin einen Vorwurf erheben, weil sie, von Mutter und Bruder bestürmt, ihren Gemal flehentlich beschwor, ihrem Vaterland nicht als Feind entgegenzutreten? Sie erlangte auch, daß das französische Cabinet sich begnügte, das Vorgehen seines Verbündeten zu mißbilligen. Damit beruhigte sich Antoinette und auch die Mutter, die nun, um den Frieden wieder herzustellen, sogar mit dem König von Preußen, ohne Wissen ihres Sohnes, Unterhandlungen anknüpfte, die zum Teschener Friedensschluß geführt haben.

Frieden zu stiften, nur diesem Amt glaubte die lebensmüde Matrone noch ihren Einfluß und Eifer nicht versagen zu dürfen.

Sonst zog sie sich vom Treiben des Hofes und der Welt gänzlich zurück. Stundenlang weilte sie oft in der Kapuzinergruft, wo ihr Franzl ruhte, dem sie zärtlichste Liebe und Treue bis an ihr Ende wahrte.

Noch ein Herzensglück sollte ihr beschieden sein. Oft leiht Antoinette in ihren Briefen dem heißen Wunsch, Mutter zu werden, rührende Worte. Im December 1778 wurde ihm Erfüllung, die Königin schenkte ihrem Gatten eine Tochter. Welche Freude für die Kaiserin, und doppelte Freude, da sie sah, wie ihr ganzes Volk ihrem Familienglück Teilnahme schenkte. „Sie hätten den Jubel sehen sollen, den diese große, wichtige Nachricht hier hervorrief," erzählt sie der Tochter, „in Paris kann er nicht größer sein! Man wird dort die Freude mehr zur Schau tragen als unsere guten Deutschen, aber im Herzensgrunde thun wir es ihnen sicherlich zuvor." Die Geburt des Dauphins erlebte sie nicht mehr. Bis zum Sterbetage bewahrte sie sich ihre Geistesfrische. Ihr letzter Brief an Antoinetten, vom 3. November 1780, schließt: „Mein Gliederschmerz trägt die Schuld, daß dieser Brief weniger gut geschrieben ist, als gewöhnlich, und daß ich, Sie meiner herzlichsten Liebe versichernd, hiemit endige."

Sie verschied am 29. November 1780.

Es blieb ihr erspart, Zeugin des Sturmes zu werden, der sich in Frankreich bald gegen die Königin und gegen das Königthum erhob; es blieb ihr erspart, den ersten Zug an der Sturmglocke der Revolution zu vernehmen, wie Feuillet de Conches mit Recht den berüchtigten Halsbandproceß nennt. Wenn es des Beweises noch bedurfte, so ist durch Compardons aktenmäßige Darstellung bewiesen, daß der Proceß nur ein Gewebe von Niederträchtigkeit war, in das die Königin schuldlos verwickelt wurde. Wie von einer Ahnung getrieben, hatte Maria Theresia gegen diesen Rohan, der mit der Ehre ihrer Tochter so schnödes Spiel sich erlaubte, ganz ungewöhnlich heftig ihre Abneigung geäußert. In Wahrheit handelte es sich weniger um einen Proceß, als um einen Skandal; in demonstrativer Weise zogen Hunderte vor das Haus Rohans, der, obwohl des schmählichen Attentats überwiesen, dennoch freigesprochen war, jubelten ihm zu und verhöhnten die Königin, die den Thron Frankreichs beschimpfe und seine Interessen verrate.

Wie unbegründet dieser Vorwurf, bezeugen nicht blos ihre Briefe an die Mutter, gegen die sie stets, wie wir sahen, Frankreich verteidigt und mit Stolz hervorhebt, daß sie dieses Land von Herzen liebe, sondern auch andere Vorgänge. Als ihr Bruder Joseph im Jahre 1784, um die Mündung der Schelde für sein niederländisches Gebiet zu erwerben, wiederholt die Vermittlung der Schwester beanspruchte, erwiderte sie: „Ich bin jetzt Französin, ehe ich Oesterreicherin bin!"

Es bedurfte aber nur des wohlberechneten Witzwortes Friedrichs des Großen: Frankreich sei nur eine Maierei Oesterreichs, um den Vorwurf des Verrats gegen die Frau, die einst als Erlöserin begrüßt wurde, in Wort und Schrift auf der Tagesordnung zu erhalten. Man klagte sie an, daß sie wieder, wenn auch in veränderter Form, an das ancien régime anknüpfe. Literaten und Volksredner, deren Moralität wahrlich selbst des mitleidigen Mantels bedurfte, verglichen die königliche Frau, an deren Händen kein Blutstropfen klebte, gegen die wohl kaum die Thräne eines Unglücklichen Anklage erhob, mit Brunhild und mit Fredegunde und erfanden für ihr Verhältniß zum König das Schlagwort: Claudius und Messalina!

Leider gewann die Königin gerade in dieser Zeit, da die Revolution schon ihren Schatten warf, erhöhten Einfluß auf ihren Gatten in politischen Dingen. Sie veranlaßte den Sturz der Minister Turgot und Malesherbes, jener Staatsmänner, die vielleicht noch die Monarchie hätten retten können. Sie wurde auch dafür über Gebühr durch ein furchtbares Witzwort gestraft. Man nannte sie „Madame Deficit". Wohl war für sie in diesen Tagen, da sich der Abgrund vor dem Königthum aufthat, auch die Tradition, unter deren Einfluß sie aufgewachsen war, verderblich: die Tochter der Maria Theresia empfand jedes erzwungene Zugeständniß der Krone doppelt schmerzlich und wie die Mutter wollte sie sich nicht dazu verstehen, die neue Zeit anzuerkennen, da die neue Zeit bereits ihre Herrin war.

Die Oktobertage 1789 waren nur das Vorspiel ernsterer Prüfung.

„Ce ne sont pas les dépenses générales, ce sont les états généraux, qu'il nous faut." Dieses Bonmot d'Espremenil's fegt den Hof von Versailles weg.

Die Revolution! Mit Schauder und prometheischem Trotz sieht die Tochter der Cäsaren sie entfesselt.

> „Die Zeit ist gekommen, das Wort wird That,
> Die Erde erbebt
> Und der Donner in dumpf nachhallendem Schlag
> Kommt näher, und Blitzesschlangen erglüh'n
> Aufflammend umher; es fegen den Staub
> Die Wirbel, und aller Winde Gewalt
> Springt wider einander kreiselnden Flugs
> In des Aufruhrs Grimm. In einander gemischt
> Sind Aether und Meer.
> Ich erkenn' es wohl, das Gericht des Zeus!
> Jetzt bricht es graufig über mich ein.
> O Mutter, heilige Mutter, und du,
> O Aether, des Weltlichts Träger, o seht,
> O seht, wie ich Unrecht leide!"

Jetzt hat sie selbst etwas von dem ernsten Medusengesicht in Trianon. „Der einzige Mann im Rat des Königs," sagt Mirabeau von ihr. Während ihr Gatte der dämonischen Macht der Revolution ohne Energie und Selbstvertrauen weicht und den Angriffen des Hasses und der Verblendung nur Gebet und Thränen entgegensetzt, entwickelt sie unermüdliche Thätigkeit, hebt nur noch stolzer das Haupt und ringt mit der steigenden Gefahr. Im Lusthain von Trianon trifft sie die Kunde: das Volk steht auf und ist auf dem Wege nach Versailles! Und nur dem Gebote der Pflicht und der Liebe folgend, eilt sie nach Versailles, wirft sich dem Gatten an die Brust und ruft: „Ich weiß, daß man meinen Kopf verlangt, aber ich habe von meiner Mutter gelernt, den Tod nicht zu fürchten, und werde ihn mit Festigkeit erwarten."

Und diesen Worten entspricht ihr Handeln, als Schlag auf Schlag den Thron der Lilien trifft. War ihr Leben bis dahin eine Watteau'sche Idylle gewesen — jetzt erhebt sich die Atalante der

Gärten von Marly, die Soubrette der Vaudevilles in Trianon zu übernatürlicher Größe, ein Bild voll tragischer Hoheit, nur des gewaltigen Pinsels eines Delaroche würdig. Sie ist die einzige Stütze ihres Gatten. Wenn dieser stammelt: „Wir müssen überlegen!" fällt sie ihm ins Wort: „Wir müssen handeln!" Rastlos schmiedet sie Pläne, unterhandelt, beratet, bittet, protestirt. Man macht ihr zum Vorwurf, daß sie mit den Emigranten conspirirte, daß sie die Royalisten zum Widerstand aufmunterte und dadurch die Popularität des Königs schädigte, daß sie zum Fluchtversuch riet und dadurch ihre Sicherheit erst recht gefährdete: Fata trahunt! Ueber ihr war das Verhängniß! Die Flucht mißlang, der Schrecken wurde Frankreichs König und die Revolution baute sich ihr System, wie Bajazet seine Pyramiden, aus Menschenköpfen. In „der ersten und getreuesten Stadt Frankreichs" irrlichterten jetzt jene gigantischen Bajazzos und genialen Narren, jene Marat, Danton, Hébert, Robespierre. Der Tod des Königs scheint ihnen noch nicht genug Sicherheit zu bieten, sie fordern auch das Blut seines Weibes und es wird eine Comödie vor dem Tribunal aufgeführt, um ihr Leben und Ehre abzusprechen. Mutig steht sie vor ihren Anklägern, die würdige Tochter Maria Theresia's. Ihre Antworten sind kurz und ablehnend, nur als die Verworfenheit der Anklage ihren Höhepunkt erreicht, wendet sie sich an die anwesenden Weiber: „Ich appellire an die Mütter unter euch!" und selbst die blutigen „Strickerinnen" Robespierre's fühlten einen Schauer des Mitleids. Den wahren Grund ihrer Verurteilung kennzeichnet Hébert selbst im „Père Duchesne": „Ich will annehmen, daß sie nicht all' der Verbrechen schuldig sei, deren sie geziehen wird, aber — war sie nicht Königin? Dieses Verbrechen genügt, um sie zu tödten." Das schwere Ungemach des Kerkers bricht ihre Seelenstärke nicht, sie weint nicht mehr, mit unbewölkter Stirn, mit dem Auge der Niobe sieht sie der Todesstunde entgegen. Ohne Klage verrichtet sie die niedrigsten Magddienste, arbeitet sie an der letzten Gabe für ihr Kind, einem Knieband, wozu sie die Fäden aus der alten Tapete des Gemachs zieht.

Auch auf dem letzten Gange sinkt ihr Mut nicht, sie schweigt zu den Flüchen der Menge, die den Karren umtobt, sie hebt stolz das Haupt — nur einmal sinkt es auf die Brust nieder, da ein Kind, von seiner Mutter in die Höhe gehoben, ihr Kußhändchen zuwirft.

Als der Beichtvater am Fuße des Schaffots zu ihr spricht: „Der Tod, den Sie erdulden, wird Ihr Leben von Schuld reinigen!" erwidert sie: „Von Fehlern und Mißgriffen, ja, nicht von Verbrechen!"

Kalt und besonnen blickt sie auf das im Morgenschimmer auffunkelnde Beil der Guillotine — wenn auch nicht auf dem Scharlach des Throns, so doch auf den blutgetränkten Stufen des Schaffots eine vollkommene Königin.

Welcher Gedanke mochte ihr letzter sein? Einer der letzten flog sicherlich nach der Stadt an der Donau. Dort im prunkenden Silbersarkophag in der Kaisergruft Maria Theresia — hier, dem Morgenwinde, dem Blick des Pöbels und dem Henker frei — Marie Antoinette!

Gluck in Paris.

Selten hat ein Kunststreit so gewaltige und tiefgehende Bewegung der Geister hervorgerufen, als der Kampf für und wider Gluck und seine Opern in Paris. Von Musikern und Laien in heftigster Weise geführt, drängte er Politik, Literatur und Tagesklatsch in den Hintergrund. Und Paris war damals wirklich noch der tonangebende Muttersitz aller Künste, die Metropole des Rococco!

Wir sind darüber wohl unterrichtet, Journale und Briefe schildern anschaulich jene musikalische Revolution.

Was aber ein mit Gluck befreundeter Zeitgenosse darüber erzählt, der während Gluck's Aufenthalt in Paris in vertraulichstem Verkehr mit ihm stand, wird dessenungeachtet neues Interesse bieten. Den Gluck-Biographen Schmid und Marx waren diese Mittheilungen nicht bekannt; nur Rudhart hat, jedoch ohne Nennung seiner Quelle, einen kurzen Auszug veröffentlicht.

Sie sind entnommen den noch ungedruckten, französisch abgefaßten Memoiren des ehemaligen bayerischen Galerie-Directors, Christian von Mannlich, von welchen mir eine Abschrift vorlag, einer reichen Fundgrube für Cultur-, insbesondere Kunstgeschichte des vorigen Jahrhunderts. Von Leben und Wirken des originellen deutschen Meisters in der Residenz Ludwig's XV. wird uns ein farbiges, lebendiges Bild geboten.

Mannlich, ein geborener Zweibrückener, befand sich zur kritischen Zeit, im Jahre 1774, in Paris, um dort unter Leitung Boucher's und Vanloo's seine Kunststudien zu vollenden. Er hatte an seinem Landesherrn, Herzog Christian von Zweibrücken, einen ebenso einsichtsvollen wie freigebigen Gönner gefunden und wohnte zu Paris im Hotel dieses Fürsten.

Es gereicht dem Herzog zu hoher Ehre, daß er trotz ausgesprochener Vorliebe für Frankreich und französisches Wesen bei Ankunft Gluck's, dessen Oper „Iphigenie auf Aulis" in Paris zur Aufführung kommen sollte, sofort sich als wohlwollender Gönner des deutschen Landsmannes annahm. Er lud ihn sogar ein, in seinem Palaste zu wohnen, und Gluck mit Frau und Nichte bezog dort mehrere Zimmer, die unmittelbar an Mannlich's Wohngemächer stießen.

Schon hatten die Proben zur neuen Oper begonnen, schon hatten sie auch zu stürmischen Auftritten Anlaß geboten. In erster Linie war Gluck in Fehde mit seinem Librettisten. Rollet, Bailli des Malteser-Ordens, den Reichardt als einen Mann von feinem Kunstsinn und Geschmack schildert, wollte möglichst wenig von den Versen Racine's opfern, die dem Text als Grundlage dienten, der Componist aber verlangte vor Allem Rücksicht auf die musikalische Behandlung. Ebenso gab es täglich Streit mit Sängern und Orchestermitgliedern. Er warf jenen ohne Scheu vor, sie könnten weder richtig singen noch declamiren, diesen, sie könnten gar nicht ihre Instrumente gebrauchen. Die tief Gekränkten wollten sich aber am allerwenigsten von einem „deutschen Schulmeister" belehren lassen. Madame Gluck begleitete jedesmal mit Zagen den Gatten zur Probe, die man eigentlich Unterrichtsstunde für Gesang und Declamation hätte nennen können. Die Bitten und Vorstellungen der Begleiterin waren gar häufig nötig, um den Dirigenten zur Mäßigung seiner allzu derben deutschen Offenherzigkeit zu bewegen.

Das Publikum hatte bereits im neu auftauchenden musikalischen Streit Partei ergriffen. Natürlich stand die Mehrheit auf Seite Lully's und Rameau's, ihrer Landsleute, deren Opern sie so lange Zeit entzückt hatten und die nun plötzlich durch einen kecken Neuerer in den Hintergrund gedrängt werden sollten. „Man schien sich förmlich das Wort gegeben zu haben, keine andere Geschmacksrichtung als die schon liebgewonnene anerkennen zu wollen."

Mannlich speiste am ersten Tage seiner Bekanntschaft mit Gluck in Gesellschaft des Componisten bei der Gräfin Forbach, der Gemalin Herzog Christian's. Nach dem Diner zog sich Gluck auf sein Zimmer zurück, wo er, „indem er ohne Stimme, aber mit bewunderungs= würdigem Ausdruck sang," an Aenderungen einzelner Opernscenen arbeitete. Es kam ihm beim Einstudiren seiner Werke trefflich zu statten, daß er selbst ein vollendeter Meister des Vortrags war. Auch Burney erzählt: „Mit so wenig Stimme als möglich wußte er die Gesellschaft zu unterhalten, ja sogar in hohem Grade zu ergötzen, denn er ersetzte den Mangel an Stimme durch Reichthum der Begleitung, durch Nachdruck und Heftigkeit in den Allegros und durch so treffenden Ausdruck, daß man den Mangel bald vergaß."

Mannlich scizzirt uns die Persönlichkeit des großen Meisters: „Damals also sah ich Gluck zum ersten Mal, den berühmten Mann, von dem man in Paris so viel redete und so verschiedenartig urteilte. Ich will versuchen, ein Porträt seiner Erscheinung zu entwerfen, wie sie mir noch in der Erinnerung steht. Obwol ich ihn seit fast neunundreißig Jahren aus den Augen verloren, gruben doch der tiefe Eindruck, den er auf mich machte, sowie das herzliche, lebhafte Freundschaftsverhältniß, in das ich zu ihm trat, so mächtig seine Züge und seine Manieren in mein Gedächtniß und in mein Herz, daß ich ihn noch zu sehen, zu hören glaube.

Wer ihn mit seinem Ueberrock und mit seiner runden Perücke gesehen hätte, ohne ihn zu kennen, würde in ihm sicherlich nicht auf den ersten Augenblick den hervorragenden, mit schöpferischem Genie begabten Mann gesucht haben. Seine Figur war der meinen ähnlich. Ohne dick zu sein, war er untersetzt, von derbem und muskulösem Gliederbau, sein Haupt war rund und sein Gesicht breit, roth und blatternarbig, seine Augen klein und tiefliegend, aber leuchtend und ausdrucksvoll.

Da er von freiheitsliebendem, lebhaftem und leicht erregbarem Charakter, konnte er sich in die Regeln des feinen Anstandes und der Convenienz, wie sie in der „guten Gesellschaft" gebräuchlich, nicht finden. Wahrheitsliebend, wie er war, nannte er alle Dinge bei ihrem Namen und setzte so die prüden Pariser, die an

Schmeichelei und an jenen Austausch von Lüge, genannt Politesse, gewöhnt waren, zwanzigmal im Tage in Verzweiflung. Er selbst war unempfindlich gegen Schmeicheleien, wenn sie nicht von Personen, die er schätzte, kamen, und wollte nur den Kennern gefallen. Er liebte seine Frau, seine Adoptivtochter und seine Freunde, ohne sie je zu liebkosen oder ihnen zu schmeicheln.

Er war ein starker Esser und Trinker, jedoch ohne sich je zu betrinken oder sich Indigestion zu holen. Er sah auf Erwerb, liebte das Geld und machte auch kein Hehl daraus; auch zeigte er, beim Licht besehen, eine starke Dosis von Egoismus, besonders bei Tisch, wo er auf die leckersten Bissen ein natürliches Anrecht zu haben glaubte.

So zeigte sich uns ungefähr, ohne daß ich beim Entwurfe seines Porträts geschmälert oder geschmeichelt hätte, der berühmte Ritter Gluck."

Seine Gattin wird von Mannlich als eine Dame von eben so einfachem, als edlem Benehmen geschildert. Sie liebte ihren Mann zärtlich, überwachte jeden seiner Schritte und verstand ihn zu leiten, während es doch niemals den Anschein gewann, als höre sie auf, nur seinem Willen sich zu fügen. Da das Ehepaar kinderlos blieb, adoptirte Gluck die Tochter seiner Schwester, deren Gatte als Offizier in der kaiserlichen Armee diente. Sie wird als ein hübsches Mädchen von sechzehn Jahren geschildert, das sehr gefällige, liebenswürdige Manieren zeigte und im Besitze einer herrlichen, trefflich geschulten Stimme war.

Am nächsten Tage waren Mannlich und ein andrer junger Maler, Fontenet, bei Gluck zu Tische geladen; sie sollten kennen lernen, wie ihr Wirt seine Lieblingsspeise, Sauerkraut, zubereiten lasse. Nach dem Essen wurden die Gemächer besichtigt. Hier waren noch die Arbeiter beschäftigt, weil Gluck nicht länger das Vergnügen, unter Freunden und Deutschen wohnen zu können, entbehren wollte und deshalb so rasch als möglich übergesiedelt war. Es arbeitete dort auch eine junge Tapezierersfrau, deren zierliche Füßchen zu artigem Compliment Anlaß boten. Sie nahm es lächelnd entgegen und sagte zu Gluck, sie habe eine Bitte an ihn zu richten.

In ihrem Hause im vierten Stock wohne ein „Stück von einem Dichter," der sehnsüchtig wünsche, für den gefeierten Componisten zu arbeiten. Gluck ging lachend auf den Vorschlag ein. Wirklich brachte die hübsche Tapeziererin am nächsten Morgen „ihr kleines Stück von einem Dichter," einen Herrn Moline, und hatte die Freude, daß ihrem Schützling die französische Umarbeitung der Oper „Orpheus" übertragen wurde. Dadurch wurde die Zahl der Gegner Gluck's neuerdings vermehrt, denn namhafte Poeten, wie Marmontel, Sedaine u. A. hatten auf diese Ehre gerechnet, und schmähten nun heftig den deutschen Barbaren, der die Schönheit eines französischen Verses zu würdigen unfähig sei.

Als Gluck davon hörte, sagte er lachend: „Für den Operncomponisten sind wohlgefeilte Verse durchaus unnötig, da ihnen der Zuhörer ja doch nicht große Aufmerksamkeit widmen kann. Der Dichter muß ihm schöne Gedanken, packende, interessante, rührende oder furchtbare Situationen bieten. Sache des Musikers ist es dann, sie ebenso gut wieder zu geben und für die Phantasie des Publikums auszumalen, aufzuregen und zu rühren durch Harmonien, die er der Natur abgelauscht. Sie werden nun wohl begreifen, daß die Erfüllung einer solchen Aufgabe, die an und für sich schon schwierig, nicht unmöglich gemacht werden darf durch die Launen eines Dichters, der nur an seine Verse und Reime denkt, ohne sich darum zu bekümmern oder gar ohne zu fühlen, ob sie auch musikalisch sind oder nicht. Lassen Sie also diese Leute, diese großen Phrasenschmiede, sagen, was sie wollen. Ich will von ihrer Hilfe nichts wissen und bin sehr zufrieden mit dem Dichterlein der Tapeziererssrau, da er Alles thut, was ich will."

Gluck hielt täglich von neun Uhr Morgens bis Nachmittag Probe. Wenn er dann gänzlich erschöpft zurückkam, nahm ihm seine Frau die Perücke ab und rieb ihm den Kopf mit einem warmen Tuche, ohne ein Wort dabei zu sprechen, und auch er blieb schweigend bis zur Tafel.

Da Mannlich als Zimmernachbar bald mit der Familie auf vertraulichem Fuße lebte, klagte ihm oft Madame Gluck, daß ihr die Unbeugsamkeit ihres Mannes und die Böswilligkeit der

Musiker täglich bei den Proben die peinlichste Unruhe verursachten. Jeden Augenblick seien heftige Scenen zu befürchten. Auf ihre Bitten begleitete nun Mannlich häufig den Meister in die Probe und übte dort begütigenden Einfluß auf Dirigenten und Darsteller aus. Es ist bekannt, daß vor Allem die Orchestermitglieder gar widerspenstig waren. Gluck verlangte mit Gefühl und Verständniß begabte Künstler und hatte Musiker vor sich, die, wie Castil-Blaze klagt, in ihren Noten nichts Anderes sahen, als ut und re, Viertel- und Achtel- noten. Da gab es nun freilich lange Gesichter, wenn der Dirigent zwanzigmal abklopfte und wieder von vorn anfangen ließ. Als es an das Einstudiren des dritten Actes ging, wurde Gluck durch das gedankenlose Ableiern seiner Musik gänzlich außer Fassung gebracht. Er lief wütend von einem Pult zum andren und sang jedem Musiker seine Passagen vor, indem er den Ausdruck, wie er ihn verlangte, hineinlegte. Dazwischen rief er aus Leibeskräften: Das ist zum Teufelholen! „Ich sah," erzählt Mannlich, „mehrmals den Augenblick bevorstehen, wo ihm alle Geigen und andren Instrumente an den Kopf flögen!" Ein erster Violinist, Namens Canevas, be- schwichtigte öfter mit Mühe den Zorn der Aufgeregten. Einmal, da die Contrabässe falsch griffen, wandte sich Gluck so rasch nach ihrer Seite, daß seine runde Perücke dabei zur Erde fiel. In seinem Eifer bemerkte er es nicht, bis Mademoiselle Arnould ihm mit burlesker Würde den verlorenen Hauptschmuck präsentirte.

Das nämliche Fräulein, mit der Partie der Iphigenie betraut, beklagte sich einmal, daß sie zu viel Recitative und zu wenig große Arien habe. Gluck replicirte sehr ungalant: „Um große Arien zu singen, muß man zu singen verstehen. Nun habe ich), liebe Made- moiselle, die Musik für Sie und Ihre Fähigkeiten eingerichtet; ver- suchen Sie nun richtig zu declamiren, das ist Alles, was ich von Ihnen verlange, und erinnern Sie sich vor Allem daran, daß Schreien nicht Singen ist." „Nun wohl," rief die gereizte Sängerin, „da Sie so wenig auf mich rechnen, so werden Sie nicht überrascht sein, wenn auch ich Ihnen sage, daß ich mir keinen Erfolg von Ihrer Oper verspreche, und daß mir sehr wenig daran liegt, Ihren Ruhm zu teilen und in dieser Oper zu singen!" Unerschüttert erwiderte

Gluck: „Wenn das, was Sie mir da sagten, Ihr Ernst ist, so haben Sie nur die Güte, es zu wiederholen! Ich aber sage Ihnen, daß ich bereits eine Sängerin gefunden, die Sie vollkommen und auf der Stelle ersetzt!" — Die Künstlerin schmollte, aber sie blieb.

Daß durch so bärenhafte Art des deutschen Eindringlings die Mitglieder des königlichen Theaters bitter beleidigt wurden, kann nicht Wunder nehmen und folgerichtig eben so wenig, daß aus diesen Proben allerlei schlimme Nachrichten über die Novität in das Publikum drangen. Nicht minder intriguirten die treuen Schildknappen Lully's und Rameau's. Dagegen gab es aber auch eine große Zahl Musikverständiger, die sich selbst ein Urteil über das vielbesprochene Werk bilden wollten. So kam es, daß schon die Proben ein zahlreiches und aufgeregtes Publikum fanden, das sich in schroff gegenüberstehende Parteien spaltete. Der musikalische Streit wurde bereits mit solcher Heftigkeit geführt, als ob es sich um das Wohl Frankreichs handelte. Es ist charakteristisch, daß Gluck nicht im Mindesten über dieses Zuströmen von unberufenen Zuhörern ungehalten war, er schien es gar nicht zu bemerken.

Die letzte Probe kam. Gluck war mit der Durchführung seines Werkes nicht zufrieden, zeigte aber nicht die geringste Unruhe über dessen Schicksal.

Als er nach dieser Probe mit Mannlich bei Tische saß, brachte ein Savoyardenknabe einen Brief. Gluck sah zuerst nach der Unter=schrift, überlas dann eifrig den Inhalt und wiederholte sodann die Lecture mit sichtlichem Vergnügen. „Endlich einmal ein Lob, das mir wirklich schmeichelt!" rief er aus; „ich habe also doch nicht meine Mühe verloren! Nehmen Sie, lesen Sie, lesen Sie laut!" Mannlich las nun den Brief vor, der ungefähr folgendermaßen lautete:

„Mein Herr Ritter! Ich komme eben aus der Probe Ihrer Oper „Iphigenie". Ich ging hochentzückt fort. Sie haben verwirklicht, was ich bis auf diesen Tag für unmöglich gehalten. Genehmigen Sie gütigst mein aufrichtigstes Compliment und meine ergebenen Glückwünsche.

Paris, den 17. April 1774.   J. J. Rousseau."

Zwei Tage später fand die erste Aufführung der Oper statt. In den Cafés war am letzten Tage mit den Billets um doppelte und dreifache Preise förmlich Handel getrieben worden. Alle Räume waren überfüllt.

Mannlich saß mit Gluck, der die Direction dem Kapellmeister des Theaters überlassen hatte, und seinen beiden Damen in einer Loge. Gluck zeigte seine gewöhnliche Ruhe. Während der Ouverture konnte man aus kleinen unruhigen Bewegungen entnehmen, daß er mit dem Spiel der Musiker nicht zufrieden sei, doch beklagte er sich nicht. Die Ausstattung ließ nichts zu wünschen übrig. Mademoiselle Arnould sang mit viel Geschmack und spielte mit viel Grazie, so daß sie ihrer eigenen Erwartung zuwider reichlichen Beifall erntete. (Marx bezweifelt, daß Gluck mit Rücksicht auf diese Sängerin Umänderungen vorgenommen habe. Mannlich erzählt aber ausdrücklich, daß Arien und Recitative für ihre Stimme vollständig eingerichtet wurden.) Larrivee als Agamemnon sang ziemlich ausdrucksvoll, doch fehlte seinem Spiele die nötige Würde. Le Gros war ein schlimmer Achilles, „er schrie mit sehr schöner Stimme und wütete wie ein Wahnsinniger." Auch Mademoiselle Duplan zeigte in der Rolle der Klytemnestra kein hohes Auffassungsvermögen. Trotz dieser Mängel hatte die Aufführung durchschlagenden Erfolg. Der gespendete Beifall übertönte mächtig das Murren der Unzufriedenen.

In die Musikgeschichte schlich sich die Nachricht ein, die Arie Achill's „Calcas d'un trait mortel percé" habe die anwesenden Offiziere so begeistert, daß sie die Degen aus der Scheide zogen. Davon erwähnt Mannlich Nichts. Es wird wol nur eine Anecdote sein.

Am Tage nach der Aufführung brachte Gluck's „Flickdichter" Moline einen jungen Freund, der eine Oper componirt hatte, zu seinem Gönner. Gluck blätterte in der Partitur, gab sie aber rasch wieder zurück und sagte: „Das ist nicht den Teufel wert!" „Aber wie muß ich es denn anstellen, um es besser zu machen?" fragt schüchtern der Betroffene. Da stellte sich Gluck vor ihn hin und sagte lachend: „Wenn der Maler für das Theater malt, wird er sich nicht auf kleinlichen Zierrat einlassen, und so muß auch der Musiker, der für das Theater schreibt, Noten machen, die, sehen Sie, wenigstens so groß sind!" Dabei wies er auf seine beiden Fäuste. Der junge Componist dankte mit verblüffter Miene und empfahl sich.

Abends wurde die Oper zum ersten Mal wiederholt. Der Erfolg war diesmal noch vollständiger. Der Componist wurde stürmisch gerufen, war aber nicht mehr im Hause anwesend.

Nun fanden täglich Wiederholungen statt. Das Publikum wollte nichts Andres sehen und hören. Auf Gluck's eigenen Wunsch wurde Rameau's „Castor und Pollux" eingeschoben — das Theater blieb leer.

Die musikalische Revolution hatte den entschiedensten Sieg davongetragen. Sie spukte in allen Köpfen, sie bildete ausschließlich den Gegenstand des Tagesgesprächs. Gretry's und Laharpe's neueste Werke, selbst Beaumarchais' kühne Angriffe gegen das neue Parlament waren in den Hintergrund gedrängt, alle Welt sprach nur von Achill und Klytemnestra, von Accorden und Passagen.

Herzog Christian war über Gluck's Triumphe hoch erfreut und erbot sich selbst, ihn dem Könige vorzustellen, damit er die Partitur der Iphigenie überreichen könne. Somit fuhr Gluck, diesmal in goldgesticktem Rock und prächtiger Perücke, im Wagen des Herzogs nach Versailles.

Gegen 2 Uhr kehrte er nach Paris zurück und begab sich zur Gräfin Forbach, wo er zu Tisch geladen war. Auch der Herzog mit einigen Cavalieren, sowie der junge Männlich waren bei dem Diner anwesend. Alle waren neugierig, von Gluck zu hören, wie die Audienz verlaufen sei. Unser Meister aber zeigte noch größeren Appetit als gewöhnlich, da er sonst nicht so spät zu tafeln pflegte, ließ sich die aufgesetzten leckeren Bissen trefflich schmecken und erwähnte der Audienz mit keiner Sylbe. Dies machte sogar den Herzog ärgerlich, auch er war neugierig, denn es hatte sich ja etwas Außerordentliches zugetragen! Ludwig XV. ließ sich Fremde, selbst wenn sie hohen Rang einnahmen, nur auf seinem Gang zur Messe, während er die Galerie passirte, vorstellen. Dabei sprach er gewöhnlich kein Wort, sondern grüßte nur mit leichtem Kopfnicken. Mit Gluck aber hatte er mehrere Worte gewechselt! —

Die am Hofe zu Versailles herrschende Etiquette wird von Männlich an andrer Stelle so pikant geschildert, daß ich es mir nicht versagen kann, diese Episode hier einzuschalten.

„Am Abend" so erzählt er, „verfehlte ich nicht, mich im Schloß einzufinden, um bei der großen königlichen Tafel zuschauen zu können. Ich fand viele junge hübsche Frauen und Mädchen und auch viele Herren jeden Alters vor, die in den Saal zu kommen trachteten. Der Garde-Offizier, der ein Kenner war und wohl wußte, was die Augen Seiner Majestät ergötzen könne, ließ die schönsten Damen, ungefähr zwölf bis fünfzehn, zum großen Aerger der Uebrigen eintreten. (Ich erfuhr später, daß sich diese Damen bei der großen Tafel nur deshalb vorstellten, um als Rekruten für den Hirschpark, ein für die kleinen Vergnügungen des Königs bestimmtes Asyl, eingereiht zu werden.) Nachdem der Offizier die Auserwählten in den Saal geführt und ihnen Plätze angewiesen hatte, kam er zurück, um den übrigen harrenden Neugierigen zu sagen: „Meine Damen und Herren! Der Speisesaal kann eine größere Zahl von Zuschauern nicht fassen und ich kann für heute nicht das Vergnügen haben, Sie eintreten zu lassen!" Auf diese Worte hin begann man sich zurückzuziehen, ich blieb jedoch und blickte mit bittender Miene auf den Offizier. Er bemerkte es und sagte ziemlich höflich: „Ich kann Sie nicht eintreten lassen!" „Ich bin ein Fremder," erwiderte ich, „aus Zweibrücken und bin eigens deßhalb nach Versailles gekommen." „Kennen Sie den Herzog von Zweibrücken?" fragte er, „hüten Sie sich aber, er ist hier." „Ich weiß es wohl und habe erst diesen Morgen die Ehre gehabt, ihm meine Aufwartung zu machen, ich wohne in Paris in seinem Hotel." „In diesem Falle, mein Herr," sagte er, „kommen Sie, ich werde Ihnen einen guten Platz anweisen!" Und wirklich ließ er mich auf einem der rothsammtenen Fauteuils Platz nehmen, die zwar von altmodischer Form, aber reich mit Gold geschmückt waren.

Die Tafel hatte hufeisenförmige Gestalt. Ihre Vertiefung war besetzt von den Haushofmeistern, die in reichen Galakleidern aufwarteten. Es waren nur drei Converts auf dem Tische, die sehr weit von einander entfernt standen, für den König, die Königin und die Dauphine. Der Dauphin und seine beiden Schwestern speisten an diesem Tage mit dem Herzog von Zweibrücken in ihren Gemächern.

Als Alles bereit war, meldete man es dem Hofe, und der König kam herein mit seinem glänzenden Gefolge, unter welchem sich sogar ein Cardinal befand.

Der Dauphin überreichte vorerst, wobei er eine aufgerollte Serviette unter dem Arme trug, dem Könige ein silbernes Becken zum Händewaschen. Dann setzten sich der König, die Königin und die Dauphine an die Tafel. Hinter ihnen gruppirten sich die Höflinge, die das tiefste Stillschweigen beobachteten. Ihre Majestäten ebenso. Dieses ehrfurchtsvolle Stillschweigen wurde nur unterbrochen, wenn der König das Glas an den Mund setzte, um zu trinken. Einer von den Haushofmeistern rief dann mit lauter Stimme: Der König trinkt! Dieser Ausruf, der einzig und allein die tiefe Stille unterbrach, machte auf mich, der ich darauf nicht gefaßt war, großen Eindruck, obwohl ich mir nicht erklären konnte, wie eine so einfache und kindische Ankündigung ihn hervorrufen konnte.

Ihre Majestäten aßen mit sehr gutem Appetit und die großen schwarzen Augen des Königs schweiften behaglich über den Kreis der hübschen Frauen und Mädchen, die ihm gegenüber saßen.

Die Katze der Königin war ihr in den Saal gefolgt. Es war eine Angorakatze von grauer Farbe, mit weißen Flecken an den Augen. Sie sprang, um auszuruhen, auf den Fauteuil neben mich und begann mich zu liebkosen, wie wenn wir alte Bekannte wären. Ihr dem Rollen des Spinnrads ähnliches Schnurren, wodurch sie das Gefühl der Befriedigung ausdrückte, ließ sich bei der tiefen Stille im Saale ganz deutlich vernehmen. Die Königin bemerkte die zärtlichen Liebkosungen, womit ihr Liebling mich beehrte, lächelte und sprach leise einige Worte zu einem Höfling, der hinter ihr stand. Dieser betrachtete nun ebenfalls die seltsame Scene und antwortete ihr lachend mit leiser Stimme. Sogleich wandten sich alle Augen auf mich. Die Gunst der Lieblingskatze hatte mir die Ehre verschafft, vom Hofe beachtet zu werden. Eine langjährige Erfahrung belehrte mich in der Folge, daß oft kein anderer Vorzug nötig sei, um bei Hof sein Glück zu machen."

Bei Gluck's Vorstellung ereignete sich nun das Außerordentliche, daß der König auf ihn zuschritt, selbst die Partitur entgegennahm und mehrere Worte sprach. Alle Höflinge waren darüber in Staunen geraten, und wie ein Lauffeuer hatte sich die Kunde von diesem außergewöhnlichen Act der Gnade sogar schon in Paris verbreitet. Gluck allein schien ihren Wert nicht zu würdigen, er aß und trank mit kaltblütiger Ruhe, bis endlich der Herzog unmittelbar ihn mit der Frage anging, ob er mit dem Empfange zu Versailles zufrieden sei.

„O ja, Monseigneur," erwiderte Gluck, „ich hatte gehört, daß Seine Majestät nur äußerst selten mit Personen, die ihm vorgestellt werden, zu sprechen pflegt. Ich mußte mich also sehr geschmeichelt fühlen, da er vor mir stehen blieb, mit mir sprach und mein Geschenk annahm. Aber wenn ich noch eine Oper in Paris componire, will ich sie lieber einem reichen Pächter widmen, denn ich werde dann ungarische Ducätlein erhalten, statt mit Complimenten abgespeist zu werden."

Diese Antwort verletzte den Herzog in hohem Grade und noch mehr waren die anwesenden Höflinge entrüstet.

„Ich will Gluck hierin nicht gerade entschuldigen," sagt Mann= lich), „aber da ich ihn besser kannte, betrachtete ich doch die Aeußerung von einem anderen Standpunkte als jene Herren. Gluck war ein Naturmensch und ein Philosoph, gerade deßhalb, weil er es nicht zu sein glaubte. Der Glorienschein der Gunst bei den Großen der Erde wie bei der Menge galt ihm Nichts. Dieser Weihrauch konnte niemals sein Haupt umnebeln. Jedes zweideutige Lob, d. h. ein Lob, das von solchen ausging, die er nicht für wirklich urteilsfähig hielt, jede Auszeichnung, die nur auf Laune der Großen und des Glücks begründet war, hatte wenig Wert vor seinen Augen. Er war miß= trauisch gegen alle sogenannten Größen und huldigte ihnen nicht, bevor er untersucht, worauf sich ihre Autorität stützte. Ich habe ihn niemals, selbst nicht über seine Gegner böswillig urteilen hören, aber er lobte auch ebenso selten. Wie er selbst Niemand schmeichelte, wollte auch er durch Nichts glänzen, als durch sein eigenes Verdienst. Ein solcher Mann mußte die Unabhängigkeit lieben und folgerichtig jenes Mittel anstreben, das sie uns im Privatleben sichert. So kam es, daß er das Geld liebte, ohne geizig zu sein, denn er betrachtete es als Symbol der Befreiung von der Sclavenkette, die an die Gebräuche der Gesellschaft fesselt, von der Langeweile der Antichambres, von der Erniedrigung, die selbst mit dem Schutz der Armut untrennbar verbunden ist. Ohne hastig nach Geld, das er erwerben mußte, zu jagen, achtete er sorgfältig auf sein Erworbenes, das ihm als Aegide der Freiheit und Hort der Unabhängigkeit galt, die für einen Mann seines Schlages von unschätzbarem Werte sind."

Als es bekannt wurde, daß selbst der König sich für den deutschen Musiker interessire, drängte sich Besuch an Besuch, doch Alle mußten sich begnügen, von der immer artigen und liebenswürdigen Gemalin Gluck's empfangen zu werden. Er selbst arbeitete, um ungestört zu bleiben, auf Männlich's Zimmer an seinem „Orpheus".

Die Armut der französischen Sprache, die bekanntlich auch von Rousseau als unbrauchbar zu musikalischer Behandlung bezeichnet wurde, war häufig Gegenstand bitterer Klagen; Gluck behauptete, es mache ihm weniger Mühe, zwei Opern mit deutschem Text, als eine in dieser undankbaren Sprache zu componiren.

Abends arrangirten sich häufig kleine Familienconcerte gleichsam von selbst, doch nur, wenn Gluck bei guter Laune war. Außer Männlich waren sein Freund Fonetenet und eine Mlle. Testard anwesend. Gluck's Pflegetochter sang mit viel Gefühl und Wärme; liefen hie und da kleine Fehler unter, so schalt der accompagnirende Vater in derbster Weise.

Als sich Gluck in Folge übergroßer Anstrengung ein Fieber zuzog, hatten seine Angehörigen und Freunde ihre liebe Not, denn er wollte sich zu der vom Arzt angeordneten Diät schlechterdings nicht verstehen. Die Krankheit war nicht unbedeutend. In der Stadt war bereits das Gerücht von seinem Tode verbreitet. Während er das Bett hüten mußte, lasen ihm abwechselnd seine Tochter und Männlich Klopstock's Gedichte vor, für welche er sehr eingenommen war.

Endlich erlaubte der Arzt, Dr. Robert, an einem schönen Tage den ersten Ausflug. Der Director der königlichen Oper lud ihn mit den Seinen auf ein nahe bei der Stadt gelegenes Landhaus ein. Da sich aber dort ein ganzer Schwarm von Verehrern um den gefeierten Componisten drängte, war er in ärgerlichster Stimmung. Die Stirn glättete sich aber, als ein solcher Verehrer, Graf d'Eu, zwölf Flaschen herrlichen normannischen Weines präsentirte. Die Stöpsel flogen in die Luft und Gluck war bald in heiterster Laune. Er willigte sogar ein, daß seine Tochter singe. Sie trug ein einfaches deutsches Lied ihres Vaters vor: „Ich bin ein teutsches Mädchen, mein Aug' ist blau 2c." und eine Chansonette Rousseau's: „Colin aime Colinette, Colinette aime Colin etc." Größere Gesangstücke durfte sie in Gesellschaft niemals singen.

An einem der nächsten Tage promenirte Mannlich mit der Familie Gluck im Boulognerwäldchen. Hier war halb Paris auf den Beinen. Da sich auch allenthalben lärmende Musik hören ließ, wurde Gluck lebhaft an das Treiben im Wiener Prater erinnert. Bald trat noch eine andere Erinnerung an Wien und Oesterreich vor seine Augen. Eine glänzende Cavalcade sprengte heran, an ihrer Spitze eine jugendlich schöne Dame. Es war die Dauphine Marie Antoinette. Im Vorbeireiten erkannte sie Gluck, rief freudig aus: „Mein Gott! Gluck!" wandte das Pferd und kam auf ihn zu. Nun unterhielt sie sich mit ihm über eine Viertelstunde über den Erfolg der „Iphigenie", über Wiener Vergnügungen und hauptsächlich über ihren Bruder, Kaiser Joseph. Sie war eine reizende Erscheinung. Eine große Menge sammelte sich und man konnte da und dort hören: Wie ist sie schön! Wie ist sie liebenswürdig! Welche Königin werden wir einst haben! — Endlich reichte sie dem alten Freunde die Hand, grüßte seine Familie mit liebenswürdiger Grazie und setzte ihr Pferd wieder in Galopp. Gluck war so bewegt, wie Mannlich ihn nie gesehen, Thränen standen ihm in den Augen und auf dem Heimwege erschöpfte er sich in dankbaren Lobsprüchen auf Maria Theresia und ihre Familie.

Etwa zwanzig Jahre später, schaltet Mannlich ein, fuhr dieser Liebling der Pariser und aller Welt, die schöne Marie Antoinette, durch die nämlichen Straßen auf dem Henkerwagen zum Blutgerüst.

Noch am nämlichen Tage gab es für Gluck eine neue Ueberraschung. Während die Familie bei Tisch saß, stürzte ein Fremder in das Zimmer und umarmte stürmisch den erstaunten Hauswirt. Es war der berühmte Sänger Milico. Er kam geraden Weges von London her, nur um seinen alten Freund wieder zu sehen. Nach London war von Paris aus das Gerücht vom Tode Gluck's gedrungen und hatte Milico in tiefste Trauer versetzt. Als nun die Nachricht widerrufen wurde, weckte der rasche Wechsel von Trauer und Freude den Gedanken: Ich muß ihn wiedersehen! Er versprach seinen Directoren, in Paris nicht öffentlich zu singen, und eilte nach Paris. Nun blieb er mehrere Tage bei Gluck, und das ausübende Personal für die Abendconcerte war um eine bedeutende Kraft vermehrt.

Inzwischen hatten die Proben zu „Orpheus" begonnen. Sie verliefen bei Weitem ruhiger als die früheren. Die Musiker hatten besser erfassen gelernt, was Gluck intendirte, und auch die Sänger waren durch den großartigen Erfolg der „Iphigenie" kleinlaut gemacht.

Le Gros, der erste Tenorist der Oper, sang den Orpheus. Den Klageruf: Eurydice! im ersten Acte, bevor er schmerzgebeugt zusammensinkt, konnte er dem Componisten nicht naturalistisch genug zum Ausdruck bringen. Gluck rief ungeduldig: „Es ist wirklich unbegreiflich, mein Herr, Sie schreien immer, wenn Sie singen sollen, und wenn es ein einziges Mal darauf ankömmt, zu schreien, können Sie es nicht fertig bringen! Denken Sie jetzt einmal weder an die Musik, noch an den Chor, sondern stoßen Sie nur im betreffenden Augenblick einen Schmerzensschrei aus, wie wenn man Ihnen das Bein abnähme, legen aber, wenn Sie können, doch wieder in diesen Schrei solchen Ausdruck, daß man hört: der Schmerz ist innerlich, er kommt aus dem Herzen!" Le Gros folgte, so gut er vermochte, und der Schrei, der rauh und fremd die rührende Trauermusik unterbrach, machte großen Effect. „Er rührte selbst die gefühlloseste Seele," sagt Mannlich, „und es ist nur für einen Mann von solchem schöpferischen Genie möglich, auf solche Kunstgriffe zu denken, welche die Kunst der Natur näher bringen und ihr doch dabei ihre Reize leihen."

Von den Familien Concerten bei Gluck redete man bald in den Pariser Kunstkreisen und Viele trachteten, jedoch vergeblich, in den kleinen Cirkel einzudringen. Ein junger Sänger namentlich bat Gluck's Hausfreunde und endlich auch Madame Gluck inständig, ihm die Ehre einer Einladung zuzuwenden, doch scheiterte auch dieser Versuch an Gluck's Neigung zu häuslicher Bequemlichkeit und an Miliko's Gelöbniß, in Paris nicht öffentlich zu singen. Endlich fand Madame Gluck einen Answeg, um den jungen Kunstenthusiasten unbemerkt einzuschwärzen. Er wurde Abends von ihr als neu angestellter Aufwärter vorgestellt, und es wurde von Seite Gluck's und Miliko's nicht beachtet, daß dieser Diener Champagne gerade während ihrer musikalischen Uebungen sich im Zimmer zu schaffen machte. Man setzte sich zum Souper, und Champagne versah trefflich seinen Dienst. Mannlich, der um den Schabernack wußte, hatte aus dem Keller des Herzogs eine Flasche alten Rheinweins gebracht, der auf Gluck's Laune vortrefflich einwirkte. Als der Braten servirt war, befahl Madame Gluck dem neuen Diener, noch ein Couvert zu bringen und sich an den Tisch zu setzen. Gluck und Miliko sahen erstaunt empor, und nun lüftete die listige Wirtin die Maske Champagne's. Gluck fühlte sich durch die Bescheidenheit und den Eifer des Kunstjüngers, der selbst vor einer Bedientenrolle nicht zurückgeschreckt, sehr geschmeichelt und rief: „Bravo! So muß man seine Kunst lieben, wenn man sich über die Mittelmäßigkeit erheben will!" Nach dem Souper wurde wieder gesungen, auch der neue Gast ließ sich hören, und die Gesellschaft blieb fröhlich bis nach Mitternacht beisammen. Der junge Sänger war — Mehul, der später so berühmt gewordene Componist „Joseph's in Egypten".

In einer Allee nahe bei der Stadt promenirte Gluck mit seiner Familie und seinen Freunden häufig in den Abendstunden. Der lebenslustige Miliko nahm einmal seine Mandoline mit und sang nun, nachdem die Nacht schon eingebrochen war, italienische Lieder, und mit Gluck's Tochter auch Duo's. Wagen und Spazier= gänger sammelten sich bald um die Gruppe, so daß den Sängern der Zudrang lästig fiel. Nun wurde ein anderes Plätzchen aufgesucht und die nämliche Scene wiederholte sich. An mehreren folgenden Abenden wurden diese musikalischen Promenaden nach römischer Sitte fortgesetzt und belustigten namentlich Gluck in hohem Maße.

Eine mit der Familie bekannt gewordene Dame drang eifrig in den Meister, einige Gedichte Göthe's zu componiren. Gluck aber weigerte sich entschieden. Jetzt finde er, da er für Wien und Paris Opern zu schreiben habe, keine Zeit und einschieben lasse sich solche Arbeit nicht. „Denn ich componire nicht wie die anderen Musiker, die schon die Motive zu ihren Liedern und Arien in den Mappen auf Vorrat liegen haben. Sie brauchen dann nur diesen Melodien einige nichtssagende Worte unterzulegen und so ist eine Oper in kurzer Zeit und ohne Anstrengung fertig gemacht. Was ich schreibe, wird nicht auf solche Weise vollendet. Es sind die Worte, die mich auf meine Motive und Melodien führen, ich gebe mir Mühe, natürlich zu bleiben und mit Tönen naturgetreu zu malen, und das macht mich freilich oft Blut schwitzen!"

Zu den Theaterproben neuer Aufruhr! Gluck forderte, daß die Tänzer, welche die Furien der Unterwelt vorstellten, dem um Einlaß bittenden Orpheus in verschiedenen Tönen das einfache Non! zurufen sollten. Sie weigerten sich entschieden; dazu seien sie contractlich nicht verpflichtet. Gluck gab aber nicht nach, stellte sich selbst unter sie und schrie, die blechernen Schlangen schwingend, das zornige Non! mit. Allmälig führten die Herren Teufel ihren Part mit großer Präcision durch und wurden darauf so stolz, daß keiner in einer Probe fehlte. Mannlich erzählte Gretry die lustige Geschichte. Gretry meinte lachend: „Nach dem Sieg, den Gluck über die Sänger und Sängerinnen der musikalischen Akademie davongetragen, war ich fest überzeugt, daß er auch mit den Teufeln fertig würde!"

Die Aufführung des Orpheus mußte wegen des Todes Ludwigs XV. verschoben werden. Dem Tronfolger Ludwig XVI. bezeugten die Pariser ihre Sympathie durch enthusiastische Demonstrationen, aber es wurden auch damals schon unzufriedene Stimmen laut. Mannlich erzählt ein drastisches Beispiel. An die Statue Heinrich's IV., dem die Franzosen so dankbare Erinnerung bewahren, wurde in jenen Tagen das Wort Resurrexit geschrieben. Am anderen Morgen fand sich darunter der Vers:

„De resurrexit j'aime le bon mot,
Mais n'y croirai qu'ayant la poule au pot."

Am 2. August 1774 fand die erste Aufführung des „Orpheus" Statt. Trotz neuer Kabalen errang auch dieses Werk einen großartigen Erfolg. Namentlich der Gesang des Orpheus beim Eintritt in die Unterwelt mit dem darauf folgenden rauh und düster tönenden Non! der Furien erregte Begeisterung.

Einige Tage nach dieser Aufführung wurde Maunlich von heftigem Fieber befallen und fand an Madame Gluck die treueste und aufmerksamste Pflegerin. Damals wurde das Project einer ehelichen Verbindung Maunlich's mit ihrer Pflegetochter von der Mutter selbst angeregt und Maunlich erklärte freudig seine Bereitwilligkeit.

Als das Unwohlsein gehoben war und der Reconvalescent das Zimmer verlassen durfte, wurde eine Spazierfahrt im Park von St. Cloud veranstaltet und eine frugale ländliche Mahlzeit eingenommen. Die Familie mit ihren nächsten Freunden lagerte sich im Kreise unter einem schattigen Baume und der mitgebrachte alte Rheinwein versetzte Alle, insbesondere Papa Gluck, in die fröhlichste Laune.

„Es lebe das einfache, unabhängige, ungebundene Leben!" rief er, indem er das Glas erhob. „Ich habe immer darnach gestrebt und in meinem langen Leben doch nur vierzehn Tage lang dieses Glück genossen, ich werde sie nie vergessen!"

Er ließ sich nicht lange bitten, Näheres darüber zu erzählen:

„Mein Vater war Fisch- und Forstmeister in einem Dorfe in Böhmen. (Das Geburtsdorf Gluck's, Weidenwang, ist bayrisch, jedoch an der böhmischen Grenze.) In diesem Lande ist Jedermann musikalisch, man lehrt Musik in der Schule, und in den kleinsten Dörfern verstehen die Bauern, zu singen, und spielen verschiedene Instrumente während des Hochamts in den Kirchen. Für diese Kunst begeistert, wie ich war, machte ich rasche Fortschritte. Ich lernte mehrere Instrumente spielen, und der Schullehrer, der mich vor den anderen Schülern auszeichnete, gab mir in den Mussestunden Unterricht. Ich dachte und träumte von Nichts als von Musik, der Forst wurde ganz vernachlässigt. Das war aber nicht nach dem Sinn meines Vaters. Er verdoppelte meine Arbeit und forderte pünktliche

Verrichtung mit aller Strenge, um mich, wie er sagte, abzuziehen von
einer Beschäftigung, die mir niemals mein Brot verschaffen könne.
Da ich unter Tags nicht mehr üben konnte, wollte ich die Nächte
dazu verwenden. Dadurch wurde aber der Schlaf des Vaters
und der Hausgenossen gestört und meine Instrumente wurden deshalb eingesperrt. Ich konnte jedoch meine Neigung für Musik nicht
unterdrücken, nahm also meine Zuflucht zur Maultrommel und
gewann bald große Fertigkeit auf diesem rein klingenden Instrument.
Sonntags in der Kirche war ich stets am Ziel meiner höchsten
Wünsche.

Endlich überwältigte mich das Verlangen, mich ganz meiner
Neigung hinzugeben, und ich beschwor den Vater, er möge mich
nach Wien schicken und dort Musik studiren lassen. Er blieb aber
unbeugsam und brachte mich förmlich zur Verzweiflung.

Eines schönen Tages verließ ich das väterliche Haus. Nur
blutwenig Geld klimperte in meiner Tasche. Um nicht zurückgeliefert
zu werden, schlug ich nicht den kürzesten, sondern einen weiteren
Weg nach Wien ein. Weil ich das wenige Geld, das ich bei mir
hatte, schonen wollte, so näherte ich mich, als ich Hunger bekam,
einem Bauernhofe, wo die Familie gerade bei Tische saß, zog
meine Maultrommel aus dem Sack und spielte ein paar Weisen
auf. Da sie sahen, daß ich ordentlich gekleidet war, ließen sie mich
eintreten und wiesen mir einen Platz am Tische an. Bei Einbruch
der Nacht kam ich in ein anderes Dorf. Hier verschaffte mir meine
Maultrommel Eier, Brot und Käse, man reichte mir das Alles
durch die Fenster der Häuser, vor denen ich mich hören ließ. Bei
dem letzten Häuschen bat ich um Aufnahme und man gewährte sie
mir gern. Es gab ein gutes Abendessen, wozu ich meine Eier und
Brot und Käse gab, und meine Wirtin behandelte mich wie ein
Kind des Hauses, so sehr hatten mich meine Maultrommel und
meine Lieder in ihrer Gunst befestigt. Am nächsten Tage setzte ich
nach einem guten Frühstück wohlgemut meine Wanderschaft fort.

So kam ich, Dank meinem leicht tragbaren Instrument und
meiner Stimme überall, wohin ich mich wandte, einer freundlichen
Aufnahme sicher, heiter und sorglos bis zur Hauptstadt. An Sonn-

und Feiertagen spielte ich in den Dorfkirchen bald dieses, bald jenes Instrument. Ich galt für einen Virtuosen, und die Pfarrer nahmen mich auf und gewährten mir gastliches Obdach. Diese guten Pfarrer waren in der Regel Musikfreunde und behielten mich öfter mehrere Tage in ihren Häusern.

Nun gut, musizirend den ganzen Tag, gern gesehen, gut behandelt, frei und unabhängig, war ich der glücklichste Knabe. Als ich in die Nähe Wiens gelangt war, gab mir der letzte Dorfpfarrer, dem ich mich halb und halb anvertraut hatte, einen Brief an einen Freund in der Hauptstadt mit.

Als ich dort ankam, stellte ich mich dem Manne vertrauensvoll vor. Er nahm mich freundlich auf, verhehlte mir aber nicht, daß es Virtuosen meines Schlages in Wien nach Tausenden gebe und daß ich sammt meinen Talenten dem Hungertod ausgesetzt sei, wenn ich nicht in Stand gesetzt würde, mich in meiner Kunst vollkommener auszubilden. Ich mußte ihm gestehen, wer ich sei und woher ich käme, er interessirte sich für mich, schrieb an meinen Vater und bat ihn, sich nicht länger meinen Wünschen zu widersetzen.

Endlich gab der Vater seine Einwilligung und unterstützte mich fortan. Wenn ich nun einerseits zwar der Unabhängigkeit und der Freuden eines sorglosen Vagabondenlebens verlustig ging, so konnte ich mich andrerseits meiner Neigung ungehindert hingeben, Musik treiben und componiren von früh bis spät.

So wurde ich, was ich heute bin, aber allezeit wünschte ich mir die vierzehn Tage zurück, die ich frei und ungebunden, nur in Begleitung meiner hilfreichen Maultrommel, verlebte!"

Gluck hatte mit sichtlichem Vergnügen seine abenteuerliche Jugendgeschichte erzählt, und jugendliches Feuer glänzte in den Augen des fast siebzig Jahre alten Greises, seine Phantasie hatte ihn wieder ganz und gar in jene Zeit zurückversetzt.

„Wenn ich nur ein Mittel wüßte," fuhr er fort, „um solche Tage zu erneuern! Ich habe das Project noch nicht aufgegeben, wenn auch freilich mein Alter und meine Arbeiten mir viele Schwierigkeiten in den Weg legen!"

Es wurden nun allerlei Pläne zu Tage gefördert. Durch die römischen Promenaden im Boulognerwäldchen kam man schließlich auf den Gedanken: Wir machen gemeinsam eine Reise als wandernde Comödianten, unter falschen Namen ziehen wir von Stadt zu Stadt und führen Operetten auf!

Gluck adoptirte die Idee mit wahrer Begeisterung. Sogleich ging er an das Verteilen der Rollen.

„Ich selbst werde am Clavier sitzen, Dirigent und Orchester in einer Person. Millico und meine Nichte sind die Hauptacteurs, Fontenet und Mannlich spielen erste und zweite Violine, Mannlich ist außerdem Decorationsmaler unserer Truppe. Es fehlen uns bloß ein Baß und vor Allem ein Graziofo, doch vielleicht finden wir solche Leute in den kleinen Städten selbst, wo wir unsere Künste zum Besten geben werden."

„Ei, das soll uns nicht beunruhigen," rief Mannlich, „unsere Sache ist schon im Reinen! Unser Freund Janvelet, der auf Brust und Rücken Höcker trägt, außer der komischen Figur aber lebhaften Witz mitbringt, der ist der rechte Mann für uns! Er ließ sich schon einmal in eine Pastete setzen, um die Rolle eines gebratenen Hasen zu spielen, er wird sich ein Vergnügen daraus machen, als Graziofo bei unserer Bande einzutreten. Außerdem ist er ein tüchtiger Musiker, und wenn er vor der Thüre seine Possen gemacht hat, um Leute herbeizuziehen, kann er in das Orchester kommen, um Viola zu streichen! Er wird seine Sache trefflich machen!"

Nun ging es an die Auswahl des Repertoires. Niemand war begeisterter für den Plan eingenommen, als Gluck, der sich wie ein junger Fant schon im Voraus auf die lustige Reise freute.

„Wir können dir nicht helfen," sagte er zu seiner Frau, „du mußt dich auch nützlich machen, und weil du bei der Vorstellung nicht mitwirken kannst, so mußt du vor der Thüre an der Casse sitzen und die Billets verkaufen!"

Dann malte er mit den lebhaftesten, heitersten Farben alle die gefälligen Abenteuer aus, die bei einem solchen Unternehmen gar nicht ausbleiben könnten.

„Den ersten Tag," meinte er, „werden wir nur wenige Zuhörer im Saal sehen. Die hohen Herrschaften der Kleinstadt werden nicht ihre Würde preisgeben und gewöhnliche Possenreißer mit ihrer Gegenwart beehren wollen. Aber wenn nur die ersten Neugierigen euch einmal gehört haben, so werden sie in die Lärmtrompete stoßen! Am nächsten Tage werden wir mehr Zuhörer bekommen, als unser Theater fassen kann. Die Löwen des Orts werden meiner Nichte die Cour machen, ja, du wirst Eroberungen machen, man wird dich mit Erklärungen bestürmen und wir werden uns beim Schmaus darüber lustig machen! Wir bleiben, so lange es uns gefällt, und wenn die Langeweile anrückt, schnüren wir das Bündelein und verschwinden. Gewinn wollen wir nicht ziehen, wir bezahlen unseren Herbergswirt, und was übrig bleibt, wird für die letzte Vorstellung verwendet, bei der wir unser Publikum regaliren wollen. Der Rest wird dem Magistrat für die Armen geschickt. Das wird den Diplomaten des Städtchens Verlegenheit bereiten, sie werden sich die Köpfe zerbrechen, um ausfindig zu machen, aus welchen Leuten diese seltsame Wandertruppe zusammengesetzt sei. Wir aber, heisah! spielen die nämliche Farçe auf's Neue in einem anderen Städtchen."

Der gute Gluck war in Verzweiflung, daß ihn seine Geschäfte noch in Paris festhielten, daß das Project also erst im nächsten Jahre ausgeführt werden könne. Er ließ es sich aber wenigstens nicht nehmen, den ganzen Tag über von diesem lustigen Vagabondenleben zu phantasiren, er fühlte sich schon ganz als Director und auch die Uebrigen mußten im Charakter der ihnen zugeteilten Rollen an der Unterhaltung theilnehmen.

Ehe Gluck für den kommenden Winter nach Wien übersiedelte, folgte er einer Einladung des Herzogs Christian, ihn in Zweibrücken zu besuchen. Natürlich waren Mannlich und Foutenet als geborene Zweibrückener seine Begleiter und suchten ihm und seiner Familie den Aufenthalt in ihrer Vaterstadt so angenehm als möglich zu machen. Da ihnen ein herzoglicher Wagen zur Verfügung stand, wurden häufig Ausflüge in die reizende Umgebung unternommen. In Zweibrücken hielt man etwas auf die Freuden einer wohlbesetzten Tafel. Das war so recht nach dem Herzen Papa Gluck's. Dabei konnten er und seine Frau wieder nach so langer Zeit deutsch sprechen, ein Genuß, den Beide ungemein hoch schätzten. Schauspiel und Concerte boten treffliches Amusement; die Nichte sang öfter bei Hofe, Gluck selbst dirigirte die kleine, aber tüchtig geschulte Capelle.

Dagegen fand das Jagdvergnügen keine Gnade vor seinen Augen. Es war October. Der Herzog, ein passionirter Jäger, hielt große Jagden in der Umgebung seiner Residenz ab, und oft ließ sich während der kleinen Concerte aus kurzer Entfernung vom Schloß das Hallali der Jäger hören.

Wenn die großen Herren eine ausgesprochene Neigung blicken lassen, so gewöhnen sich Alle in ihrer Umgebung an die nämliche Liebhaberei, und so ist es natürlich, daß die Fürsten auch alle Uebrigen zu ehren und zu erfreuen glauben, welche sie des Zutritts zu diesen Vergnügungen würdigen. Auch Gluck und seine Familie wurden also zur Jagd eingeladen. Der Oberststallmeister stellte ihnen einen offenen, sechssitzigen Wagen zur Verfügung, um sich an der Hirschjagd zu beteiligen, da für solche Zuschauer im Forste eigene Fahrwege ausgehauen waren.

Der Wagen hielt vor Gluck's Wohnung. Gluck spielte eben mit Miliko eine Partie Schach. Er zeigte für dieses Spiel großen Eifer, obwol er nicht gar gewandt war. Selten ging eine Partie ohne Streit ab, denn Gluck zog im Eifer des Spiels häufig mit den Figuren seines Partners, die er für die seinen hielt. Diesmal hatte er Aussicht, die Partie zu gewinnen, der Wagen kam also sehr ungelegen. Die Bitten der Frau konnten Gluck nicht zum Aufbruch bewegen, auch die Vorstellungen, daß er durch Nichterscheinen bei der Jagd das Mißfallen des Herzogs erregen werde, blieben frucht= los, und nur die Versicherung Mannlich's, daß die Jagd nicht von langer Dauer, bewirkte endlich, daß er sich entschloß, eine Pause zu machen. Er nahm alle Anwesenden zu Zeugen, daß der nächste Zug ihn treffe, versperrte das Zimmer, damit ja Niemand das Spiel derangire und ging zu dem Wagen.

Die Gesellschaft kam gerade zu rechter Zeit, als der Hirsch, von der Meute und von den Piqueurs verfolgt, aus dem Dickicht brach. Das Schauspiel gefiel den Damen wohl und ließ sogar Papa Gluck auf einen Augenblick seine Partie Schach vergessen. In der nächsten Minute war aber Alles ihren Blicken entschwunden. Nun

führte der Postillon ihren Wagen im Galopp quer durch die Wald=
wege, bald dahin, bald dorthin, wie eben die Fanfaren sich hören
ließen. Das planlose Hin= und Zurückfahren, ohne daß man die
Jäger zu sehen bekam, machte Gluck bald ungeduldig.
 E là la caccia? rief er zornig.
 Si, signore!
 Ah, che gusto, ah che gusto! —
 Auf's Neue ging es hin und her in sausendem Galopp. Die
Hörner tönten bald scheinbar in der Nähe, bald aus weiter Ferne,
der Kutscher wußte nicht mehr, wohin er sich wenden solle.
 E là la caccia? rief Gluck wieder und wollte ohne Aufenthalt
in die Stadt zurückkehren, um seine Schachpartie zu beendigen. Mit
Mühe konnte er beruhigt werden.
 Endlich ließ sich das Hallali wieder hören und die Gesellschaft
konnte noch das barbarische Schauspiel der Erlegung des gehetzten
Wildes genießen. Mademoiselle Gluck brach in Schluchzen aus, und
der Vater versicherte zwar kluger Weise dem Herzoge, die Jagd habe
ihn sehr interessirt, auf dem Heimwege murmelte er aber wiederholt:
 Ah! che gusto, che gusto! —
 Zu Hause hatte er die Freude, die unterbrochene Partie glän=
zend zu gewinnen. Bald darauf begann das Hofconcert, bei welchem
er dirigirte, dann folgte ein treffliches Souper im Schlosse. Die
Freude über den errungenen Sieg und über das Gelingen des
Concerts brachte Gluck in heiterste Laune, die nicht ohne Einfluß
auf seinen Appetit blieb. Er nahm von allen Schüsseln und trank
dazu zwei Flaschen alten Rheinwein. Als schon das Dessert servirt
wurde, nahm er sich noch einmal ein Repphuhn mit einer tüchtigen
Portion Salat, um das Souper kräftig zu beschließen. Mannlich
erlaubte sich die Bemerkung: „Aber, Papa Gluck, essen Sie nicht
zu viel? Ich bange für Ihre Gesundheit!" Gluck lachte aus Leibes=
kräften und sagte:
 „Ah, darauf schlafe ich besonders gut. Ich weiß nicht, was
Indigestion ist! Die Italiener, die von der Luft leben, erstaunten
immer höchlich, wenn sie sahen, daß ich ungestraft so essen könne
und nannten mich aus purem Neide: il beato porco!" — —

Endlich traf Gluck Zurüstungen zur Reise nach Wien. Mannlich wurde eingeladen, ihm dahin zu folgen; da er aber fortwährend kränkelte, mußte er das lockende Anerbieten ausschlagen. Jedoch begleiteten er und sein Freund Fontenet die Familie Gluck bis Mannheim.

Weil Mademoiselle Gluck ihrer schönen Stimme wegen eine treffliche Acquisition für den herzoglichen Hof gewesen wäre, waren in Zweibrücken mancherlei Anstrengungen gemacht worden, das Mädchen dort festzuhalten. Insbesondere die Gräfin Forbach interessirte sich dafür. Gluck blieb aber taub gegen diese Wünsche und gab sogar der Gräfin etwas grob zu verstehen, er finde es unbegreiflich, daß sie sich um seine Tochter so bemühe, während sie doch ihre eigenen Kinder nur bezahlten Gouverneurs und Gouvernanten überlasse. Dagegen war er, weil ihm das Leben in Zweibrücken wohl behagte, einem anderen Plane nicht abgeneigt, das Mädchen nämlich dort zu verheiraten. Bei ihr wollte er dann jährlich ein paar Monate zubringen.

Dieses Vermählungsproject bildete den Gegenstand eifriger Debatten in den beiden Postwagen während der Reise nach Mannheim. Mannlich wurde von Madame Gluck geradezu aufgefordert, um die Hand des Mädchens anzuhalten. Seiner leidenden Gesundheit halber verzichtete er jedoch auf eine Heirat, von der er sich eben so viel Ehre als Freude erwarten konnte, und lenkte die Wahl auf seinen Freund Fontenet. Madame und das Mädchen zeigten sich einverstanden und auch Fontenet erklärte sich gern bereit.

In Mannheim blieb die Gesellschaft einen Tag. Galerie, Bibliothek, Schatzkammer und Antikencabinet wurden in Eile besichtigt. Die Stadt gefiel Gluck wegen der Regelmäßigkeit ihrer Bauart und der überall herrschenden Sauberkeit. „Aber", sagte er, „wer ißt denn die vielen Brote, die hier bei den Bäckerladen ausgestellt sind? Man sieht ja fast keinen Menschen, weder auf der Straße, noch an den Fenstern!"

Die Ankunft des modernen Orpheus wurde bald ruchbar. Nach dem Diner kam eine Einladung des Kurfürsten, Gluck möge am nächsten Tage nach Schwetzingen kommen. Von dorther kamen auch die Musiker Holzbauer, Windling und Cannabich), um den berühmten Collegen zu begrüßen.

Der folgende Tag sah Papa Gluck in großer Toilette, zum ersten Mal seit der Audienz bei Ludwig XV. trug er wieder den goldgestickten Rock.

Beim rothen Ochsen in Schwetzingen, wo er mit seiner Familie abstieg, bewillkommte ihn die ganze Musikcapelle. Dann begab er sich in das Schloß.

Kurfürst Karl Theodor nahm ihn sehr gnädig und herablassend auf, denn er liebte die Künste und ehrte deßhalb auch die Künstler. Als Gluck sich verabschiedete, sagte der Kurfürst: „Ich erfuhr zufällig, daß Sie ein Liebhaber unseres Rheinweines sind. Ich nahm mir deshalb die Freiheit, ein Faß guten alten Weines Ihnen zum Geschenk zu bestimmen, das Sie in Wien in Ihrem Keller vorfinden werden!"

Holzbauer gab zu Ehren Gluck's einen großen Schmaus, dem auch Cannabich, Toeschi, Frenzel und Madame Windlich beiwohnten. Darauf wurde musizirt, und jeder der mitwirkenden Künstler that natürlich sein Bestes, um das Lob des Meisters zu ernten.

Der Theaterintendant ließ ihn benachrichtigen, daß für die heutige Oper Plätze in der ersten Bank des Parterre für ihn und seine Begleiter bestimmt wären. Der Kurfürst traf absichtlich diese Anordnung und nahm selbst Platz in der Nähe der vordersten Reihe, während der Hof sonst hinter den Parterrereihen zu sitzen pflegte; er wollte nämlich beobachten, wie die Mitglieder seines Theaters dem Gaste gefielen.

Man gab eine Oper: „L'amor vincitore." Der Kurfürst drehte sich eifrig nach Gluck um, der in bester Laune das Diner bei Holzbauer verlassen hatte. Plötzlich flüsterte Madame Gluck dem neben ihr sitzenden Männlich zu: „Rütteln Sie doch meinen Mann! Ich bitte Sie um Gottes willen!" Siehe, Gluck schlief den Schlaf des Gerechten, sein Kopf war tief auf die Brust herabgesunken. Einige sanfte Stöße weckten ihn zwar, aber der Nachbar hatte seine liebe Not, ihn während der Vorstellung wach zu halten, und das aufrichtige Urteil über die Oper lautete schließlich dahin, daß ihm das Ende am besten gefallen.

Am nächsten Tage reiste Gluck nach Wien ab, Mannlich nach Frankfurt. Das Project der Vermälung der Nichte mit dem Maler Fontenet war auch von Gluck selbst genehmigt worden, jedoch sollte die Ausführung bis zur Zusammenkunft in Paris im nächsten Jahre verschoben werden.

Mademoiselle Gluck starb aber im Laufe des nächsten Jahres, auch Herzog Christian starb, und Mannlich konnte sich, da seine Gesundheit gänzlich zerrüttet war, nicht nach Paris begeben. So wurden die ernsten und heiteren Pläne, die sich an seine Verbindung mit dem großen Componisten knüpften, vereitelt.

Gluck führte 1775 „Cithère assiegée" und im folgenden Jahre „Alceste" in Paris auf. Seit der Aufführung des „Orpheus" war nicht mehr die Rede von „Lully's" und „Rameaux's", aber die alten Gegner riefen neue Kräfte gegen ihn zu Felde. Sacchini und Piccini sollten durchführen, was ihnen selbst nicht gelungen war; lieber wollte man in ihren Kreisen italienische Siegeszeichen errichtet sehen, als dem Deutschen den Triumph gönnen. Doch Gluck eroberte Schritt vor Schritt neues Gebiet, und auch die Italienissimi mußten endlich das Feld räumen, obwohl sie niemals durch Intriguen Gluck's beeinträchtigt wurden. —

Es wäre eine interessante Aufgabe, die Geschichte der Deutschen in Paris zu verfolgen und zu untersuchen, welchen Einfluß sie auf die geistige Entwicklung der beiden Nachbarvölker ausübten. Welch wechselreiche Culturbilder von Elisabeth Charlotten's Leben und Leiden am Tuilerienhof bis auf Börne's Tage!

Gluck war einer der merkwürdigsten Vertreter deutscher Art in der Seinestadt.

Seltsamer Weise scheint die idealste aller Künste wenig förderlich auf Sitten und Umgangsformen ihrer Jünger einzuwirken. Ein Vorwurf dieser Art dürfte den deutschen Componisten in Paris ebenso treffen, wie seinen Collegen Händel in London.

Dennoch ist dieser derbe, rauhe, schwerfällige Deutsche inmitten der geistreichen und regsamen Franzosen der Vertreter echter Idealität. Gluck erst bringt den prometheischen Funken in das Opernwesen, indem er diesem Kunstwerke als erstes und letztes Ziel die Wahrheit weist.

Gluck ist aber auch ein Charakter. Sein einfaches, fast kindliches Wesen zwingt trotz aller Schwächen zur Anerkennung, denn auch im heftigen Streit mit den Vertretern feindlicher Richtungen vergaß er nie die Würde der Kunst. Er suchte stets im Sinne jenes weisen Richters, den uns Nathan schildert, auf edle Art die Kraft des echten Ringes zu beweisen.

Kaiser Joseph II.

Der Wert des Mannes, dessen Charakterbild ich Ihnen entwerfen will, überhebt mich der Entschuldigung, daß die Fülle des Stoffes zur Spanne Zeit, die mir zugemessen, die Erhabenheit der Aufgabe zu meinen Kräften in einem Mißverhältniß stünden. Kaiser Joseph II. war nicht nur geistig, sondern auch sittlich bedeutend. Das aber ist der Segen wahrhafter Größe, daß ihr Geschichtschreiber nur wahr zu schildern braucht, um seinem Helden alle Herzen zu gewinnen. Die Lüge hat stets nur überredende, die Tugend immer überzeugende Kraft. Ein Bild Joseph's II., in noch so spärlichen Umrissen, wenn nur mit redlicher Hand entworfen, wird immer zu den Herzen sprechen.

„Aber was ist die Wahrheit von Joseph?" wirft mir der Zweifelsüchtige ein. „Es ist das Schicksal der Fürsten, im Leben getäuscht zu werden und nach dem Tode die Nachwelt über sich zu täuschen."

Es läßt sich leicht der Beweis führen, daß Joseph II. selbständig, von Niemandem beeinflußt, im wahren Sinne des Wortes original gewesen ist.

„Zugegeben," fällt mir der Mißvergnügte in's Wort, „doch was ist von diesem eigenartigen Charakter das Unvergängliche? Was von seinem Werke der bleibende Gewinn? Nicht nur die Menschen ändern sich, auch die Ideale wechseln und wandeln mit der Zeit."

Diesem erwidere ich: daß ich unter der redlichen Hand, von der ich im Eingang sprach, die gewissenhafte Scheidung von Zweck und Absicht verstehe. Die Kritik der Josephinischen Zielpunkte kann von zwei Forschern himmelweit verschieden lauten, über die Rechtschaffenheit und Lauterkeit der Josephinischen Absichten jedoch kann jetzt und alle Zeit nur eine Stimme sein — die Lauterkeit und Objectivität der Forscher selbst vorausgesetzt.

Ob diese Voraussetzung bei den „Historikern" Karl Ritter, Sebastian Brunner u. A., die zu dem mustergiltigen Werk Arneth's über Maria Theresia und Joseph, zu den trefflichen Schriften von Karajan, Wolf, Meynert u. A. die Contraste liefern, zutrifft, sei nicht erörtert. Mir will scheinen, daß weniger das geschichtliche Interesse als vielmehr eine bestimmte Nutzanwendung auf die Gegenwart, die auf Ton und Tendenz nicht ohne Einfluß blieb, gerade in den letzten Jahrzehnten aus clericalem Lager so auffallend zahlreiche Schriften über Joseph und seine Regierungsperiode hervorgerufen habe.

Nicht sowohl den Regenten als vielmehr den Menschen möchte ich Ihnen näher bringen. Wenn man Joseph im Verkehr mit seiner Mutter, seinen Geschwistern und Freunden belauscht, wird man den Herrscher und Reformator Joseph mit dem rechten Maße würdigen. Und diese Kenntniß des innersten Menschen läßt sich schöpfen aus der unmittelbaren Quelle, aus seinen in jüngster Zeit von Arneth und Beer veröffentlichten, sich untereinander ergänzenden und erläuternden Briefen. Sie gestatten uns das lauterste Urteil über die tief und vielseitig angelegte Natur des Fürsten, zuverlässiger noch, als die aus seiner Regierungsperiode stammenden Decrete und Gesetze und selbst als seine eigenen Cabinetsschreiben.

Von besonderem Interesse sind vor Allem die zwischen Maria Theresia und Joseph gewechselten — mit wenigen Ausnahmen französisch geschriebenen — Briefe, weil sie nicht bloß über das Verhältniß zwischen Mutter und Sohn, sondern auch zwischen Regentin und Mitregenten Aufklärung bieten. Joseph zeigt sich darin stets als gehorsamer, ehrerbietiger und wahrhaft liebender Sohn, der aber seine eigenen Empfindungen und Ansichten nicht mit den=

jenigen der Kaiserin und Mutter in vollem Einklange weiß und deßhalb aus einer gewissen bescheidenen Zurückhaltung selten heraus=
geht. Ausdrücke der Ergebenheit und des Gehorsams mehren sich nach gewöhnlichen Begriffen fast auffallend häufig; es wäre jedoch ungerecht, deßhalb auf Verstellung oder Berechnung zu schließen, — sie erklären sich einerseits aus der strengen Erziehung, die der Prinz am Hofe der Mutter genossen hatte, andrerseits dem Wunsche, aus den vielen Widersprüchen, die in Denk= und Handlungsweise von Mutter und Sohn zu Tage traten, keine dauernde Entfremdung erwachsen zu lassen. Um so offener gibt er sich in den Briefen an den Bruder Leopold und an die Schwestern, ihnen gegenüber steht er in ähnlichem Verhältniß wie die Mutter zu ihm, hier kommt sein Denken und Trachten noch ungezwungener zum Ausdruck, hier hält er mit seinen Anschauungen von Glauben und Wissen, mit seinen Ideen über das Verhältniß von Staat und Kirche nicht zurück. Vor der Mutter schüttet er sein Herz aus, vor dem Bruder offenbart er, was sein Geist ihn wünschen und hoffen ließ.

Leider besitzen wir keine Briefe Joseph's aus seiner frühesten Jugend, erst mit dem Jahre 1761 — Joseph's zwanzigstem Lebens=
jahr — beginnt der schriftliche Verkehr mit seiner Mutter. Zahl=
reicher und ausführlicher werden die Briefe während seiner Reise zur Königswahl und Krönung in Frankfurt 1764.

Im vergangenen Herbst war ihm die Gemalin, Isabella von Parma, gestorben. Er klagt sein Leid über den Verlust, ein unge=
heucheltes tiefstes Leid, der Mutter. „Ich kann Sie versichern, daß ich seit meiner Trennung von Ihnen meinen Schmerz bitterer fühle denn je. Welch ein Verlust, welch ein Unterschied für die Reise, welch grausame Rückkehr, wenn man das nicht wieder findet, was man liebt! Alle diese Vorstellungen quälen mich auf's grausamste und ich fürchte, daß der für mich so glückliche Augenblick, wenn ich wieder Ihre liebe Hand werde küssen dürfen, auch zugleich mir einen Dolch in die Brust bohren wird. Wenn es möglich ist, werde ich Stand halten, aber bürgen kann ich für mich nicht." Die Mutter schenkt ihm liebevoll Gehör, mahnt ihn aber eindringlich an die Pflichten seines Standes, eine Wiedervermälung scheint ihr uner=

läßliches Gebot. Bald fehlt es auch nicht an vertraulichen Winken, an Fingerzeigen auf diese und jene, und da der Prinz auf der Reise nach Frankreich durch Bayern kommt, weist man ihn ziemlich eindringlich auf die Schwester der Kurfürstin, Prinzessin Josepha. In den Mitteilungen, die er darüber der Kaiserin macht, paart sich Ironie mit Resignation, er lächelt unter Tränen. Da ihm die Gutmütigkeit der Prinzessin gerühmt wird: „man könne sie um den Finger wickeln," bemerkt er: sie sei also ein „Schnürl", wie es die Mutter zu drehen pflege, und da hervorgehoben wird, an Schönheit stehe sie so hoch wie hundert andere, scherzt er: „Da ich mehr als hundert Häßliche und weniger als hundert Hübsche kenne, so glaube ich, sie wird wohl von der Zahl der erstgenannten sein." Auch bei der Festtafel zu Straubing wurde auf das Heiratsproject angespielt — nicht von den Damen: ihr Gespräch drehte sich, wie Joseph erzählt, ausschließlich um Dampfnudeln. Ein bayrischer Cavalier warf die Aeußerung hin, daß er sich zum zweitenmale vermält habe, trotzdem er seine erste, verstorbene Frau unendlich geliebt. „Ich machte darauf nur ein ernstes Gesicht, das ihn zum Schweigen bewog." Als der Kurfürst selbst nach Straubing zur Begrüßung des Kaisers und seines Sohnes kam, wurde über die heikle Frage kein offenes Wort gesprochen, „aber mein Herz," schreibt Joseph, „war nichtsdestoweniger damit beschäftigt, und ein Concert, das man auf dem Violon spielte, hätte mich fast aus aller Fassung gebracht; aber ich hielt tapfer aus, und nur in den Schoß einer so zart empfindenden und mitfühlenden Mutter, der ich so viel Mitleid einflöße, wage ich mein Herz auszuschütten, das, wenn auch betäubt durch hundert verschiedenartige Eindrücke, dennoch seinen grausamen Verlust nicht vergessen kann." In Frankfurt angekommen, entwirft er scharf gezeichnete und nicht gerade schmeichelhafte Bilder von den Würdenträgern und Damen, die er kennen lernen muß. Den Erzbischof Emerich Joseph von Mainz, der „viel spricht und trotz seiner Kupfernase ein gar verständiger Herr ist, denn er trinkt zehn Flaschen Rheinwein, ohne daß ihm der Kopf schwirrt," den Herzog von Ossuna, „der immer spricht, ohne daß man versteht, was er sagt," die Marquise von

Craon, „die immer ihre kleinen Kinder mit sich führt, die sich mit echt französischer Beweglichkeit umherwirbeln," den Erzbischof von Trier, der ganz im Gegensatz ein „gar trauriger und mürrischer Herr von wenig Worten ist," den Prälaten von Salmansweiler, „dem die Perücke immer schief steht, was ihm ein unsäglich komisches Ansehen gibt" — alle diese Leute übersieht der aufgeweckte Prinz, ohne Mühe an ihrem schalen Treiben sich ergötzend. Denn sie alle scheinen ihm eigentlich nur zusammengekommen zu sein, um sich durch spitzfindigen Etiquetten-Hader zu quälen. „Für mich, der ich mich schön bei Seite halte, wenn der Streit anfängt hitzig zu werden, ist das eine wahre Comödie, und wenn sie kommen, um mir ihr Leid zu klagen, sage ich, schon ehe sie den Mund öffnen, daß sie vollkommen Recht haben."

Die leidige „Madame Etiquette" ist ihm eben so unbequem, wie der Schwester in Versailles. „Man geht hier nicht aus, obwohl es die hübschesten Promenaden gibt, nicht einmal in den Garten. . . . Ich werde Frankfurt verlassen, ohne es gesehen zu haben." Da er weiß, daß die Frau Mutter gern davon hört, erzählt er ausführlich von den Damen, die er in Gesellschaft getroffen, schildert ihre Toiletten, ihre Gespräche, ihre Vorzüge und Mängel, er wirft sich absichtlich hie und da, wie er sagt, in den Strudel und ist gegen die Schönen zuvorkommend und galant — aber mitten im scherzhaften und spöttischen Geplauder entsteigt ihm wieder ein Seufzer aus tiefster Brust. „Meine Lage, theuerste Mutter, ist wahrhaft grausam. Während mein Herz von Gram zerfleischt ist, muß ich mir doch den Anschein geben, als sei ich entzückt davon, zu einer Würde zu gelangen, von der ich nur schwere Lasten, aber keine Annehmlichkeit erwarte. Ich, der ich die Einsamkeit liebe und mich Niemand gern anvertraue, den ich nicht gründlich kenne, ich muß mich immer in der Welt bewegen und mit jedem Fremden Gespräche führen. Ich, der ein Mann von wenig Worten, muß schwatzen den ganzen Tag und hübsche Nichtigkeiten im Munde führen. Ich kann Sie versichern, daß mir der Kopf schwirrt, wenn ich zu mir selbst komme, — aber um ihr Wohlgefallen zu verdienen, gibt es nichts Schweres für mich — es muß gehen!"

Am 27. März fällt einstimmig die Königswahl auf Joseph, aber auch dieses Ereigniß ist für ihn ein Erfolg, kein Ersatz. „Das Mitgefühl, dessen Sie mich versichern, mit einem Sohn, der unglücklich ist und seinen Schmerz vor Ihnen ausschüttet, ist der einzige Trost, der mir bleibt; es wird lange Zeit brauchen, bis diese blutige Wunde vernarbt, aber Ihre Ehrfurcht heischenden Befehle werden bewirken, daß Joseph Alles thut, wenn auch mit äußerster Kraftanstrengung."

Am 29. März ist feierliche Auffahrt des kaiserlichen Vaters und des jungen Königs. „Ich wünsche mehr, als daß ich hoffe, daß der Einzug ohne Eclat ablaufe." Denn Verwirrung herrscht allerorten, die nötigen Vorbereitungen sind nicht beendet, die brennenden Etiquette-Fragen nicht gelöst. „Man sagt, daß beim Einzug ein Berg zu passiren ist, wo man das Rad sperren muß, — das kann herrlich werden mit einem Wagen, der sieben Spiegelfenster hat." „Was mich betrifft, so lasse ich Sie, liebe Mutter, meinen Seelenzustand beurteilen; was den Körper betrifft, so ist er auf's Aeußerste eingeschnürt durch das große, gestickte Wiener Costüm, das ich am Tage meiner Hochzeit trug. Da ich unglücklicher Weise seit einigen Monaten immer einfache Röcke trug, fühle ich mich durch diese Last noch mehr gedrückt; aber ich werde mein Bestes thun, um mich gerade zu halten, freundlich zu erscheinen und nicht in die Knie zu sinken wie ein Postgaul, womit mich Eure Majestät hie und da zu vergleichen geruhten." „Gott sei Dank", schreibt er um 6 Uhr Abends, „der Einzug ist vorüber und, wie die Leute allgemein sagen, war es eine rechte Pracht."

Doch die gedrückte Herzensstimmung verhindert ihn eben so wenig, wie der Festtaumel, die Zukunft und ihre staatsmännischen Aufgaben fest in's Auge zu fassen. Als die bevorstehende Ankunft des Prinzen Karl August von Zweibrücken gemeldet wird, schreibt er: „Ich werde ihn aufmerksam beobachten, denn wir werden Zeitgenossen sein, und wenn er ein Mann von Kopf, wird er eines Tages eine große Rolle in Deutschland spielen, an Landbesitz wird er ja so mächtig sein, wie der König von Preußen, — doch ich hoffe, daß er nicht seinen Geist haben wird".

Obwol er gegenüber der Mutter, deren Treue und Glauben an die Tradition ihm ehrwürdig waren, nicht ganz offen Farbe bekennt, kann man doch zwischen den Zeilen lesen, daß sein Respect vor der Krone, die nun bald sein Haupt schmücken sollte, nicht allzu groß ist. In der classischen Schilderung der Krönungsfeier Joseph's erzählt denn auch Goethe, daß sich der junge König über die seltsame Verkleidung mit den ungeheuren Gewandstücken und den Kleinodien Karl's des Großen von Zeit zu Zeit nicht eines Lächelns erwehren konnte.

Goethe hebt dieses Lächeln als anmutigen Zug hervor, aber anders urteilt Jarcke: „Die alte glorreiche Krone, das alte priester= liche (?), ernste Herrschergewand war dem Sohne der neuen Zeit zu weit und zu schwer, er wußte es nicht mit Ernst und Majestät zu tragen, es fehlte ihm der wahre Sinn für die Hoheit und Würde seiner Stellung!"

Ich brauche wohl kaum zu bemerken, daß ich mich zu Goethe's, nicht zu Herrn Jarcke's Auffassung bekenne. Die symbolische Bedeu= tung jener Frankfurter Schauspiele sei zugegeben — das römische Kaiserthum selbst aber war verblaßt und veraltet wie der Kaiser= Ornat. Diese Thatsache verhehlte sich der junge König eben so wenig, wie die Unmöglichkeit, das theokratische Element mit der Kaiserwürde auf's Neue zu verbinden. Er sah die Gefahr auf dem Wege der Ottonen und Staufer und beschied sich mit einem weniger roman= tischen, aber gleich würdigen Ziel: der Schöpfung eines jugendlich kräftigen Oesterreich.

Es wäre irrig, wollte man aus jenem in Joseph's Briefen hervortretenden Hang zu Schwermut und Selbstqual auf einen weichen, nachgiebigen Charakter schließen. Joseph war stolz und eigenwillig und durch Widerstand, den er für unberechtigt hielt, schnell und tief verletzt.

Seine Liebe zum Bruder leuchtet aus allen Briefen hervor, den= noch vergißt Joseph nie, daß er der ältere, der Thronfolger ist. Ueber das väterliche Erbe kam es fast zu ernstem Zwist. Da Leopold in entschiedenen, aber durchaus verbindlichen Worten an seiner Rechts= überzeugung festhielt, klagte Joseph der Mutter, daß des Bruders

Ausdrucksweise so ungebührlich wie sein Betragen sei. Maria Theresia teilt diese Ansicht nicht und gibt dem Grollenden in ungeschminkter Weise zu verstehen, daß er im Unrecht sei. „Einem jungen Fürsten, der ein wenig eitel geworden ist durch den an ihn verschwendeten Weihrauch, der ohnehin dazu Anlage hat, ist eben alles anstößig, auch das geringfügigste, was ihm im Wege steht oder Widerstand leistet".

Fast grausame Härte gibt sich kund, wenn Joseph von seiner zweiten Gemahlin spricht — eben jener Josepha von Bayern, die er der Staatsraison zu Liebe, wie seine Mutter verlangte, zum Altar führte. Es war eine unselige Verbindung. „Sie werden verzeihen", schreibt er einmal an Maria Theresia, „wenn ich gar nicht an meine Gemahlin schreibe; aber über Wind und Wetter allein läßt sich eine Briefseite nicht füllen; wenn ich einmal Stoff finde, werde ich schreiben". Einige Tage später legt er zwar einen Brief an Josepha bei, sieht sich aber vor der Mutter zur Entschuldigung genötigt: „Ich würde lieber und leichter an den Großmogul schreiben, denn sie begnügt sich nicht mit Gefühlen der Achtung und hat mir deßhalb schon Vorwürfe gemacht. Urteilen Sie, liebe Mutter, was kann ich ihr schreiben, woher, zum Teufel, soll ich andere Gefühle fischen!" Die arme Fürstin starb schon am 28. Mai 1767, ohne ihrem Gemahl einen Erben zu hinterlassen.

Auch das Verhältniß zwischen Mutter und Sohn blieb nicht ungetrübt. Die treue Liebe der Einen, die Ehrfurcht des Anderen konnten nicht die Widersprüche in der Denk- und Empfindungsweise der Beiden ausgleichen. Der Historiker findet zwischen der alten und der neuen Zeit tausendfältige Vermittlungen und sachte Uebergänge; zwischen den lebenden Generationen der einen und der anderen gähnt eine Kluft.

Nach dem Tode des Gatten (1765) ernannte Maria Theresia, der Regierung und der Welt müde, ihren Erstgeborenen zum Mitregenten. Aus einem Briefe an den Bruder erhellt, mit welcher Lust und mit welchem Eifer Joseph die neue Aufgabe erfaßte. „Ich bin überhäuft mit Geschäften und Audienzen. Um halb 8 Uhr stehe ich auf, gehe zur Messe, um 8 Uhr setze ich mich an den Tisch und erledige mit meinem neuen Secretär Röder die Referate und sonstigen Geschäfte. Ich bin mit Röder zufrieden, er ist ganz der Mann, wie ich ihn brauche, denn er sagt mir rund heraus die Wahrheit und nennt jedes Ding bei seinem Namen!" Um 10 Uhr kommen die Cassiere, um 11 Uhr die Minister, um halb 1 Uhr geht er zur Kaiserin, um 1 Uhr kommt Kaunitz — erst am Abend gönnt er sich einen Spaziergang oder ein Plauderstündchen.

Dieser Eifer zwar — Ranke nennt deshalb Joseph einen „gebornen Bureaukraten" - mochte der Kaiserin wohl erwünscht sein, aber mit Tendenz und Zielen seiner Regierungstätigkeit konnte sie sich um so weniger befreunden.

Joseph war, wenn er auch nicht die letzten Consequenzen zog, ein Schüler der Encyclopädisten, wie Friedrich der Große, aber weit entschiedener denn dieser suchte er die philosophischen Lehren als Regent zu verwerten. Er lebte der Ueberzeugung, daß dem patriarchalischen, dem confessionell streng umschriebenen Regiment ein Ende gemacht werden müsse, daß das Staatswesen der Ferdinande keine frischen Säfte mehr treibe, daß die neue Zeit auch ein neues Regierungssystem verlange. Während die Mutter in engster Verbindung von Staat und Kirche das Heil ihrer Unterthanen erblickte, wollte er dieses Band für immer gelöst.

Der Mutter gegenüber führt er zwar in diesen Fragen eine vorsichtige Sprache, dennoch klingt sie ihr so ungewohnt, daß ernste Furcht die fromm ergebene Dienerin der Kirche erfaßt. Nicht minder beunruhigt sie die Neigung ihres Sohnes, nur auf seine eigene Ueberzeugung, nicht auf fremde Ratschläge zu achten. Bestrebt, so weit es möglich, alles selbst kennen zu lernen und auszuführen, hegt er vom Wissen und guten Willen der alten Räte seiner Mutter — Kaunitz ausgenommen — keine besonders hohe Meinung, scheut er sich nicht, ihre Ansichten „altertümlich" zu nennen, trägt seine geistige Ueberlegenheit vielleicht etwas zu selbstbewußt zur Schau. Die Kaiserin hält ihm deßhalb eine eindringliche Strafpredigt. „Ich fürchte, du wirst niemals Freunde finden, du wirst nie Jemand haben, der dem Joseph, auf dessen Rechnung du so viel bürdest, vom Herzen ergeben ist; denn nicht vom Kaiser, nicht vom Mitregenten gehen so ironische, boshafte, häßliche Worte aus, sie kommen aus dem Herzen Joseph's — und das ist's, was mich beunruhigt, was einst das Unglück deiner Tage sein wird und das Unglück der Monarchie, von uns allen nach sich ziehen wird. . . . Wie hervorragend auch deine Talente sein mögen, es ist unmöglich, daß du all die Erfahrung hast, Vergangenheit und Gegenwart kennst, um Alles allein thun zu können. . . . Du prahlst immer nur mit „esprit," du läufst ihm nach, wo du ihn zu finden glaubst, ohne weitere Ueberlegung. Ein witziges Wort, eine gewählte Redensart, das fesselt dich ganz und gar, mag es nun zu lesen oder zu hören sein; du wendest es dann bei der nächsten besten Gelegenheit an, ohne genügend zu überlegen, ob es hier passe, ungefähr so wie es Elisabeth mit ihrer Schönheit macht, die ohneweiters zufrieden ist, wenn sie gefällt, mag es nun ein Prinz oder ein Thürhüter sein. . . ." So fährt sie fort, ihre Sorge auszuschütten, und die Vorwürfe, womit sie den Sohn überhäuft, würden uns peinlich berühren, wenn nicht am Schlusse des Briefes das Mutterherz sich wieder so ganz und überwältigend offenbarte. „Und nun zum Schluß nehme ich dich beim Kopf und küsse dich zärtlich und wünsche, du mögest mir verzeihen, daß ich dich mit so schlimmen Worten gelangweilt habe, und du wirst verzeihen, wenn du bedenkst, was sie hervorrief — ich wünsche ja nichts anderes als dich geschätzt und geliebt zu sehen, wie du es verdienst, von aller Welt, und daß du glaubst, daß ich für alle Zeit deine gute alte treue Maman".

Da war kein Widerstreben möglich, der Sohn gab auf, was den Unwillen der Mutter erregt hatte und küßte in kindlicher Ehrfurcht ihre Hände.

Maria Theresia aber, einmal erschreckt, ließ dem Mitregenten nicht mehr so uneingeschränkt freie Hand. Dieser erklärte endlich gereizt: er könne die Entschließungen der Kaiserin nur noch mit einem Beisatz unterzeichnen, der der Welt klar mache, daß er nur unter dem „nichtigen Titel" eines Mitregenten an solchen seinen Gesinnungen widersprechenden Regierungshandlungen Theil habe. Unwillig erwidert die Mutter: „Daß du gut reden und schreiben kannst, das weiß ich, ich hoffe sogar noch, daß dein Herz dabei mitfühlt, aber dein Eigensinn und deine Vorurteile werden dein Unglück sein, wie sie es thatsächlich für mich schon sind." Und wieder gibt Joseph, nicht sowohl durch die Mutter überzeugt, als vom eigenen Herzen überredet, nach.

Sein Einfluß auf die Regierungsgeschäfte blieb beschränkt, so lange Maria Theresia lebte, nur im Militärwesen konnte er etwas selbständiger schalten. Er trachtete, die Armee nach preußischem Muster zu reorganisiren, denn wenn er auch die seinem Hause durch den König von Preußen zugefügte Demütigung eben so schmerzlich empfand wie seine Mutter, ließ er sich doch dadurch die innere Gerechtigkeit nicht verkümmern und zollte dem großen Kriegsmeister und Regenten die verdiente Bewunderung.

Und erstrebten sie nicht Beide das Gleiche? Ein völlig centralisirtes Staatswesen zu schaffen, dessen Oberhaupt mit voller Freiheit sich bewege, aber in Förderung des Gemeinwohls seine erste und ernsteste Pflicht erkenne.

Da lag der Wunsch nahe, das Vorbild näher kennen zu lernen, und als im Sommer 1769 überdies Staatsklugheit heischte, die Ansichten des Königs über die Weltlage zu erforschen, erbat sich Joseph von Friedrich eine Zusammenkunft. Dieser Besuch in Neisse ist eine der denkwürdigsten Episoden des achtzehnten Jahrhunderts. Welch ein Fürstenpaar: der wettererprobte alte König, der seinen kleinen Staat zur europäischen Großmacht umgeschaffen, und der bewundernd zu ihm aufblickende junge Herrscher, der eine nicht minder durchgreifende Regeneration seines Staates plante! Joseph betonte wiederholt: man habe in Oesterreich endgiltig auf Schlesien verzichtet. Friedrich lächelte dazu. Beide Fürsten tauschten ihre Ansichten über Aufgaben und Pflichten und Rechte der Regenten, über Religion und Literatur, über Politik und Heerwesen aus — freilich wollte Keiner dabei den Anderen im innersten Herzen lesen lassen. „Er ist ein Genie", schrieb Joseph an die Mutter, „ein Mann, der bewundernswert spricht, aber bei jedem Worte fühlt man doch heraus, daß er falsch ist". Das äußere Ergebniß der Zusammenkunft war jedoch eine freundschaftliche Annäherung beider Fürsten und das Versprechen, in den Europa damals bewegenden Fragen Hand in Hand gehen zu wollen.

Mag man nun an die Aufrichtigkeit der Versicherungen Joseph's glauben oder nicht, jedenfalls konnte er sich nicht verhehlen, daß für den Augenblick an den Wiedergewinn Schlesiens nicht zu denken sei.

Um so eifriger beschäftigte er sich mit einer Aufgabe, deren glückliche Lösung jenen Verlust reichlich aufwog, mit der Erwerbung bayerischen Landes. Nie war die Gelegenheit dazu günstiger gewesen; schien doch der Eintausch des ganzen Kurfürstenthums gegen die Niederlande kein unmöglicher Ausgang! Nicht bloß Landgewinn hatte er dabei im Auge: Joseph schätzte das deutsche Element als das pulsirende Blut im österreichischen Staatskörper, der Erwerb jener rein deutschen Gaue war für seine Monarchie ein Zuwachs an Lebenskraft, für seine Culturpläne eine Bürgschaft des Gelingens.

Nicht unbillig tadelt Arneth die Historiker, die über Joseph's Absichten auf Bayern zetern, während sie über andere Annectirungspläne nicht so streng zu Gericht sitzen. Doch rechtfertigen läßt sich Joseph's Verfahren schon aus dem einen Grunde nicht, weil er nicht allein österreichischer Regent, sondern auch deutscher Kaiser war. Indem er die Herzoge von Zweibrücken, also deutsche Reichsfürsten, in ihren Rechten schädigte, verletzte er seine Kaiserpflicht, gab er selbst seinem Rivalen Gelegenheit, den Fehderuf: „Schutz der germanischen Freiheit!" zu erheben.

Daß Preußen die Stunde nützte und sich zum Protector der gefährdeten Reichsfürsten aufwarf, reizte Joseph zur Entschiedenheit. Nun drängte er zur Waffen-Entscheidung trotz aller Einwendungen und Mahnungen der Kaiserin. Als endlich die Heere wieder wie im siebenjährigen Krieg in Böhmen einander gegenüber standen, zeigte sich freilich aus der Langsamkeit der taktischen Bewegungen, wie aus der Neigung zu immer neuen diplomatischen Verhandlungen, daß einerseits Friedrich ungern den erworbenen Kriegsruhm auf's Spiel setzte, andrerseits Joseph nicht der schlagfertige, selbstbewußte Heerführer war wie König Fritz, da er auszog, Schlesien zu erobern. „Des Tages", schreibt er aus dem Lager bei Ertina an Maria Theresia, „gönnen mir die Fliegen keine Ruhe und Abends quälen mich die Sorgen um unsere Zukunft. Unsere Lage ist höchst kritisch. Der Feind ist überall stärker als wir und dabei sehr geschickt und kühn, wir werden viel Not haben. Aber wenn wir uns hier nicht halten, müssen wir uns wieder entschließen, dem Könige Böhmen preiszugeben. Nur ein günstiger Augenblick, ein wenig göttliche Gnade könnten allen Uebelständen abhelfen". Das ist nicht die Sprache eines Feldherrn, der den Erfolg an seine Fahnen kettet. Noch düsterer war die Stimmung der Kaiserin, die Sorge um das Leben ihres Sohnes war noch stärker als ihr Stolz, und da sich das kriegerische Vorspiel in die Länge zog, schrieb sie ohne Wissen ihres Mitregenten an den verhaßten Gegner, ihn ihrer Sehnsucht nach Frieden und ihrer Bereitwilligkeit zur Einigung versichernd. Dieser Schritt kränkte die Ehrliebe Joseph's auf's Empfindlichste. „Ich bin in die schrecklichste Lage versetzt", grollt er, „unmöglich kann der König, durch das Vorgehen Eurer Majestät aufgeblasen, andere Bedingungen stellen als lächerliche; die Ehre der Monarchie und meine eigene sind preisgegeben, und will ich beide retten, so bin ich in die traurige Notwendigkeit versetzt, die Welt von der Verschiedenheit unserer Ansichten in Kenntniß zu setzen und von der persönlichen Schwäche Eurer Majestät Zeugniß zu geben". Was aber Joseph vom Fortgang des Feldzugs zu berichten hatte, war nicht geeignet, das Vertrauen der Kaiserin zu stärken. Nach dem fluchtartigen Rückzug Laudon's, des eigentlichen Führers der Armee, läßt Joseph selbst Mut und Hoffnung sinken. „Eines schönen Tages werden wir hinter der Elbe stehen, wenn nicht vorher Friede wird, was, wenn es geschehen sollte, je früher, desto besser käme". Und die Kaiserin betrieb denn auch mit jugendlichem Eifer die Friedens= verhandlungen. Wenn dieser Eifer Schwäche sei, nehme sie die Ver= antwortung getrost auf ihr graues Haupt, das zu nichts Anderem mehr nütze. Indem das Wiener Cabinet sich im voraus mit dem Anfall der fränkischen Markgrafschaften an Preußen einverstanden erklärte, gewann es günstige Friedensbedingungen, die nächstliegenden Marken Bayern's wurden mit Oesterreich vereinigt.

Nichtsdestoweniger empfand Joseph als schwere Demütigung, daß ihn die Mutter in der bayerischen Frage zum Nachgeben genötigt hatte, und immer wieder begab er sich auf Reisen, um nicht, wie er an Marie Antoinette schrieb, in Wien als fünftes Rad am Wagen figuriren zu müssen.

Der Wunsch nach dem Alleinbesitz der Krone, der Joseph in solchen Stunden des Unmuts beschleichen mochte, ging am 29. November 1780 in Erfüllung, aber um einen Preis, den er selber niemals zugestanden hätte: Maria Theresia wurde in der Kaisergruft bei den Capucinern mit ihrem treu geliebten Gatten vereinigt.

Friedrich II. hatte prophezeit, daß mit dem neuen Regenten in Oesterreich eine neue Ordnung der Dinge beginnen werde, und so traf es ein.

Mit dem Umsturz der alten Hofordnung wurde begonnen. Da gab es nicht mehr die spanische Manteltracht bei ceremonienreichen Galafesten, da gab es nicht mehr die „ehrwürdige" altspanische Etiquette, — im schlichten Militärrock trat dieser Regent vor die Würdenträger des Staates und der Kirche.

Aber nicht wie des Prunks gedachte der Kaiser auch der Gewalt sich zu begeben. Was er in der Jugendzeit einst als „Träumereien" aufgezeichnet hatte, beschloß er jetzt zu verwirklichen. Der Staat sollte fürder in Wahrheit nur ein Haupt haben — der Staat, denn alle die bisher nur so locker mit einander verbundenen, so verschiedenartigen Landestheile Oesterreichs sollten fortan ein festgeschlossenes einheitliches Ganzes bilden.

Uebrigens war diese Idee doch ein Erbe der Mutter, auch sie hatte schon an der Einigung der verschiedenen Nationalitäten unter einem gemeinsamen Staatszweck gearbeitet, nur suchte Joseph mit ungleich feurigerem Eifer aus der Vereinzelung Einheit, aus der Verschiedenheit Gleichheit, aus der Verwirrung Ordnung zu schaffen. Eine absolute, aber aufgeklärte Regierung war sein Staatsideal.

Gewisse Namen haben bösen Klang. Der Absolutismus eines Joseph war aber keine asiatische Despotie, ihm diente die Gewalt nur höheren sittlichen und patriotischen Zwecken, dem Gemeinwohl, der res publica. Das gesammte Volk zur Wahrheit, zur inneren und äußeren Tüchtigkeit, mit einem Worte, zur echten Männlichkeit zu erziehen, hielt Joseph für seinen Beruf, und kein Fürst hat je die rühmlichste Art der Regierung, durch das Beispiel zu wirken, so erfaßt und festgehalten wie er. „Die Sitten der Fürsten," sagt Montesquieu, „tragen eben so viel zur Freiheit bei als die Gesetze".

Von früh bis spät war sein Denken und Thun auf Beförderung des Staatswohls gerichtet; er war eben so unermüdlich, Verfügungen zu treffen und Instructionen zu erteilen, wie die Ausführung des Angeordneten zu leiten und zu überwachen. Er widmete sich mit gleicher Gewissenhaftigkeit dem scheinbar Unbedeutenden, wie dem entschieden Wichtigen; niemals aber erlag er der Gefahr der Fürsten, über dem Detail das große Ganze zu vergessen. Wie Khevenhüller in seinen interessanten Memoiren sagt, war Joseph unerbittlich gegen sich selbst und verlangte deshalb als Gegenleistung Pflichterfüllung und unbedingte Obedienz von den Anderen. Fremden erschien er hart und stolz, doch überzeugte sich, wer ihm näher trat, bald, daß Milde der Grundzug seines Charakters, idealer Schwung Eigenart seines Geistes sei.

In dieser ernsten Auffassung seines Regentenberufes wurzelte sein Widerwille, den kirchlichen Interessen den Vorrang über die staatlichen einzuräumen.

Die in Oesterreich unerhörte Thatsache, daß ein Regent in diesem Sinne neue, seine eigenen Wege ging, hat Joseph's Regierung mehr als alle anderen Neuerungen den Tadel eingetragen: sie sei revolutionär im Princip, willkürlich in der Handhabung gewesen. Wenn auch objectiv urteilende Historiker diesem Tadel sich anschlossen, so vergaßen sie, mit welchem Schutt aufgeräumt werden mußte, um für ein Staatsgebäude in unserem Sinne Platz zu schaffen. Joseph konnte mit Vergil's Dido sagen: „Res dura et regni novitas me talia cogunt moliri...."

Es kann hier nicht auf eine Schilderung der geistigen, oder vielmehr der geistlichen Zustände in Oesterreich vor Joseph eingegangen werden; es genüge, um den herrschenden Druck zu charakterisiren, auf das Patent vom 12. Juli 1752 zu verweisen, das den Unterthanen befahl, alle geistlichen oder philosophischen Bücher, die sie besäßen oder erwerben wollten, ihren Seelsorgern vorzulegen. Diese sollten sie prüfen, die verdächtigen an sich nehmen, die un=

gefährlichen aber, mit Unterschrift und Siegel versehen, zurückstellen; für jedes ohne Legitimation eines Geistlichen befundene Buch mußte der Besitzer drei Gulden Strafe zahlen, wovon der dritte Teil dem Angeber zufiel. Sogar die Buchbinder nahm man 1759 in Pflicht, die ihnen zum Einbinden anvertrauten Bücher den Seel=sorgern zur Prüfung vorzulegen. Nicht weniger als 60,000 Ordens=leute bildeten einen mächtigen Staat im lockeren Staatsgefüge.

Ihren Einfluß zu brechen, erkannte Joseph als Notwendigkeit, und er trug nicht Scheu, das Erkannte zu bekennen.

Joseph konnte in seinem Kampfe auf zahlreiche und bedeutende Bundesgenossen zählen, und zwar im Clerus selbst! Namentlich unter dem höheren Clerus erkannten viele die guten Absichten des Monarchen und ihre Berechtigung.

Aus der Correspondenz zwischen Joseph und dem Fürsten Kaunitz geht hervor, daß dieser, obwohl sein Rat in Fragen der großen Politik oft den Ausschlag gab, auf die innere Regierungs=tätigkeit geringen Einfluß ausübte; höchstens suchte er hie und da das Tempo der Reform etwas zu mäßigen.

Denn in rascher Reihenfolge erschienen nun alle jene Patente und Signate, welche Einschränkung der Verbindung des Clerus mit Rom, Feststellung der fürstlichen Prärogative in kirchenpolizei=lichen Fragen, Reform der geistlichen Bildungsanstalten, Abstellung der mit Gottes= und Kirchendienst verbundenen Mißbräuche und Verminderung der Klöster bezweckten. Die wichtigste That war das Toleranz=Patent, das die bürgerliche Gleichstellung der Akatholiken mit den Katholiken aussprach. Damit trat Oesterreich in die Reihe jener Staaten ein, in denen der Wert des Bürgers nach seiner Pflicht=erfüllung gegen den Staat, nicht nach seinem Glauben bemessen wird. „Toleranz", schrieb Joseph an van Swieten, „ist ein redender Beweis von den Fortschritten des menschlichen Geistes, der durch die Macht des Aberglaubens sich kühn einen Weg gebahnt, den Jahrtausende früher die Zoroaster und Confutse gewandelt, und der zum Glück für die Menschheit zur Heerstraße der Monarchen geworden ist". Sein Bruder Leopold, der später als Regent andere Bahnen einschlug, stimmte damals den Plänen Joseph's begeistert bei: „Die Religion wird dir verdanken, daß du Europa aufgeklärt und den wahren Gottesdienst von Aberglauben und Mißbräuchen gereinigt haſt, die ſich darin eingeniſtet hatten und von Vielen beklagt wurden, ohne daß ſie wie du den Muth beſaßen, ſie Stirn an Stirn und an der Wurzel des Uebels anzugreifen".

Natürlich mußte der Verſuch, das hierarchiſche Inſtitut in Abhängigkeit vom Landesfürſtenthum zu bringen und der Gewiſſensfreiheit aller Bürger Duldung und Achtung zu ſichern, bei Allen auf Widerſtand ſtoßen, die aus Geſinnungstreue oder Egoismus an den ehrwürdigen alten Inſtitutionen hingen. Es bildete ſich zu Wien und in ſämmtlichen Kronländern eine täglich wachſende Partei, welche gegen die „Revolution von oben" Proteſt erhob und die Auflöſung des Kaiſerſtaates durch Freimaurer und Freigeiſter nahe ſah. Zum Wortführer dieſer Partei warf ſich der Kurfürſt Clemens von Köln auf. Dem Sturm gegen die Altäre wird der Sturz der Throne folgen, rief er dem Kaiſer warnend zu. Dieſer wies die Einmiſchung ſchroff zurück, „nicht als Geſetzgeber, nicht als Moraliſt, ſondern als guter Soldat, der den ehrlichen Köhlerglauben und den geſunden Menſchenverſtand an der Hand hat".

Da verſuchte ein mächtigerer Schutzherr ſein perſönliches Anſehen zu Gunſten des bedrängten Kirchenthums geltend zu machen. Das Unerhörte wurde Ereigniß: die Welt ſah eine Papſtreiſe nach Deutſchland. Wenn wir auch nicht durch mancherlei Schriftſtücke über die Beweggründe Pius' VI. unterrichtet wären, könnte doch kein Zweifel darüber beſtehen: Pius wollte durch ſeine perſönliche Erſcheinung den kirchlichen Umſturzmann, wenn nicht zur Umkehr, ſo doch zum Halt bewegen. Joſeph's Briefe an den Bruder verrathen, wie unangenehm ihm die zugedachte Ehre oder doch die Abſicht des hohen Beſuches war. „Die Abreiſe des Papſtes," ſchreibt er, „iſt fürwahr ein unbeſonnener Streich, der ſich nicht anders rechtfertigen und begreifen läßt, als durch jene ihn beherrſchende myſteriöſe Sehnſucht, als Retter der Rechte der Kirche zu erſcheinen, während man ihr doch durchaus kein Leid zufügt. Wie ungewöhnlich auch hier ſeine Ankunft berühren mag, und wie wenig man ſich auf das vorbereiten kann, was er hier vorſchlagen, thun und

verhandeln wird, — er wird in mir, so hoffe ich, einen ehrfurchts=
vollen Sohn der Kirche, einen gegen seinen Gast höflichen Wirt,
endlich einen guten Katholiken in der vollen Ausdehnung des Wortes,
zugleich aber einen Mann finden, der erhaben ist über Phrasen
und etwaige tragische Scenen, mit denen man ihn zu ködern
gedächte, fest, sicher, unerschütterlich in seinen Grundsätzen und ohne
jegliche andere Rücksicht nur das Wohl des Staates anstrebend,
worüber ihm kein Zweifel erweckt werden kann". Wie aufregend die
Kunde vom Herannahen des Papstes auf die Bevölkerung wirkte und
welch thörichte Hoffnungen sie weckte, beweist das Erscheinen einer
Flugschrift: „Was wäre zu thun, wenn der Kaiser excommunicirt
würde?" Joseph verwarf den Antrag seiner Räte auf Unterdrückung
des Pamphlets. Doch war auch er nicht frei von Sorge, daß die
unerwünschte Zusammenkunft zu ärgerlichen Demonstrationen führen
würde. „Eine Allocution des Papstes in voller Kirche", schreibt er
an Leopold, „würde eine unglaubliche Scene hervorrufen, denn ich
könnte mich nicht enthalten, ihn zu unterbrechen und ihm Still=
schweigen zu gebieten". Von seiner Entschlossenheit, die Majestäts=
rechte zu verteidigen bis zum Aeussersten, zeugt auch die Antwort
an den Wiener Magistrat, der anfragte, ob er in St. Stephan zur
Aufwartung erscheinen soll: „Der Magistrat hat mit Ihrer päpst=
lichen Heiligkeit nichts anderes gemein als alle anderen katholischen
Christen. In allen jenen Gelegenheiten, in welchen derselbe bei
St. Stephan zu erscheinen im Gebrauche hatte, hat er mit und
ohne den Papst sich dahin zu verfügen; in jenen, wo er nicht
erschienen, hat er mit und ohne den Papst auszubleiben".

Die Erscheinung des Papstes rief in Oesterreich ungeheure
Sensation wach. Wohin er kam, warfen sich die Gläubigen schaaren=
weise in den Staub. Der ganze Prunk des katholischen Cultus wurde
zur Schau getragen, und seinem bestrickenden Zauber konnte sich
das Wiener Volk am allerwenigsten entziehen. Hunderttausende
strömten täglich zusammen, um den Segen des heiligen Vaters zu
erhalten. Joseph versäumte zwar keine Gelegenheit, dem Oberhaupte
seiner Kirche die schuldige Ehrfurcht zu bezeugen, blieb aber, was
er sonst am allerwenigsten war, ceremoniös und zurückhaltend, so

lange der Kirchenfürst in den Mauern seiner Stadt weilte. In den Verhandlungen mit ihm wich er keinen Finger breit von seiner Ueberzeugung ab. „In fine finali", schreibt er an Leopold, „werden wir nicht dahin gelangen, etwas zu ändern in unserer beiderseitigen Anschauungsweise". Zwischen den Gedankenkreisen, in denen jene Beiden gesondert sich bewegten, gab es vorderhand keine Brücke: der Eine vertrat eben so unbeugsam die Autorität der Kirche, wie der Andere die Rechte des Staates. Lange Zeit gab Pius die Hoffnung nicht auf, endlich doch Zugeständnisse zu erreichen, und verschob wiederholt seine Abreise. Da wurde der Kaiser ungeduldig. „La seccatura beginnt nun stärker zu werden." Wenn schon er sich überreden durfte, daß das Herandrängen zum päpstlichen Segen nicht gerade als antikaiserliche Demonstration aufzufassen sei, fühlte er doch den Stachel und lieh seinem Mißmut in den Briefen an Leopold scharfe Worte. Der Bruder beruhigt ihn: „Obwohl diese Art von Fanatismus gewöhnlich nur unter den Unwissenden und dem niederen Volke vorherrschend ist, so gibt es doch auf allen Rangstufen der Gesellschaft Leute, welche jener Menschenclasse angehören.... Der Papst hat jetzt eigentlich das selbst besiegelt und stillschweigend gutgeheißen, was du gethan, indem er Alles sah, sich von Allem unterrichtete und doch nicht dagegen protestirte". Endlich verließ Pius Wien; der Kaiser war bis zum letzten Augenblick ebenso artig als unerschütterlich geblieben. Wenn seine Zeitgenossen in dem Umstande, daß in der nächsten Zeit nach dem päpstlichen Besuch keine neuen durchgreifenden Veränderungen auf kirchlichem Gebiete angeordnet wurden, eine Nachwirkung der Papstreise erblicken wollten, so können wir aus den Briefen Joseph's ersehen, daß sein Eifer nicht erkaltet, sein Mut nicht gebrochen war. Für Aufklärung und Bildung unermüdlich thätig, blieb er seinem Wahlspruch treu: Virtute et exemplo!

Während der Kaiser es also mit der curialistischen Partei verdarb, die Nichts unterließ, um, wie Karl Ritter sich ausdrückt, die Sintflut von sich abzuwehren, reizte er auch den Adel gegen sich, indem er Gleichstellung Aller vor dem Gesetze verlangte. Daß das Institut des Adels für eine Monarchie unumgängliches Bedürfniß und die erste Stütze des Königthums sei, konnte sich Joseph nicht verhehlen; er achtete vornehme Geburt und förderte ihr Ansehen, nur die mannigfachen Aeusserlichkeiten, die sich im Lauf der Zeit dem Wesen anhingen, schätzte er gering. Es ist bekannt, wie er der galizischen Ritterschaft zu führen gestattete „gemalte oder gestochene Greifen, Hörner oder was immer für Thiere und Viecher, wenn sie ihnen Vergnügen schaffen". Und sobald das Vorrecht des Blutes in Collision mit dem Gesetze geriet, stand er unnachsichtlich, unerbittlich zum Gesetz. Alle Vorstellungen gegen die Bestrafung eines Grafen, der wegen Banknotenfälschung zum öffentlichen Gassenkehren verurteilt worden war, wies er mit den Worten zurück: „Wollte man Lasterhaften ihrer Person wegen Vorzug einräumen und sie nicht ganz die Strafe für ihre Laster empfinden lassen, wo bliebe dann die Gerechtigkeit?"

Eben so fand er heftigen Widerstand in Ungarn. Seinem Streben, einen österreichischen Gesammtstaat zu schaffen, ward hier kein Verständniß und kein guter Wille entgegengebracht. Seine Stellung zu den Magyaren charakterisirt die Weigerung, sich in Preßburg zum König krönen zu lassen; ja, er ließ sogar die Krone des heiligen Stephan nach Wien bringen, denn wo der König, sagte er, da sei auch die Krone.

Um dem deutschen Element ein Uebergewicht zu schaffen, führte er in allen seinen Landen die deutsche Sprache als Amts- und Geschäftssprache ein. „Die deutsche Sprache", schreibt er an einen ungarischen Magnaten, „ist Universalsprache meines Reiches. . . . Ich bin Kaiser des Deutschen Reiches, demzufolge sind die übrigen Staaten, die ich besitze, Provinzen, die mit dem ganzen Staat in Vereinigung einen Körper bilden, wovon ich das Haupt bin. . . . Wäre das Königreich Ungarn die wichtigste und erste meiner Besitzungen, so würde ich die Sprache desselben zur Hauptsprache meiner Länder machen; so aber verhält es sich anders". Es läßt sich leicht begreifen, welchen Sturm von Unwillen solche Worte jenseits der Leitha entfesselten. Joseph ließ sich aber nicht aus der Fassung bringen. „Es geht nun einmal nicht ohne Streit ab", schreibt er an Leopold, „wenn den Ungarn Gutes zu Teil werden soll, aber am Ende werde ich dennoch mein Ziel erreichen".

Wie im Widerstreit der Nationalitäten, so verfocht der Kaiser das gute Recht der deutschen Sprache auch gegen die gelehrte Pedanterie seiner Zeit. „Die deutsche Sprache ist die wahre Landes= und Muttersprache, in welcher man so gut Recepte schreiben in der Medizin, als Syllogismos und Moralsätze anführen kann in der Philosophie". Ihr Studium wurde demgemäß an allen hohen und niederen Schulen als obligatorisch eingeführt.

Man fragt sich unwillkürlich: Wie stellte sich der Fürst, der so mannhaft für die vaterländische Sprache eintrat, der mit prak= tischem Blick die wahren Forderungen der Zeit erkannte, zur lite= rarischen Bewegung im Reich? Es ist bekannt, daß sich Klopstock mit der Hoffnung einer Berufung nach Wien trug, und daß in der That mit ihm Unterhandlungen angeknüpft wurden — aber sie zerschlugen sich, es mußte sich das Geschick der deutschen Literatur erfüllen: keines Mediceers Güte hat ihr gelächelt, ihr hilfreiche Hand gereicht. Welch eine Perspective eröffnet der Gedanke: wenn ein Klopstock mit seinem patriotischen Feuereifer, ein Lessing mit seinem das Jahrhundert überholenden Weitblick in Wien als Bundes= genossen Joseph's gewirkt hätten! Wie anders würde seinen Reformen der Boden geebnet, wie anders ihr Einfluß im ganzen Reiche gekräftigt und actuell geworden sein! Statt der nichtigen, seichten Aufklaricht=Poesie der Blumauer und Pezzl, welche in Wien sich breit machte, ein geistiges Streben und Schaffen, wie es einige Jahrzehnte später das kleine Weimar sah — Wien wäre nicht bloß der Sitz des veralteten Reichshofrates gewesen, sondern wäre in Wahrheit Hauptstadt und Mittelpunkt Deutschlands geworden!

Wie diese Nichtbeachtung geistiger Kraft, rächte sich, daß der Kaiser den Versuch der deutschen Kirchenfürsten, ihre Abhängigkeit von Rom zu lockern, nur schwach unterstützte. Als die Errichtung der Münchener Nuntiatur die deutschen Bischöfe in Aufregung setzte und zu trotziger Opposition gegen den römischen Stuhl vereinigte, begrüßte Leopold enthusiastisch diesen Anlaß zur Schöpfung einer deutschen Nationalkirche; er hielt die Zeit für gekommen, „für immer das eigennützige und despotische Joch des römischen Hofes abzuschütteln". Joseph dagegen blieb mißtrauisch. „Eine National=

synode", erwiderte er, „würde niemals enden, und man würde sich auf derselben mehr mit anderen Dingen, als mit geistlichen Reformen beschäftigen". Aus Furcht, daß sich eine solche Versammlung zum Gerichtshof über seine kirchlichen Neuerungen in Oesterreich constituiren werde, verzichtete er auf die Unterstützung einer nationalen Bewegung, deren Erfolg wahrscheinlich eben jenen Reformen Halt und Dauer gegeben hätte.

Denn die Hoffnung trog, daß der Widerstand der „alten Schule des Priesterstandes" schon gebrochen sei. Unruhe und Aufregung waren vielmehr im Wachsen begriffen, namentlich in Tirol, wo die geistliche Zucht am strengsten ausgebildet war, und in den Niederlanden, wo Groll über die kaiserlichen Eingriffe in Kirchensachen und Zorn über die Nichtbeachtung ständischer Privilegien in einander lohten. Die vom Kaiser bewilligte Preßfreiheit erwies sich insofern als verhängnißvoll, als sich des großmütigen Geschenkes auch die finsteren Mächte zur Gefährdung von Joseph's Werken bedienten. Häufig kam es zu ärgerlichen Scenen. Als die erste evangelische Kirche in Wien fertig stand, las man auf den Mauern einen Anschlag, der den Kaiser als ruchlosen Verführer der Braut Christi und Gotteslästerer brandmarkte. Joseph ließ das Pasquill drucken und zum Besten der protestantischen Armen öffentlich verkaufen. Was nützte es, daß er zugleich eine Erklärung erließ, er beabsichtige als gehorsamer Sohn der Kirche nicht ihre Schädigung, nur ihre Reinigung, — wer gegen religiöse Ueberzeugungen kämpft, darf nicht an kühle Ueberlegung appelliren. In den Niederlanden blieb es bald nicht bei Pamphleten und Protesten, es kam zu offenem Aufruhr und blutigem Kampf; der österreichische Statthalter mußte Brüssel räumen, die Patrioten erklärten die Unabhängigkeit des Landes.

Die Nachricht von diesen Vorgängen rief bitteren Unmut in der Brust Joseph's wach, aber zugleich den festen Entschluß, nicht zu wanken und zu weichen! Die mattherzige Verteidigung seiner Regentschaft in Belgien verurteilte er auf's schärfste: „Wer mir in solchem Ton zu sprechen wagt", schreibt er an Kaunitz über die aus Brüssel übermittelten Forderungen, „ist weder der Freund

Joseph's, noch derjenige des Kaisers! . . . Nicht auf der Bresche der Stadt Wien würde ich mich zur Unterzeichnung einer so erniedrigenden Sache verstehen!"

„Es ist wohl als der verhängnißvollste Schritt des Kaisers zu betrachten", urteilt Ranke, „daß er inmitten dieser Schwierigkeiten sich dennoch entschloß, am russisch-türkischen Kriege teilzunehmen". In zahlreichen Volkskreisen gährte es, in Ungarn sprach man offen von Auflehnung gegen die Willkür des deutschen Herrschers, in Belgien tobte der Aufstand, — in dieser Zeit ließ sich Joseph in einen gefährlichen Krieg ein, welcher dem oberflächlichen Urteil der Menge als ein Eroberungskrieg galt. Nicht die Freundschaft mit Kaiserin Katharina, wie fest und aufrichtig sie auch war, kann diesen Entschluß erklären, noch weniger bietet die Aussicht auf Gebietserweiterung ein genügendes Motiv. Wohl aber hoffte Joseph durch ein kriegerisches Unternehmen, über dessen Schwierigkeiten er sich täuschte, das Ansehen seines Staates, wie seines Regiments zu steigern und dadurch seiner inneren Politik Indemnität zu schaffen. Wieder, wie vor zehn Jahren im bayerischen Erbfolgekrieg, spielte er gewagtes Spiel, und wieder erwies sich das Vertrauen trügerisch, das er auf Kraft und Ordnung seines Heer- und Finanzwesens setzte. Die Armee war nicht genügend gerüstet, die Generale waren der Aufgabe nicht gewachsen, die Hoffnung auf ein planmäßiges und energisches Eingreifen russischer Streitkräfte schlug fehl.

Als der Feldzug eine schlimme Wendung nahm, trat Joseph selbst an die Spitze der Armee. Wie ungerecht der Tadel Derjenigen ist, welche diesen Schritt aus Joseph's Ruhmsucht und Verlangen, dem Vorbilde Friedrich auch als Feldherr gleichzukommen, erklären wollen, erhellt aus den Briefen an Leopold. Sie beweisen, daß der Kaiser selbst am Feldzuge teilnahm, weil er die Gefahr teilen wollte, die er heraufbeschworen. Er blickt düster in die Zukunft und glaubt und hofft, daß das Ende seiner Tage nahe. Nicht um sein Leben, nur um sein Volk trägt er Sorge. Ehe er sich auf den Kriegsschauplatz begibt, beschwört er Leopold, sobald er von Verwundung oder Krankheit seines kaiserlichen Bruders höre, unverzüglich in die deutsche Heimat aufzubrechen und sich ja nicht durch

Rücksichten irgendwelcher Art zurückhalten zu lassen. „An mir ist Nichts gelegen, nur mein Amt, mein Staat, mein Vaterland liegen mir am Herzen".

Doch mit Mut und Opferwillen allein gewinnt kein Feldherr günstige Erfolge. Seine Kriegführung, die mit dem Leben der Soldaten geizte, entsprach wohl seiner schönen Menschlichkeit, aber nicht der Kriegskunst. Die Unfähigkeit seiner Generale und die Unthätigkeit der Russen verschuldeten Schlappe auf Schlappe. Der Rückzug war unvermeidlich; die Barbaren, die Joseph nach Asien zu werfen sich vermessen hatte, drohten Oesterreich auf's neue, wie vor hundert Jahren, zu überfluten. Joseph war beschämt, betäubt, erschüttert. „Die Schmach, die durch die Ereignisse auf die Armee und ihre Generale fällt, empfinde ich, obwohl ich persönlich keine Schuld trage, so tief, daß es sich nicht beschreiben läßt". Der Aufenthalt in dem ungesunden Sumpflande trug nicht wenig dazu bei, seine Lebenskraft zu brechen. Nach der Flucht der Oesterreicher bei Illowa schreibt er: „Ich begreife selbst nicht, wie ich noch Widerstand zu leisten und zu leben vermag; den Schlaf habe ich vollständig verloren, ich schlummere keine halbe Stunde mehr und verbringe die Nächte in peinvollem Nachgrübeln". Gefährliche Krankheitssymptome zwangen ihn endlich, das Heer zu verlassen und heimzukehren.

Nun saß er Tag für Tag unter den Kastanien des Parkes zu Laxenburg und brütete über das Scheitern seiner alten Pläne und grübelte über neue. Die Aerzte geboten Zerstreuung und Ruhe, und die Geschwister drangen in den Kranken, dieser Mahnung Folge zu leisten. „Du kennst weder mein Amt", erwidert er der Schwester Marie Christine, „noch die Art, wie es versehen sein will; ich werde mit aller moralischen und physischen Kraft, die mir noch übrig ist, auch ferner thun, was der Dienst und das Wohl meines Vaterlandes erheischen, — um die Folgen, die für mein Leben daraus etwa entspringen könnten, kann ich mich nicht kümmern." Hie und da zuckt in seinen Briefen noch einmal ein Flämmchen von Lebensfreude und Hoffnung, aber es ist nur ein letztes Aufflackern der Kräfte.

Und wie hätten Körper und Seele Heilung finden können, da er täglich auf's Neue den Gifttrank düsterer Nachrichten schlürfen mußte!

Nicht bloß vereinzelten Entwürfen, seinem ganzen System drohte furchtbare Niederlage.

Volksaufklärung war das Ziel und Streben seiner Regierung gewesen, das Himmelslicht der Vernunft sollte alle Bürger, Arm und Reich, Hoch und Niedrig, zur Geistesfreiheit leiten, — jetzt zeigten die Dunkelmänner höhnisch auf die Flamme, die den Thron eines mächtigen, eines blutsverwandten Königs ergriff, und bewiesen — allezeit findige Dialektiker —, daß sie von derselben Leuchte Nahrung nehme! Die Revolution, die schon in Belgien den Bürger gegen Krone und Reich in Waffen gerufen hatte, richtete in Frankreich vollends ihr Drachenhaupt empor und drohte alles Bestehende zu zerbrechen.

Den Kaiser überraschten die Pariser Nachrichten nicht. Er hatte die Gefahr, die hinter dem Glanz und Prunk des französischen Hof- und Staatswesens lauerte, früher erkannt als die Bedrohten. Darum die auffallende Strenge gegen seinen Liebling Marie Antoinette, darum die eindringlichen Mahnungen, nicht nur die Pflichten ihres Standes nicht zu verletzen, sondern auch den bösen Schein zu meiden! Er sah über den bunt belebten Gärten von Marly und Trianon den Gewitterhimmel, er hatte während seines Aufenthalts in Frankreich Land und Leute gut studiert!

Nun traf das Alles ein, was er befürchtet, aber die Consequenz war grausamer als die schlimmsten Ahnungen. Joseph erkannte, daß der in Paris geführte Schlag nicht blos den König, sondern das Königthum treffen müsse. Diese Demütigung empfand er nicht minder schmerzlich als das Mißgeschick seiner Heere an der Donau und am Niederrhein. Aus all den prickelnden Scherzworten über die „Oesterreicherin" war ein Netz geknüpft worden, das sich fest und fester um das unvergleichlich schöne Haupt zusammenzog. Im Juli 1789 zürnt der Kaiser nur über die der Schwester und ihrem Gatten zugefügten Beleidigungen und äußert sich mißtrauisch über Necker, den er für ein Stück Cromwell hält, — im Oktober schon schreibt er an Leopold: „Ich zittere für die Königin!" und im Dezember muß er zornig zugestehen: „Der Pöbel von Paris ist jetzt der Zwingherr von ganz Frankreich!"

Da schien es um so dringlicher geboten, den Volkskrieg, den Anhänglichkeit an die ständische Verfassung und Widerstand gegen Joseph's kirchliche Neuerungen in Belgien angefacht hatten, mit Aufgebot all seiner Kaisermacht zu bewältigen. Nicht geringere Anstrengungen erforderte der in ganz Oesterreich unpopuläre Türkenkrieg. Die Steuerkraft des Landes mußte auf's Aeußerste angespannt werden; gerade derjenige Fürst, der ein so williges Ohr für den Notschrei der Armut hatte, war genötigt, immer neue Opfer zu fordern. Eine Volksmenge zog vor die Hofburg und schrie empor: „Wir sind bedrückt! Wir gehen zu Grunde!" Umsonst suchte der Kaiser den Aufgeregten begreiflich zu machen, daß das Wohl des Staates die Kriegssteuer erheische — für den Hunger gibt es keine Staatsraison. Die erbitterte Stimmung erhielt sich, der ehedem vergötterte Fürst sah seine besten Absichten verkannt, seine Thaten verlästert und verurteilt.

Und in den Niederlanden fiel Schlag auf Schlag, trat es immer klarer zu Tage, daß die schöne Provinz für Oesterreich verloren sei. Der Gedanke daran war für Joseph die grausamste Marter. „Du kennst", schreibt er an den Bruder, „meinen — fast muß ich sagen — Fanatismus für meinen Staat, dem ich Alles geopfert, das Bischen guten Ruf, den ich besaß, das politische Ansehen, das sich die Monarchie erworben: Alles ist dahin!"

Mit fieberhafter Angst und Aufregung verfolgte Joseph von seinem Krankenbette aus die politischen Vorgänge. Schon war kein Zweifel mehr, daß im bevorstehenden Feldzug auch Preußen mit der Volksbewegung in Ungarn, Polen, Belgien im engsten Bund auf dem Kampfplatz erscheinen werde. Und in den eigenen Landen widerstrebte Alles dem Kaiser, Adel, Clerus, Volk — da brach sein starker Sinn!

Wie einst Karl V., den verschiedenen Gang der Uhren betrachtend, die Folgerung zog, daß noch weit weniger der Menschen Sinnen und Denken unter ein Taktmaß zu bringen sei, so verzweifelte auch Joseph daran, die ungeheuren Schwierigkeiten, die sich seinem Werke entgegenthürmten, zu bemeistern. Die stolze Seele verstand sich zur Resignation, zum Widerruf!

Namentlich zwei Entschließungen aus seinen letzten Tagen gaben davon trauriges Zeugniß. Er widerrief seine Anordnungen für Ungarn und gab die Stephansfrone zurück; er genehmigte die Wiederbelebung der alten Andachtsübungen und religiösen Gebräuche. Er verzichtete also auf Durchführung der Aufgaben, die ihm zeitlebens als die wichtigsten gegolten hatten: Centralisirung seiner Erblande und Reinigung des Glaubens und der Sitte seiner Völker.

Und doch — ich kann in allem dem nicht, wie Häusser, „Mangel an Muth und Beharrlichkeit" erblicken.

Ich sehe nur die Erfüllung eines tragischen Geschickes. „Ich glaube", sagt Macchiavell im Principe, „daß derjenige Fürst glücklich sein wird, dessen Streben und Handeln mit dem Charakter der Zeit übereinstimmt, daß aber derjenige vom Unglück verfolgt sein wird, dessen Streben und Handeln sich mit den Zeitläuften in Widerspruch setzt".

Mit rührenden Worten beklagt der sterbende Kaiser seine Vereinsamung. Der kluge Ratgeber Kaunitz trug eine unüberwindliche Scheu vor Verkehr mit Kranken, weßhalb ihn Joseph selbst um Einstellung seiner Besuche bat. Elisabeth von Württemberg, die Gattin des Erzherzogs Franz, die für Joseph eine schwärmerisch kindliche Zuneigung hegte und ihn mit treuer Sorgfalt pflegte, wurde von schwerer Krankheit befallen, ihr Leben erlosch fast gleichzeitig mit demjenigen des kaiserlichen Freundes. Kein leiblicher Thronerbe, keine zärtliche Tochter stand am Sterbelager Joseph's — nur das Unglück harrte treu aus bis zur letzten Stunde. Auch jetzt trug der Kaiser nur einen einzigen Gedanken in der Seele: den Staat. Er beschwor Leopold, so rasch als möglich nach Wien zu kommen: „Ich kann nur dann ruhig sterben, wenn ich den Staat in den Händen seines Oberhauptes weiß!" Doch auch dieser Trost war ihm nicht beschieden, Leopold ließ sich durch kleinliche Bedenken abhalten, den Wunsch des Sterbenden zu erfüllen.

Am 20. Februar 1790 verschied Joseph II. „Der Dichter hat Unrecht", äußerte er in den letzten Stunden, „wenn er sagt: Du trône au cercueil le passage est terrible! Ich fühle mich ruhig, mich kränkt nur, daß ich durch so viel Lebensplage so wenig Glückliche und so viel Undankbare gemacht habe!"

Ein Menschenleben voll Größe, Ernst und Schicksal. Dieses Wort Ranke's von Colbert sei das Epitaphium, das wir dem Kaiser widmen. Die Erklärung, warum er dieses Schicksal hatte, ist nicht schwer. Wenn ein Fürst auf Erfolge hofft, sagt Macchiavelli, muß er zugleich Fuchs und Löwe sein. Vom Fuchs lernt er die Schlingen vermeiden, denen der Löwe erliegt, und als Löwe schreckt er die Wölfe zurück, die den Fuchs überwältigen. Will ein Fürst nur Löwe sein, geht er zu Grunde.

Doch Mangel an solch nützlicher Klugheit ist oft ein Zuwachs an Größe, und mit der Begründung des Ausgangs wird nicht die Bedeutung eines Schicksals erschöpft. An den Fels geschmiedet, leidet Prometheus. Der Geier gierige Schaar stürzt sich auf ihn, Einsamkeit und Finsterniß begraben ihn, — aber die Flamme, die er der Menschheit brachte, erlischt nimmermehr, von Geschlecht zu Geschlecht spendet sie Wärme und erhellt die Nacht!

Der Humorist Anton Bucher.

Es war bei einem Ausflug in die Münchener Umgebung. Der heiße Tag drohte mit einem Gewitter und schwärzlichgrau zog es über den Tannen herauf. Im Drang, den „nächsten Weg" zu meinem Ziel zu finden, war ich auf den Irrweg geraten und endlich froh, ein Dorf zu erreichen, wenn es auch einen von mir noch nie gehörten Namen trug.

Im Gasthaus waren, wie es die ländliche Sonntagsfeier erheischt, alle Räume mit johlenden „biederen Landleuten" überfüllt. Schon wollte ich mich in einen Winkel drücken, als der Ortspfarrer, der eben die Stube verließ, mich freundlich in sein Pfarrhaus lud.

Dort, in der schlicht behäbigen Studierstube, während ich die kleine Bibliothek musterte, fiel mein Blick auf ein altes, nicht übel gemaltes Miniaturporträt, das ziemlich versteckt in einer Ecke hing. Es war das Bildniß eines Pfarrherrn aus der Zopfzeit. Die Augen blickten freundlich und treuherzig, doch um die Lippen spielte ein satyrischer Zug. Wen es darstellte, erfuhr ich noch nicht, denn sichtlich vor einer Frage verlegen, zog mich mein Gastfreund an den Tisch, wo er mir den herben, aber reinen Wein kredenzte.

Kein Kopfhänger und Zelot, fand der alte Herr seinen Freimut bald. Wir sprachen von den Wahlen und den Wahlumtrieben seiner Amtsgenossen.

„Diese Vermischung von Kirchen= und Staatsinteressen", sprach er erregt, „kann nur für beide unglücklich ausfallen. Je feindseliger sich die Vertreter der Kirche gegen den Staat zeigen, desto rascher treiben sie diesen in die Arme einer Philosophie, die ihn zur offenen Intoleranz gegen alles Kirchliche drängen wird."

Heftig sprach er sich gegen die antinationale Färbung der jüngeren Theologen, die Möncherei der Weltgeistlichen und ihren jede freiere Geistesrichtung verdammenden Jesuitismus aus.

„Aber es ist Alles schon einmal dagewesen. Vor hundert Jahren gab es die nämlichen Ränke und die nämlichen Klagen. Das Porträt dort in der Ecke, das Sie vorhin mit solchem Interesse betrachteten, ist das eines Mannes, der damals wohl am wirksamsten gegen solches Eindringen des römischen Elements in unser deutsches Kirchen= wesen gearbeitet hat. Zum Dank dafür wurde er von den Oberen verlästert und verfolgt, und ich bin gezwungen, sein Bild in den dunkelsten Winkel zu hängen und seine Bücher zu verstecken. Aber ich habe sie alle, die Schriften unseres Bucher!"

Dabei holte er aus dem untersten Fach des Schrankes einige Octavbände. Da ich nicht länger verweilen konnte, warf ich nur einen flüchtigen Blick hinein, doch was ich las, überraschte und ergötzte mich in solchem Maße, daß ich mich schon in der nächsten Zeit mit diesem originellen Autor bekannt machte. Sein Name wird in der Literaturgeschichte kaum erwähnt — ein Süddeutscher wird ja gewöhnlich im Norden nicht gekannt, im Süden nicht geschätzt, — obwohl Jean Paul einmal Bucher's Witz und Beobachtungs= gabe rühmend hervorhebt.

Der Nachruhm ist das Erbe der Edlen. Es erscheint mir daher gewissermaßen als Pflicht, auf das Leben und Wirken dieses Priesters und ganzen Mannes aufmerksam zu machen.

Anton von Bucher, der Sohn eines tüchtigen Miniatur= malers, ist 1746 zu München geboren. Die Stationen seines Bildungsganges sind die humanistische Lehranstalt seiner Vaterstadt und die Hochschule zu Ingolstadt. Nach den Lehrjahren kehrte er als geweihter Priester nach München zurück. Saat und Ernte, Arbeit und Lohn scheinen in diesem curriculum vitae auf den ersten Blick sich zu decken. Denn da die akademische Jugend von Ingolstadt von Jesuiten geleitet wurde, waren Dogmatik und Exegese das wahre und einzige Tummelfeld der jugendlichen Geister. Doch auch in jene Grüfte, in denen nur der Geist eines Duns Scotus umgieng, drang schließlich ein Strahl des neuen Tages, ein Hauch der verjüngten Welt. Zeugniß unser Bucher, der aus der Jesuitenschule und in den Priesterstand die Kritik der Vernunft rettete.

Unter dem Schutze des milden und aufgeklärten Max Joseph III. entfaltete sich gerade damals jene geistige Regsamkeit im Unterrichts= und Erziehungswesen, der ein neuer Aufschwung des politischen und socialen Lebens des bayerischen Landes zu verdanken ist.

Und es war hohe Zeit. Die bayerischen Lehranstalten standen in Allem tief unter den Schulen Mittel= und Norddeutschlands. Mechanisches Lernen und todtes Wissen boten sie der Jugend. Aber die Schule des Lebens ersetzt nicht das Leben der Schule. Die großen Massen lebten in einem „endlos schwarzen, sternenlosen Lustkreis", wie die Trägen in der Hölle Dante's. In der Stadt München allein gab es über 1150 Personen geistlichen Standes, somit war der dreiunddreißigste Bewohner ein Religiose. Ein Religiose — kein Religiöser. Denn nirgendwo war der Katholicismus so ausschließlich leerer Formendienst geworden, wie hier. „Kein Land ist auf der Welt", pflegte der Bayer zu sagen, „wo die Religion so bequem und die Andacht so lustig ist, wie bei uns". Ein schlimmes Zeugniß für den Wert dieser lustigen Andacht legt aber die That= sache ab, daß Stagnation des geistigen Lebens und tiefe Entsitt= lichung des Volkes damit Hand in Hand giengen. In ganz Bayern gab es sechs Buchhandlungen, deren Absatz sich fast nur auf Erbauungs= bücher und Räubergeschichten beschränkte, und auf dergleichen Pro= ductionen beschränkte sich der Producent. Beinahe wertlos für den Fortschritt der deutschen Geistesbildung ist daher das damalige Schriftthum des katholischen Südens, zu den Schöpfern und Heroen jener großen Literaturepoche stellte Bayern nicht einen Mann. Wenn in den Nicolai'schen Briefen vom Jahre 1762 behauptet ist: „Man kann wohl sagen, daß die katholischen Provinzen in Deutsch= land, sobald von den schönen Wissenschaften die Rede ist, fast ganz auszuschließen sind", so ist dabei nicht an prahlerischen Particula= rismus des Berliners zu denken, — aufgeklärte Bayern schildern eben so düster die Verwahrlosung der Zustände ihres Vaterlandes, wo vor der Jesuiten= und Obscuranten=Herrschaft ein Aventin so hoch alle deutschen Zeitgenossen überragt hatte. Rührend erscheint mir die Klage Westenrieder's, wenn er in den Aufsätzen mit dem wunderlichen Titel: Ob wir klüger handeln als Sachsen, Preußen und Oesterreicher? zugesteht: „Werke des Nachdenkens, der Künste, der Oekonomie, mit einem Wort, Werke des Ernstes, worin ein Mann mit Männern redet, finden in Bayern keinen Absatz; was soll auch aufmuntern, sich anzustrengen, wo kein Unterschied der Köpfe? Die allgemeine Sprache lautet: Ich lerne Nichts, weil ich Nichts brauche! Ueberall Mangel an Bürgersinn, überall Theil= nahmslosigkeit an dem, was in's Große, in Zukünftige geht!"

Es bedurfte einer vollständigen Wiedergeburt des Volkes, einer innersten Wandlung. Dank den Max Joseph und Ickstadt und Braun und anderen Männern von höchstem Verdienst hat sie sich vollzogen. Mit der Erkenntniß des Zwangs kam der Wunsch nach dem Vollbesitz geistiger Freiheit; die Reform des Schulwesens war das erste Gebot, die Aufhebung des Jesuitenordens die erste befreiende That. Nicht etwa bloß Laien waren thätig, die Vor= urteile auszurotten, den pedantischen Scholasticismus zu brechen und den Forderungen der Vernunft, die ja Gott selbst in den Menschen gelegt, freie Bahn zu öffnen — es gab auch eine große Anzahl von Geistlichen, die auf Staats= und Geistesleben nicht von hierarchischer Warte herabsahen und den Zelotismus als Ersatz für geistige Rührsamkeit verachteten. In Dietl's „Vertraulichen Briefen eines Geistlichen" wird energisch auf ein werkthätiges Christenthum gedrungen und die Ausbeutung der Erscheinungen der Schwester Alacoque; als unwürdig der katholischen Kirche gebrandmarkt. In Westenrieder's „Briefen bayerischer Denkungsart" wird mutig für Aufklärung gegen falschen Religionseifer und kindischen Aberglauben gestritten. Man höre nur sein strenges Wort über die Prediger, die immer gegen Toleranz und Freiheit hetzen: „Noch rauchen die Gefilde Deutschlands von dem Bürgerblut und den Verwüstungen der Städte und Tempel. Seitdem jenes sanfte unsichtbare Reich einer anderen Welt der heftigste sichtbare Despotismus in dieser

Welt ward, machte die durch Priesterhände entweihte christliche Religion die Menschen hart, grimmig, unbarmherzig und grausam, sie trieb die Fürsten an, diese Welt in eine Hölle zu verwandeln und im Namen eines gütigen Gottes die zu martern und zu quälen, die sie lieben und bedauern sollten . . . ." Des gläubig frommen Westenrieder Ausspruch: „Unrichtige Begriffe in polemischen Glaubenssätzen sind kein Verbrechen wider den bürgerlichen Staat", bezeichnet gleichsam die Grenze zwischen dem mittelalterlichen und dem modernen Staat Bayern.

In diesen Kreis freisinniger Gelehrten trat nun auch Bucher ein. Durch Braun's Verwendung wurde er zum Director der deutschen Schulen in München ernannt, und als solcher hielt er 1772 gelegentlich einer öffentlichen Preisverteilung eine Rede über den Vorzug der öffentlichen Schulen vor dem Privatunterricht, die eine Fülle reifster pädagogischer Klugheit enthält. Zum Prediger der lateinischen Congregation ernannt, nahm er nicht Anstand, seine Ansichten freimütig auszusprechen; zum ersten Mal in München wurden von einer Kanzel herab Vorschläge zur Reinigung des katholischen Cultus laut. Während die Ultra's nur mit klotziger Grobheit die „akademischen Schöpfe und Prahlhanse", wie sich P. Gruber ausdrückte, bekämpften, stand Bucher eine feinere, wenn auch ungeschminkte Ironie zu Gebote, und seine erstaunliche Belesenheit machte ihm stets möglich, sich die schärfsten Waffen aus dem Lager der Gegner selbst zu holen. Als ihm auch trotz seiner Jugend das Rectorat des Gymnasiums übertragen worden, suchte er durch Vorschriften, die auf Neigungen und Versuchungen der Jugend gebührend Rücksicht nahmen, alles Treibhausartige aus der Anstalt zu verbannen und diese so umzugestalten, daß die Schüler wirklich für das Leben Nutzen zögen. Auch aus jener Zeit ist uns eine Rede, 1775 bei einer öffentlichen Schulprüfung gehalten, aufbewahrt, die von seinem gesunden Sinn, seiner Vorurteilslosigkeit und Unerschrockenheit ein glänzendes Zeugniß gibt. Er tadelt darin die Abneigung so vieler Eltern, ihre Kinder für den Bürgerstand zu erziehen, und die Gewohnheit, sie trotz mittelmäßiger Begabung auf die Gelehrtenschule zu schicken, noch bitterer aber die Unsitte vieler geistlicher Lehrer und Lehrerinnen, die den Unterricht mißbrauchen, um ihre Zöglinge in den geistlichen Stand zu locken. Es klingt durch die ganze Rede ein helles, frisches Lob des ehrlichen Arbeiterstandes, der sich vor dem Dünkel der halbwissenden, bevorzugten Stände durchaus nicht zu beugen brauche und helleres Licht verbreite als mancher Heiligenschein.

Diese Vermessenheit rief aber auch einen Sturm des Unwillens von Seite der Pädagogen, die sich getroffen fühlten, hervor. Der Exjesuit Gruber schrieb eine fulminante Epistel dagegen. Beide Schriften wurden dem Kurfürsten vorgelegt. Max Joseph, herzensgut und verständig, aber ein Freund des Friedens, gab seine Einwilligung zur Entfernung Bucher's von seinem Lehrerposten, entschädigte ihn jedoch durch Verleihung der einträglichen Pfarrpfründe zu Engelbrechtsmünster.

Wenn nun die Widersacher des freimütigen Gelehrten darauf gerechnet hatten, ihn durch diese Entfernung unschädlich zu machen, so hatten sie sich getäuscht. Bucher benutzte die Muße, die ihm sein Seelsorgeramt ließ, zu schriftstellerischer Arbeit und entsandte in den nächsten Jahren aus seiner weltverlornen Pfarrklause eine Reihe von Schriften, in denen er unter der Maske eines geschwätzigen Lustigmachers mit unerbittlicher Strenge das Wesen des Jesuitismus in Bayern und die durch ihn hervorgerufenen Uebelstände bloßlegte, denn die Aufhebung des Ordens hatte diesem Treiben kein Ende gemacht, mit Fug konnte Bucher auf ihn die biblischen Worte anwenden: „Er ist nicht gestorben, er schläft nur!"

Zuerst erschien: „Pangraz, die Geschichte eines Bürgersohnes". In Sterne's Manier greift der Autor noch über die Geburt seines Helden hinaus, denn der Gewissensrat der Mutter spielt eine bedeutsame Rolle in der Familie. Pangraz's Jugendgeschichte bringt ein treues Conterfei des bayerischen Schulwesens von damals bis in's kleinste Detail. Die auftretenden Personen sind nicht anziehend, aber wahr, ja heutzutage noch für manche Landstriche typisch. Lehrbücher, Belohnungen und Strafen werden einer bitteren Censur unterzogen und einzelne Schilderungen der seltsamen Bemühungen der Jugendbildner sind Meisterstücke, sowohl bezüglich der Beobachtung wie der Darstellung. „Ich schreibe keine Satyre auf die Schullehrer und Magisterchen jener Zeiten", flicht der Verfasser ein, „nein, es ist helle Wahrheit. So sahen vor vierzig Jahren die Pensa in Grundschulen aus. Erhob sich hier und da ein Kopf, der anders dachte als der allgemeine Präfectus Studiorum, Pater Schlendrianismus, so warf ihn der Pöbel mit Steinen, und es fanden sich immer auch unter sogenannten Leuten von Extraction Zeloten, fertig, zu geißeln, zu verfolgen und auch ohne Anstand mit kaltem Herzen ad majorem dei gloriam zu verbrennen aut similia". Der Bürgerssohn Pangraz wird vermocht, die Mönchskutte zu nehmen, verläßt aber das Kloster wieder und verheiratet sich. Da er bald darauf seine Frau verliert, betrachtet er dies Geschick als Strafe dafür, daß er in die sündhafte Welt zurückgekehrt, und verbannt sich in eine Klause, wo er im Geruch der Heiligkeit stirbt. Als Anhang folgt eine schnurrige Aufzählung der Wunder, die durch die Utensilien des verstorbenen Waldbruders, seine ehrwürdigen Socken, seine miraculöse Schnupftabaksdose und seinen Collecturjack bewirkt wurden. „Erstaunlicher Weise ist in der Tabakbüchse der Tabak noch vorhanden, obgleich seit dem Tode des Besitzers kein Mensch eine Prise daraus nahm, und der Collecturjack läßt sich noch auf- und abziehen und bleibt leer, wenn man nichts hineinlegt, wie eine Waidtasche, wenn der Jäger noch so oft schießt und nichts trifft, welches über allen Begriff ist".

Natürlich war nach dem Tode Max Joseph's, als unter dem Nachfolger der Exjesuit P. Frank so unheilvollen Einfluß auf die Verwaltung des Landes gewann, für Bucher erst recht keine Möglichkeit, in einen größeren Wirkungskreis zurückzutreten. Männer von freier Gesinnungsart durften nicht wagen, die Köpfe zu erheben, sondern konnten höchstens „ein Bischen die Augen von der Erde erheben, sich untereinander ansehen und über den Druck der Zeit philosophisch lächeln". Aber in seiner Zurückgezogenheit sammelte der Pfarrer zu Engelbrechtsmünster, der 1783 zum Mitglied der Münchner Akademie gewählt wurde, reiches Material zur Aufklärung über die Umtriebe jener Janitscharen des Papstthums. Als Prediger und Schulmann hatte er am besten Gelegenheit gehabt, ihre Grundsätze und Handlungsweise kennen zu lernen. In den „Jesuiten=Biographien" sind seine Erfahrungen niedergelegt. Aus der Masse von Folianten, womit ihre Gelehrsamkeit die Welt beschenkte, und aus den „Auserlesenen Gnadentröpflein" und „Miraculosen Wunderbronnen" und „Marianischen Liederbüchlein", womit sie namentlich auf die Frauenwelt einzuwirken suchten, sammelte er eine Blumenlese von Beispielen ihrer Casuistik, von Zeugnissen des Aberglaubens und der Intoleranz, wie sie in solcher Fülle wohl nie geboten wurden.

Diese Ceremonien, Weihen, Exorcismen, dieses Meditiren, Wallfahren, Psalliren und Fasten und alle diese auf die Einbildungskraft des Volkes berechneten ascetischen „Begriffe" und Bilder wurden ja nur auf Kosten der reinen Moral des Gewissens in den Vordergrund gedrängt und dienten nur zur Befestigung der Herrschaft der geistlichen Väter. Nicht gegen die Religion also, sondern gegen Mißbrauch derselben richtet sich Bucher's Eifer. Er konnte seinen zelotischen Gegnern das Wort des La Motte de Vayer entgegenrufen: „J'ai tant de religion, que je ne suis pas de la votre!" „Buße und Gebete", sagt er, „sind freilich die heiligsten Beschäftigungen des Christen. Sprach aber nicht Gott schon im Paradiese: Operare! Wirke! Handle! Sind nicht die Geschäfte des Lebens manchmal mit so vielen Bitterkeiten durchwebt, doch, ernstlich getrieben, Werke der Buße? Wozu bereiten die unzähligen Gebetsformeln, als zum betenden Mönchsleben? Und was macht der Staat mit so zahlreichen Chören von betenden Mönchen?" Bucher haßt die Ascese, die der tieferen ethischen Begründung entbehrt. Die Seelsorger sollen nicht Kopfhänger, sondern lebensfrohe und deßhalb gottgefällige Gläubige heranbilden. „Glücklich die Zeit," ruft er aus, „welche die Chorröcke an den Nagel hängen, sich durch Wissenschaft und schöne Handlungen vom geringen Pöbel unterscheiden, die Ruthe zerbrechen, ohne Hortulus animae mit Gott und Menschen sprechen lehrt und in die Fußstapfen unserer Väter zurückführt."

Diese Schriften über die Jesuiten und Congregationen wurden erst nach Bucher's Tod 1817 von Klessing herausgegeben. Ich will jedoch auf diese Thätigkeit Bucher's als Historikers nicht näher eingehen; da uns der **Humorist** Bucher beschäftigen soll, kommen besonders die von ihm selbst in den letzten zwei Jahrzehnten des vorigen Jahrhunderts veröffentlichten kleineren Schriften in Betracht.

Ich könnte allerdings mit eben so viel Berechtigung von dem „Satyriker" Bucher sprechen. Humor wurde ein Lächeln unter Thränen genannt. Bucher hat ebensowohl das scharfe Hohnlachen des Zornes; er will nicht nur durch seine Schilderungen erheitern, sondern auch die Geschilderten treffen, unter dem Schalk verbirgt sich oft genug ein grimmiger Rächer. Doch sein Frohmut ist stärker als sein Unmut, und obzwar er die Wahrheit über die Schönheit setzt, nimmt er sich das Recht heraus, auch dem Laster lustige Schellen anzuhängen. Wir begegnen in seinen Schriften jenem echt deutschen Humor, der in den Ernst der frühgothischen Ornamentik sich stiehlt, in den geistlichen Schauspielen des Mittelalters radschlägt und in der Literatur der Renaissance seine reichsten Blüthen treibt, es sei nur an den Mainzer Fischart erinnert, der jetzt ein harmloser Bruder Lustig und jetzt die grollende, drohende, furchtbare Opposition ist.

Im „Portiunkulabüchlein" greift Bucher die Tetzel seiner Zeit an. In mehreren „Spektakeln" wird der Ursprung des Portiunkulaablasses nach Pater Cochem geschildert. In dramatischer Form wird dargestellt, wie Franziscus ihn im Himmel selbst bewilligt erhält, so daß eine päpstliche Bulle gar nicht nötig war. Vom Himmel werden wir mitten in das Dorfleben geführt. Eine Reihe von Genrebildern in Teniers' und Brower's Geschmack zieht an uns vorbei: wie der Hans die unhabige Gretl unter Lichtzeiten vor dem Kammerfenster auf das lustige Portiunkulafest vertröstet, wie der Sixt bedauert, daß kein Hanswurst mehr beim Fest auftreten darf, denn der Kapuziner „kann's halt doch nicht so", wie der Stoffel die Schläge, die er im vorigen Jahre bekam, dem Görgl wieder einbrockt, wie die Agnes das schöne Oelbergg'spiel sehen darf und des Martl Bub, der den Engel zu agiren hat, zu großem Unheil von süßen Leckereien ungebührlich nascht u. s. w.

Ein köstliches Culturbild wird in der „Kinderlehre auf dem Lande" aufgerollt: Offenbar hatte Bucher, wenn er auch, wie es der Satyre zusteht, grelle Farben aufträgt, die Originale vor Augen, Catecheten aus der Jesuitenschule, die mit erstaunlicher Eitelkeit erstaunliche Rohheit des Herzens und der Sitte verbinden.

Bei Beginn seiner Rede kanzelt der Herr Pfarrer seine Gemeinde wacker ab, weil sie es an nöthigem Respect vor ihm fehlen läßt. „O meine Bauern, daß ich jetzt das Buch aller Bücher bei mir hätt', Euch recht zu sagen, was ein Geistlicher ist. Erst gestern hab' ich's unterm Essen gelesen in dem unvergleichlichen Buch: Vorboten des neuen Heidenthums benamset, welches ein gelehrter Exjesuit herausgegeben und sich gewiß jeder rechtschaffne Pfarrer angeschafft hat, wenn er nicht auch von den leidigen Freigeistern, dergleichen es leider schon viele gibt, angesteckt ist. Da steht's recht b'rin, was das sagen will: ich bin ein Geistlicher. Es wird sodann aus Joseph Weissenbach's wunderlichem Panegyritus der Nachweis ausgezogen, wie hoch der geistliche Stand nicht bloß über Fürsten und Könige dieser Welt, sondern auch über Heilige und Engel des Himmels erhaben sei, denn weder diese noch jene hätten die Schlüssel zum Himmel und könnten den wahren Gott hervorbringen, wie das Priesterthum.

„Und nun," fährt der Lehrer des Evangeliums fort, „nun kommt ihr Kanalli mit einem einfältigen: Herr Pfarrer! nichts Ihro Excellenz, nichts Ihr Hochwürden, in's Zimmer und wollt's mit uns reden. Ja, was will ich da sagen von Eurem Respect gegen uns? Thät's nicht Noth, man ging Euch im Herbst auf den Fuß nach, wenn's einem eine Zehentfuhr gratis thun sollt? Was hab' ich nicht überall für schönes Obst gesehen, wenn ich bei Euren Gärten vorbei gegangen bin! Und was bekam ich davon? Hätte mir der Treu' wohlgethan, wenn mir einer oder der andere nur ein Apferl oder ein paar Zwetschgen geschenkt hätte. Sauber habt's mich sitzen lassen und nicht ein Gratl hab' ich gesehn von all Eurem Obst. Ich bin nicht interessirt, behüt mich Gott! aber kommt's darauf an, daß einen das Feuer straft oder der Schauer schlagt, da wißt's brav, wo ich b'rin bin, da kommt's fleißig zehnmal auch noch um Zehentnachlaß, wenn ich schon neunmal sagen laß: Ich sei nicht zu Hause ꝛc. ...." „Ja wenn einer von uns nicht gleich bei der Hecken wär', sobald Ihr schickt (und Ihr wartet sein ordinari, bis Euch die Seel' auf der Zunge liegt), da wäre Feuer im Dach. Da darf man seine Nudeln und Knödel flugs stehen lassen und laufen, daß einem die Kutten aufspringt, um die ausfliegende Seel' noch bei einem Flügel zu ertappen, damit sie nicht so rußig wie Ihr in Eurem Gesicht, vor dem lammfarbenen Antlitz des himmlischen Richters erscheint."

Nun wird ausgemalt, wie sich die Pforten der Ewigkeit öffnen. „Da mußt auch Du hin, Bauer, mit Deinem Ranzen auf dem Buckel! Da ist vor selber ein Universal-Mauth- und Waaghaus. Da kommt ein veritabler Waarenbeschauer, noch weit ein anderer als der von Friedberg selig, der höllische Satan selbst. Da wird der Weizen Deiner guten Werke geläutert, das Korn Deines Herzens, das Du bei der theuren Zeit verborgen hast, aufgeschüttet, der Mischling Deines Gewissens untersucht und Du wirst brav links hinüber in Luzifers schwarzes Tabakstübel commandirt werden, wenn Du Paßwaar' mit Dir bringst! Da wird's heißen: Herauf mit dem Flachs, Bäurin! Da wird's aufkommen, um wie viel Centner Du in Deinem Leben Deinen Pfarrer betrogen hast, wenn er Dir ihn aus gutem Willen um die Hälfte zu putzen hat zukommen lassen. Da wird Deine zu geringe Butter hinauffahren auf der Waag, wie ein Visperl, und der höllische Marktschörg wird hernach gleich Dich und Deine Butter mit einander confisciren. Da wirst Du dann d'rin sitzen in dem feurigen Höllenstall und aus brennenden Kühen lauter siedheißes Blei melken. Da wirst Du eingesperrt werden in der Furien ihr teuflisches Milchkammerl und in einem glühenden Rührkübel nichts als rühren müssen und doch, weil Dir der Teufel kein Lukaszetterl von Deinen Kapuzinern zuläßt, von Ewigkeit zu Ewigkeit nicht ausrühren können!"

Das eigentliche Examen beginnt unglücklich. „Sag' auf, Diendl, wie viel Stück gehören zur Beicht?" — „Sechse, das erst' die Tauf', das ander' die Firmung." — „Da hast eine Tachtl, Lall'n große! Schamst Dich nicht, einen solchen Hadern nicht z'wissen! Wollt's alleweil heirathen, — und hernach wißt's kaum, wie viel Gott sein. Oder wie? sag's, wie viel sein Gott?" - „Ein Gott und drei Personen." — „Das sind ja Viere?" — „Ja!" — „Brav. Wie heißen's?" — „Das Erste der Tod, das andere das letzte Gericht." — „Und da hast für das dritt' und viert' noch ein paar. — Ich will Euch fuchsen, wenn Ihr mir bei der Stuhlfest in meine Klauen kommt" und so weiter.

Nur der liebe, brave Lipperl gibt guten Bescheid. Dann geht's über die größeren Bursche, „die nur immer so dastehn und die Hüt' vor den Goschen haben." — „'S ist eine Frag', ob Ihr alle wißt, was das ist: katholisch sein, und hab's Euch doch schon so oft g'sagt, daß katholisch sein nichts anderes sei — als ein rechtes Mitglied sein von der katholischen Kirche. Merkt's Euch doch einmal, was man Euch so deutlich erklärt. Micherl! sind die Lutheraner auch katholisch?" — „Ja!" — „Hab' ich nicht den Kopf g'schüttelt, Fratz! Wenn's Euch nur das einmal merken thät's. Schaut's, wenn ich den Kopf schüttle, ist's allemal: Nein! und wenn ich knaup', ist's: Ja! Merkt's Euch das. Sonst wenn fremde Leut' in der Kirche sind und Ihr hinten und vorn alleweil gabisch antwortet, muß sich ja unser einer selbst schämen. Also: Nein! Die Lutheraner sind nicht katholisch. Warum aber nicht? Was hab' ich g'sagt? Weil's die Ketzereien und Irrthümer nicht meiden, welche die Prälaten und Lehrer einträchtiglich verwerfen und verdammen. Schau, steht ja so sonnenklar im ersten Hauptstück" u. s. w.

Als Beweis, daß der katholische Glaube der allein wahre, sagt der Jörgl folgendes Exempel auf, — ein burleskes Gegenstück zu Nathan's Erzählung von den Ringen: „Es sind einmal Drei gewesen, ein Jud', ein Türk' und ein katholischer Christ. Und diese Drei sind in Händel kommen, wer den rechten Glauben hat. Da hat der Jud' g'sagt: „Ich hab'n!" Und der Türk' hat auch g'sagt: „Ich hab'n!" Und der Katholische hat sich nicht weiter besonnen und hat, Watsch! einem Jeden eine Ohrfeige g'fangt und hat g'sagt: „Auf ein' Lug' g'hört ein' Maultasch'n. Ihr könnt ihn gar nicht haben, weil ich ihn hab'!" —

Dazwischen fehlt es nicht an Episoden in der Kirche, wie die Urschel die Weberflitsche kitzelt, wie ein Büberl über ein Mirakel lachen muß u. s. w. Der ausgelassenste Humor ist über den im hyperpathetischen, bollernden Redeton eines schlechten Schauspielers gehaltenen Vortrag ausgeschüttet, wie er nur etwa in Rosenplüt's Fastnachtspielen zu treffen ist. Wer aber je einmal in altbayerischen Dorfkirchen den Pfarrer so recht eindringlich z. B. über die künftigen Höllenqualen predigen und sich dabei auf das Ausführlichste über Staats= und Gemeinde= und Familien=Angelegenheiten auslassen hörte, wird den culturgeschichtlichen Wert dieser Schilderungen, obwohl sie auf Fiction zu beruhen scheinen, doppelt hoch anschlagen.

Das „geistliche Vorspiel zur Passions=Action" persiflirt die unwürdige Versinnlichung der Gottheit und göttlicher Dinge bei solchen Volksschauspielen. Der Verfasser ergeht sich aber mit solchem Behagen und so gutmütiger Laune in ihrer Schilderung, daß der Satyriker ganz hinter dem Humoristen zurücktritt.

Den Vorwurf der Komödie bildet die große Flut.

Gott Vater, im reichen Pluvial, mit der dreifachen Krone auf dem Haupt und gelb safianenen Pantoffeln an den Füßen, geht auf einer Altane auf und ab und schaut herab, wie es auf der Welt zugeht. Da sieht er freilich alle Wunder. Die sieben Todsünden und die neun fremden Sünden tanzen den lustigsten Walzer und die Teufel tragen Bratwürste und Bier und Schmalznudeln auf. Zornig wirft Gott Vater sein Scepter hinter die Thür, da blitzt und donnert es, und man hört unten Wetter läuten, die Todsünden fangen ängstlich zu beten an. Das gefällt dem Herrn, und in der Hoffnung, es werde nun gescheidter zugehen, nimmt er sein Scepter wieder auf — alsogleich ist wieder schön Wetter, aber jetzt geht's auch wieder Allegro und denkt kein Mensch mehr an Wetter und Lucifer.

> „Ist das, o Mensch, das Leben dein,
> Der Henker möcht' Gott Vater sein,
> Es thut mich bis in den Tod verdrießen,
> Daß ich dich, Schwengel, hab' machen müssen."

So klagt Gott der Vater, griesgrimmiger Zorn erwacht in ihm, er ruft Aeolus und Vulkanus und Neptunus, um sie zu beauftragen, die sündige Welt zu verderben. Nicht ohne inneres Widerstreben, denn:

„Mir ist, wo ich hinschau', nicht wohl,
Weil ich die Welt jetzt strafen soll,
Und bin doch der ewig gütige Gott,
Der gar nit will des Sünders Tod!"

Neptun, der am liebsten Alles sogleich verschlucken möchte, ist über diese Zweifel sehr ungehalten:

„Ich lasse sogleich Wasser pumpen,
Zu sechteln die verweg'nen Lumpen,
Doch wenn's öng dann beim Mantel zupfen
Und ein paarmal an's Herz hintupfen,
Dann schreit's net wieder g'schwind: „Pardon!"
Ihr seid viel z'leicht zur Gnad' zu lenken" u. s. w.

Wenn der Vorhang gefallen, kommt der Pater Umgang zu den Zuschauern heraus und erklärt den ersten Actus, seeleneifrigst also zu predigen anfangend: „Au weh, aus ist's mit euch! O du höllische Glut, wie brennst du heiß! O du Sündenwurm, wie nagst du so bissig! O ihr Höllenlarven, was habt ihr für abscheuliche Grimassen! Au weh, aus ist's mit euch! O du Pechpfanne aller Pechpfannen! O du Feuermeer aller Feuermeere! O ihr Vipern aller Vipern! O ihr Donner aller Donner! O ihr Finsternusse aller Finsternusse!" — bis ein Pfiff anzeigt, daß auf der Bühne Alles in Ordnung und der zweite Actus beginnen könne.

Gott Neptunus geht in Wasserstiefeln majestätisch auf und ab und ruft seine Göd'n, die vier Winde, und die Hexenzunft in ihrer ganzen Häßlichkeit. „Das schad't gar nicht", flicht der Autor des frommen Spiels ein, „denn 1. est certissimum, daß es, gesetzt, aber nur posito, non concesso, es gäbe in der Stadt keine Hexe, es gewiß auf dem Lande Hexen gibt, denn warum sitzeten sonst oft der besten Pfarrerköchin die Dampfnudeln in der Pfanne nieder, und 2. ist das Ding gar gut zur Erhaltung des wahren Glaubens, denn der Bauer kann bei sich argumentiren: „Quod video, est, atqui hoc video, subintelligitur Hexa. Ergo est Hexa". Man zeige mir den Fehler im Syllogismus."

Die Hexen rühren im Haferl um, — sofort fährt ein kleines, finsteres Wölferl über das Theater und „schmarackkugelgroße" Riesel fallen herab.

Nun ruft Gott Vater den getreuen Noah, theilt ihm seinen Entschluß mit, die Welt zu verderben und fordert ihn auf, eine Arche zu bauen.

    „Und thu' nur mit dem Bau nicht maudeln,
    Laß' die Bauleut nicht einnaudeln,
    Mach' was Gut's, so hebt's fein lang!"

Aber der fromme Noah hat seine liebe Not mit den Zimmerleuten. Die wollen immer nur scherzen und trinken, bald schlägt die Stunde zur Brotzeit, bald zum Tellerfleisch, bald zum Mittagstisch. Wenn Noah entrüstet ruft:

    „Ho ho! es ist nicht elf Uhr noch!"

erwidert Görgl kaltblütig:

    „Hat nix zu sag'n, wir gehen doch!"

Noah richtet die Bitte an den Herrn:

    „Ach, ich bitt' dich, schenk' der Welt das Leben,
    Daß ich doch darf den Bau aufgeben!"

aber Gott Vater schlägt zornig das Fenster zu.

Die Bauleute kommen wieder, aber jetzt nach dem Essen gelüstet sie zu singen, anstatt Holz zu tragen:

    „Grüß' dich Gott, mein lieb's Regerl,
    Ich komm' aus dem Wald,
    Hab' gefangen a schön's Vögerl,
    Entwischt wär's mir bald.
    Ich thät' dir's g'rad schenken,
    Nimm's an, sei so gut,
    Es wird dich nit kränken,
    Weil's schön singen thut!" —

Noah fährt dazwischen:

    „Ein and'res G'sang bitt' ich mir aus,
    Ich leid' nichts solches in meinem Haus.
    Ich bin ein gottgerechter Mann,
    Der von der Regerl nix hören kann!"

Doch mit dem Arbeitseifer ist es bald wieder zu Ende, es schlägt drei Uhr und alle Zimmerleute enteilen lärmend zum Vespertrunk.

Im dritten Actus feiern sie ihr Hebebaumfest. Die Bursche werden immer ungeberdiger und anmaßender gegen den armen Noah, den Gott Vater nur brav auslacht und fragt, ob er nun nicht selbst einverstanden sei, daß dieses Geschlecht vertilgt werden müsse.

Am Firmament erscheint jetzt ein goldpapierener Komet, auch andere schauerliche Zeichen zeigen sich, — endlich verlieren die Kinder der Welt den prahlerischen Mut und ziehen still davon.

Unter einer Trauermusik kommen paarweise die Thiere und spazieren in die Arche. Dann kommt ein Engel, mit Chorrock und Stola angethan, und schreibt C., M., B. (Caspar, Melchior, Balthasar) an die Thüre des Schiffes, wofür ihm Noah ein namhaftes Geldstück, in Papier gewickelt, weil der Engel, einen Ordensbruder repräsentirend, ein blankes Geldstück nicht annehmen dürfte, in die Hand drückt. Gott Vater ist darüber sehr erfreut:

„Dein Actus hat mir g'fallen hier,
Was du diesen thust, das thust du mir!"

Dann gibt er das Zeichen:

„Nun, Gott Neptuni, üb' aus dein' G'walt,
Ersäuf die Sünd' —"

und Neptun ist sogleich bei der Hand:

„Herr, also bald!
Ich tummle mich schon, sonst reut's dich wieder!"

Es erhebt sich ein greulicher Sturm, und ein grauslicher Wolkenbruch geht nieder.

Vergebens singt jetzt der Gibi:

„Heiliger Karmeliter, zier'
Uns durch dein reiches Scapulier!"

Neptun erwidert kühl:

„Die Schlauu! Jetzt hätten's tausend Sprüchl!"

Vulkan wirft gleich ein ganzes Körbl voll Blitz herunter, — all' sündhaft Vieh und Menschenkind ersäuft.

Endlich legen sich wieder Wind und Wellen, und Gott Vater ruft durch ein Guckerl im Himmel dem Noah zu, er könne jetzt die Arche verlassen. Als ihm Noah ein Opfer anzündet, öffnet er das Fenster:

„Ei, Safframent, was schmeckt so süß?
Nein, Noah, nein! Thust du mir das,
So weißt du was —"

Er erneut den Gnadenbund mit der Welt.

Und „nun folgt das Schönst' im ganzen Spiel, und das ist die Schlußaria, Pauken und Trompeten sind auch dabei," eine lustige Persiflage ländlicher Kirchenmusik. Beim letzten Pidipum „fällt der Vorhang und aus ist's."

Der „Entwurf einer ländlichen Charfreitags-Procession" verspottet das theatralische Unwesen, das sich bei solchen Umzügen breit machte. Da ziehen nicht bloß die Heiligen in persona mit, sondern auch die Götter des Olymp, die Jahreszeiten und andere allegorische Gestalten. Die Sacramente, die Sünden und andre Symbole werden von den Zünften repräsentirt, die Taufe z. B. von den Bierzapflern und Wirthen; sie führen mit sich eine Tafel mit der Inschrift: „Er aber taufete mit Wasser!" Die Jungfern Kellnerinnen tragen Lilienkränze und führen ein Lamm an rothseidenen Bändern, und ein Genius trägt neben ihnen her einen Schild: „Diese sind's, die dem Lämmlein nachfolgen werden!" Die Buße wird von den Kaminfegern repräsentirt, mit ihnen kommt auch Judas in Ketten, der sich dann an des Verwalters Haus aufhängt. „Weil er so thut, als thäte er sich zu Tod zappeln — er hängt sich aber nur beim Hosenbandel auf, damit kein Unglück geschieht, — so juchzen die Teufel und intoniren eine fröhliche Aria, winden ihm auch das Eingeweid' aus dem Leib und werfen Lunge und Leber und Würste unter die Leute zu heilsamem Schrecken. Ist wahrhaftig ad motum egregie inventirt und der Sünder müßte ein steinernes Herz haben, dem so was nicht usque ad interiora penetrirte." Das siebente Sacrament, die Ehe, stellen die Hochzeitlader dar, die einen Bräutigam führen, mit dem Spruch: „Nehmet ihn hin und kreuziget ihn!" Den Riesen Goliath agirt der Hofmarkskastenknecht und „wenn er so des gnädigen Herrn Perückenstock auf einer Hopfenstange unter einer roßhaarenen Perücke brav herumdreht, so ist's zum Todtlachen." Den Geiz versinnbildlichen die Bäcker und Melber, die Völlerei die Weinwirthe mit dem

Spruch: „Und sie gaben ihm ein Getränk von Essig, Myrrhen und Aloë und er wollte dies nicht trinken", den Zorn die Hofmarks- und Gäumetzger, ihr Fahnenträger führt den Spruch aus den Psalmen: „Viel feiste Stiere und Ochsen umgeben mich!" Die Trägheit repräsentiren die Bauleute, die Arche Noah tragend, mit dem Spruch: „Sie baueten hundert Jahre daran." Auch die Herren Autoren gehen mit, einige magere Herren unter einem Joch, das ihnen die Herren Buchhändler mit Flittergold haben fassen lassen; ihr Spruch lautet: „Jesus speisete mit wenig Brot viertausend Mann." Ihnen folgen die Verfasser gelehrter Sammlungen, die Käskrämer und Häringshändler. Die Erbsünde wird agirt vom hochherrschaftlich gnädigen Stubenmadel; ihre Töchter, die Hoffart und die Mode, haben in ihrem Kopfputz ein Dachfähnl gar künstlich angebracht. Die vier letzten Dinge bilden den Schluß: den Tod repräsentirt der Magister medicinae, das letzte Gericht der Amtmann, den Himmel die sagefemme des Ortes, die Hölle der Steuerbote.

Wenn endlich die Procession beendet und das heilige Grab sich aufgethan, „dann geht Alles auseinander zu den Wirthen und Bräuern und erzählt einander von der Procession und wer da und wer nicht da gewesen ist, und was sie für Gewänder angehabt, und daß die bei den Jungfern geprangt hat und hätte gar nicht hingehört, und daß unser Herr in der Kreuzziehung ein gar schöner Mann sei und daß ihm die gelbsafianenen Pantoffeln und die weißen Handschuh und der Favor in der Hand vortrefflich angestanden, und daß der Kreuzzieher in der blauen Kappe mit den zinnernen Schnallen der Hachlbenknecht gewesen, und daß der Thorwartl einen hübschen Cavalier agiren thät, und daß das kleine Johannesl leicht um einen Gulden Leckerl gegessen, daß er aber gar so tantschig gewesen" u. s. w.

In solcher Weise sind ähnliche Stoffe behandelt im „Deliberirbüchlein oder geistliches Suchverloren", in den komischen „Mönchsbriefen", in der „Verlassenschaft des Pfarrers Tröstegott" u. A., namentlich die letztgenannte Humoreske stammt aus der besten Periode seiner schriftstellerischen Thätigkeit.

Seine humoristisch-humanistische Weltanschauung erinnert an Jean Paul, ebenso seine Darstellungsweise, indem er wie jener, keinen Einfall der Form opfert und Anekdoten, Apropos und Glossen bunt durcheinander wirbelt, so daß die künstlerische Einheit und Abrundung natürlich darüber verloren geht. Aber die Empfindsamkeit Jean Paul's, dem das Weinen immer ebenso nahe steht wie das Lachen, fehlt unserem Bucher ganz und gar. Manche Züge auffälliger Aehnlichkeit finden sich dagegen bei einem Vergleich Bucher's mit Abraham a Santa Clara. Auch der Wiener Hofprediger haßte und verfolgte den Aberglauben und die Leichtgläubigkeit des Volkes, sowie die jesuitische Andächtelei der höheren Stände. Auch bei Abraham schlägt die praktische Richtung der Religion durch: „Wer frische und gesunde Glieder hat, wer bei guten Leibeskräften ist, der muß nit allen Weichbrunn ausschlecken und nachmals warten, bis ihm Gott durch ein Wunderwerk die tägliche Unterhaltung schicke, das nit, das gar nit, sondern er muß sich selbst um ein Stückel Brot bewerben, allen Fleiß anwenden, wie er sich ehrlich ernähre" u. s. w. und dem Clerus, an dem er eine gänzlich verkehrte Auffassung der Seelsorge rügt, ruft er zu: „Der Beichtstuhl muß von lindem Holtz seyn und nit von hartem!"

Die alten Römer ließen ihre Kinder die Heimaterde berühren, damit sie reden lernten. Eine tiefsinnige Symbolik, die wir auch auf die Poeten beziehen möchten. Um Bucher's literarisches Schaffen zu verstehen, muß man den Boden kennen, woraus er sich seine Nahrung gezogen — er hat die heimatliche Erde berührt und kennt die Sitte und Sprache der Heimat wie Wenige. Es sind keine Idyllen, die er uns vorführt, er greift in's wirkliche Leben und zeichnet Charaktere, wie sie ihm im Lande der Naturwüchsigkeit und Eigenart entgegentraten. Wie einer Reihe von Porträten stehen wir seinen Schriften gegenüber, bei denen zunächst die historische Richtigkeit das Wichtigste, und diese ist uns hier geboten. Die modernen Dorfgeschichten lassen uns mit dem Bauernvolke nur auf der Heerstraße Bekanntschaft machen, wo es in seinem Sonntagsstaat einhergeht und sich geziert und affectirt benimmt; Bucher führt uns seine Leute im Werkeltagsgewand vor, wie sie sich wirklich gebaren bei Arbeit und Gebet, beim Kartenspiel und Kammerfensterln, in der Kirche und in der Kunkelstube. Da geht es freilich anders her, als uns die Goldschnittpoesien glauben machen möchten, — das sind plumpe, vierschrötige Gestalten, wie die Schwyzer des Jeremias Gotthelf, — ihre Händelsucht, ihr Aberglaube, ihre rohe Sinnlichkeit, ihr Bauernstolz treten uns in grellen Farben vor Augen; daß ihre Lichtseiten, wenn sich solche etwa finden möchten, minder deutlich sich zeigen, bringt der satyrische Charakter der Schriften mit sich. Welch lebenswahre Gestalten sind z. B. die Gäste des Portiunkulafestes: die Stanzl, die sich über die gekaufte Suppenschüssel freut, weil d'rin ein so lieber Spruch gemalt ist; der „schelchmaulete" Hafenbinder, den der Pfarrer alleweil seinen Poeten nennt, weil er allerhand Lieder machen kann, geistliche und weltliche, wie man sie ihm bestellt und zahlt; der Woverl mit seiner Ursel, der sich was Lustiges aufsingen läßt: „Und wenn's dann so was g'sungen haben, das in unsren Kram getaugt hat, so hat sie mich g'stoßen oder ich sie, aber so, als wenn's von ungefähr g'schehen wär', dann haben wir einander in die Augen g'schaut und gleich hat sie wieder die Augen auf ihr Fürtuch und ich auf den Boden gedreht." Wie derb, aber wahr sind die Briefe der Jungfer Katherl an ihren hoch=geehrten Herrn Göd'n und an das „liebe Nannerl Gottes" im „Geistlichen Suchverloren". Wenn z. B. der Pfarrer im Beichtstuhl fragt: „Hast in der Fastenzeit nit g'fensterlt?" Und das Dirndl antwortet: „O nein, die Zeit ist gar zu heilig, aber nach Ostern, will's Gott, wird's wieder angeh'n!" — Ist nicht mit den ein=fachsten Strichen ein köstliches Bild gezeichnet?

Aber freilich — es ist nicht selten eine erschreckende Treue! Von Bucher's Schriften gilt, was Schubart im Allgemeinen über den Scherz der Bayern sagt: „Er erregt nicht Lächeln, sondern hoch aufschallende herzliche Lache!" Namentlich wenn er, wie er sagt, „die Filzschuhe auszieht," dann regnet es hagelbicht Schnurren und Schwänke, und er gibt, — es muß gesagt sein, — oft zu viel. Allerdings liegt die Gefahr, noch häßlicher zu verzerren, da nahe, wo schon das Urbild eine Charge. Wer sich z. B. über die schmutzige Phantasie des Autors beklagen möchte, der eine Scene, wie die oben erwähnte Judas=Affaire, niederschrieb, kann bei Steub die nämliche Scene als wirklichen Vorgang bei einer Passionskomödie in Tirol geschildert finden. Bizarre und groteske Gestalten kann nun einmal die niedrige Komik nicht entbehren. Aber es wirkt peinlich auf uns, wenn, wie in manchen Schriften Bucher's, dem Abdruck einer schmutzigen Realität eine so behagliche Behandlung gewidmet wird, die nicht mehr im Verhältniß steht zu dem dadurch erzielten komischen Effect. Die Stoffe selbst schon haben eine gewisse Familienähnlichkeit und der ewig wiederkehrende Spott über die „Jesuiterei", die uns à tors et à travers entgegengehalten wird, wirkt zuletzt monoton. Die Cynismen entbehren oft des Salzes, das sie allein genießbar macht, und nicht alle Bemerkungen und Gleichnisse sind sinnig. Der Strom der Laune, die Fülle der Einbildungskraft reißt uns mit, aber all' dies kann uns nicht vergessen machen, daß die vollendete Form des Kunstwerkes fehlt. Der Autor überschüttet uns förmlich mit Früchten seiner Phantasie und seines Gedächtnisses, aber — Weniger wäre Mehr. Athemlos persiflirend, in ausgelassenster Willkür, jagen diese Situationen ohne die geringste ideale Verklärung an uns vorüber, so daß wir uns nach einem Ruhepunkt sehnen, nach einem der Natur in ihrer Weihe abgelauschten Stillleben, wie es Reuter einzuflechten pflegt, wenn er uns die Thorheiten und Verkehrtheiten seines mecklenburgischen Mikrokosmos geschildert hat. Wie Einfachheit der Charaktere und Situationen mit größter Treue in der Nachbildung des Realen vereinbar ist, wie ein Stoff aus dem gemeinen Leben durch die Behandlung geadelt werden kann, zeigen uns die ländlichen Genrebilder der George Sand. Unser Bucher dagegen kümmert sich um ästhetische Ausarbeitung keinen Deut; um des materiellen Zweckes willen, den Pfeil auf seine Gegner abzusenden, verschmäht er, ein Kunstwerk von idealem Gehalt zu bieten, er will nicht Phantasie gestalten, sondern nur Bilder aus der Wirklichkeit bringen.

Aber doch ist er nicht bloß ein Abschreiber und Nachschreiber der Natur. „Das Genie unterscheidet sich eben dadurch," sagt Jean Paul, „daß es die Natur reicher und vollständiger sieht." Bei der ungemein großen Anzahl humoristischer Schriften Bucher's ist es erklärlich, daß der Witz oft schaal erscheint und die Anstrengung sichtbar wird und damit vergeblich), aber — wenn auch manche Hülsen sich leer erweisen, wir werden bei wiederholter Lectüre doch immer wieder volle Raketen finden. Man darf den ewig jungen Stil eines Lessing nicht zum Vergleich herbeiziehen, doch, um den Wert der literarischen Leistungen Bucher's richtig zu schätzen, vergleiche man sie einmal mit Bahrdt's Kirchen- und Ketzeralmanach oder mit Nico= lai's Leben des Magister Sebaldus Nothanker, Werken, deren Ruhm damals über ganz Deutschland verbreitet war. Wie altmodisch und vergilbt erscheinen uns heutzutage diese Satyren, wie frisch ver= hältnißmäßig Bucher's Schriften! In seinen Possen sind oft eben= sowohl feine satyrische Stacheln verborgen, wie auch Nuancen von harmloser Heiterkeit. Hören wir z. B. den Kapuziner in der Predigt zu Ehren St. Christophs: „— Doch: Kling kling! Was höre ich? Schon 9 Uhr! — Alle neun — jetzt heißt es, Auserwählte in Christo, einpacken, sonst fangen's auf der Orgel wieder zu dudeln an" u. s. w. Ist es nicht köstlich, wie der fromme Mann durch das Wort „Neun" plötzlich an sein geliebtes Kegelvergnügen erinnert wird und selbstvergessen „Alle neun!" ausruft?

Wie für Sitte und Anschauungsart sind Bucher's Werke auch eine unerschöpfliche Fundgrube für Sprache und Ausdrucksweise des alt= bayerischen Stammes. Wir können hieraus ersehen, daß kein anderer deutscher Stamm über einen so reichen und mannigfaltigen Sprachschatz gebietet, und wenn auch seine Wortbildungen und Redewendungen nicht gerade aus der kastalischen Quelle geschöpft sind, so übertreffen sie doch an plastischer Anschaulichkeit weit das hochdeutsche Ana= logon. Statt des hochdeutschen „betrügen" sagen Bucher's Bauern „beluchsen," statt „schmeicheln" „fuchsschwänzeln," statt „blitzen" „himmelizen" ec., in den Vergleichen wählen sie ebenso richtig: „hainbuchen," „schmalzgut," „bockbeinig" ec., und in den Bildern: „alle fünfe g'rad sein lassen" statt „unthätig sein," — „Bettel= manns Umkehr" statt „schlechte Herberge," — „dichten, wie der Karpf' im Vogelhäusl" u. s. w. Schade, daß auch für uns schon manche Wortspiele ihrer localen Beziehungen wegen unverständlich sind. Freilich wird auch in der Auswahl der Worte an rhypo= graphischen Ausschreitungen das Möglichste geleistet, aber diese Unflätereien entspringen weder aus Unsittlichkeit, noch verlocken sie

dazu, sie sind nicht frivol, und deßhalb ist dieser Cynismus gift=
und gefahrlos.

Das Nämliche gilt von seiner Behandlung ehrwürdiger und
heiliger Stoffe. Es ist zwar nicht jene naive Vermischung des
Heiligen und Profanen, wie sie uns in den spanischen Antos sacra-
mentales oder in den Narren= und Eselfesten entgegentritt, aber
ihm ist auch nicht, wie den französischen Aufklärern seiner Zeit die
Herabwürdigung christlicher Mysterien Endzweck, sondern er will,
gerade weil ihm die usuelle Entwürdigung der religiösen Ceremonien
frivol erscheint, durch Verspottung dieser Fratze zur Abstellung solcher
Auswüchse beitragen. Freilich, wenn man das Einzelne heraus=
nimmt, klingt es wie rationalistischer Hohn auf religiöse Vorstellungen
überhaupt, — im Zusammenhang aber zeigt sich, daß er nicht den
Glauben, sondern den Aberglauben, nicht die christliche Treue,
sondern den kirchlichen Fanatismus, nicht die Frömmigkeit, sondern
die Frömmelei geißelt und verfolgt. Nicht den Priester, der, seinem
Berufe treu, die Leuchte des Ideals zu tragen sucht, verspottet er,
sondern denjenigen, der dem Hang des Volkes, Religion nur äusser=
lich aufzufassen und sich mit dem Ewigen nur formell abzufinden,
Vorschub leistet und im Sinn hierarchischer Herrschaft Gottes Wort
paraphrasirt. Jene Erbauungsbücher verhöhnt er, welche Unter=
werfung der Wissenschaft und aller weltlichen Interessen unter die
Gesetze des Reiches Christi predigen, aber sonst gar wenig Christus=
sinn verrathen. Nicht die heiligen Symbole christlichen Lebens ver=
zerrt er, sondern er malt nur, wenn auch mit grellen Farben, ihre
unwürdige Verkörperung, die durch eitlen Flitterstaat und Sinnen=
cultus die hehre und schlichte Lehre des Religionsstifters bis zur
Unkenntlichkeit entstellt und dem Volke statt des reinen Weines der
Bibelworte den Zaubertrank des Mysticismus reicht. Um den
Irrenden zu belehren, muß er die Blöße des Irrthums aufdecken
und, wie Rabelais, Swift, Sterne, Young und andere seiner Amts=
genossen das Gleißnerische der falschen Propheten brandmarken.
Es ist gewiß eine auffallende Erscheinung, daß so viele Humoristen
und Satyriker, die selbst dem geistlichen Stande angehören, sich das
dunkelste Schwarz ihrer Körperschaft als Zielscheibe ihres Witzes

wählten; sie kann doch nur darin ihre Erklärung finden, daß diese am besten die Krankheiten kennen und die daraus entspringenden Gefahren abzuwehren suchen.

Welch innere Kämpfe mußten aber die Brust eines frommen, gottergebenen Mannes bewegen, bis ihm die Notwendigkeit, daß sich der Geist des Christenthums in andere Gefäße ergießen müsse, zum Bewußtsein geworden, — welche Seelenqualen sind verborgen hinter diesen Scherzen und Sarkasmen! Auch in uns lebt ja noch die Erinnerung an die Gefühle unserer Jugend, als Glockengeläute uns mehr war als irdischer Klang, als die Capelle inmitten reicher Saaten und blühender Büsche uns nicht vergeblich zum Gebete lud, — aber wer anders trägt die Schuld, daß solche Gedanken nur noch Aufwallungen des Augenblicks, als jene, die der menschlichen Geisteskraft die Zwangsjacke anlegen wollen, — wer anders trägt die Schuld, daß uns ein Aufblick zum gestirnten Himmel andächtiger erscheint als der Lippendienst in den Kirchen, wer anders als jene, die „das sanfte unsichtbare Reich einer anderen Welt in den heftigsten sichtbaren Despotismus in dieser Welt verwandelten!"

„Das Paulinische Tradatur satanae," sagt Bucher, „wird unseren jungen Seelsorgern in den geistlichen Dressuranstalten wohl eingeprägt, aber nicht das Vade in pace; es wird ihnen vor Augen geführt, wie der Herr mit der Geißel in den Tempel bringt, nicht aber, wie er in den Staub schreibt und der Ehebrecherin den Frieden gibt!"

Die Welt rollt unaufhaltsam neuen Zielen zu. Das Christenthum mit unseren neuen Anschauungen und Gedanken zu versöhnen, müssen diejenigen trachten, die Gott im Geist und in der Wahrheit suchen!

„Ich wurde im Traum," so erzählt Bucher in seinen „Visionen", „in ein Spital geführt. Da lagen in einem schlechten Winkel die drei göttlichen Tugenden: Glaube, Hoffnung und Liebe, auf den Tod. Es war aber fast Niemand in der Welt, der sich um sie umsah. Papst Benedict XIV. erbarmte sich, Krankenwärterdienst zu machen, und um den armen Tugenden ihre Lage zu erleichtern, schenkte er denen, die sich mit ihnen abgaben, sieben Jahre und sieben Quadragenen Ablaß. Spitalerinnen, Nonnen und andere

Mütter kamen nun freilich zu ihrem Krankenbett. Doctor Keller von Landshut in Bayern nahm endlich den Glauben in die Cur und Doctor Oswald von Straubing die Liebe. Aber ich sah keine von beiden Tugenden besser werden. Ich fürchte, sie sterben unter solchen Händen. Die Hoffnung verbat sich alle Arzneien und ließ nach dem neuen System die Natur wirken. Siehe da, diese sah ich gesund herausgehen aus dem Spital. Sie ist auch in der Welt von vielen mit Freuden empfangen worden, da die anderen noch immer im Spital bleiben." —

„Wir wollen," sagte der ehrliche Pfarrer, der mich zuerst auf unseren Satyriker in der Soutane aufmerksam machte, beim Abschied, „wir wollen uns mit Bucher's letztem Wort vor dem Verscheiden trösten: Ich hoffe!"

Die Jakobiner in München.

Die Briefe der Zeitgenossen geben Zeugniß davon, wie rasch die Nachwirkungen der französischen Revolution in Deutschland hervortraten. Schon im Dezember 1789 schrieb Johannes von Müller an Stockar von Neuforn: „Nichts ist in diesem Augenblicke wankender, als das System selbst der sichersten Höfe!" Die ersten Signale wurden nicht etwa bloß von Abenteurern, sondern sogar in gemäßigten Schichten der Gesellschaft mit offener oder schlecht verhehlter Befriedigung begrüßt. Das Jahrhundert des absolutistischen Regiments hatte allenthalben entzündbaren Stoff angehäuft, und um so mehr wurde deßhalb durch den geistigen Aufschwung der letzten Jahrzehnte ein ungeduldiges Streben nach idealer Verbesserung wach gerufen. Ein Blick auf die damals beliebtesten Literaturerzeugnisse zeigt, daß selbst die übertriebenste Darstellung der Mißbräuche und Mängel in den bestehenden Verfassungen auf ein empfängliches Publikum rechnen durfte.

Der weitere Verlauf der Revolution dämpfte dieses Frohlocken; die empörenden Verbrechen, die der sociale Umschwung in Frankreich im Geleit hatte, verdunkelten das verehrte Ideal, aber dessenungeachtet gab es noch, als die Revolutionsarmeen über den Rhein kamen, in allen deutschen Staaten Parteien, die den Krieg der verbündeten deutschen Mächte als ein frevelhaftes Unternehmen gegen die Unabhängigkeit einer freien Nation betrachteten, die siegreichen Fortschritte der französischen Waffen mit geheimem Wohlwollen sahen und sogar zur Unterstützung der Landesfeinde bereit waren. In erster Reihe gilt dies von den rheinischen Staaten, wo die Sympathien für die Revolution sogleich offen hervortraten. Der elektrische Aufruhrfunke eilte durch Städte und Dörfer, Freiheitsbäume erstanden allerorten und dreifarbige Cocarden flogen an die Mützen. Doch arbeiteten die „Freunde der Freiheit und Gleichheit" nur scheinbar für das Interesse der Volkssouveränetät, in Wirklichkeit waren sie Werkzeuge der französischen Eroberungsgelüste. Man mußte es bald fühlen, daß das feierliche Decret vom 22. Mai 1790: „Das französische Volk entsagt auf immer allen Eroberungen!" nur leere Phrase sei. Trotzdem fuhren die Führer der deutschrepublikanischen Partei fort, mit den Fremden zu fraternisiren. Forster fand es dünkelhaft, daß der Frankfurter Magistrat sich „gegen die Lichtmasse der Vernunft in der gesetzgebenden und vollstreckenden Gewalt der gebildetsten und aufgeklärtesten Nation des Erdenrundes" auflehnen wollte, und noch am 1. Januar 1798 wurde in Coblenz von der patriotischen Gesellschaft die Rückeroberung von Mainz durch die französische Republik gefeiert, wobei der junge Görres die Festrede hielt.

Aber auch in den übrigen deutschen Staaten ließen sich Viele durch die schlimmen Früchte des revolutionären Systems an diesem nicht irre machen und hielten kein Opfer für zu hoch, um die Republik zu erringen. In diesem Sinne spricht sich die Flugschrift „Grundlinien zu einer allgemeinen deutschen Republik, gezeichnet von einem Märtyrer der Wahrheit" (Altona und Wien 1797) aus. Andere mochte der Ehrgeiz treiben, denn wenn die bisherige Ordnung aufgelöst und neue Regierungsformen oder wenigstens interimistische Verfassungen geschaffen werden mußten, war Aussicht auf ehrenvolle und einträgliche Stellen geboten. An diesen Enthusiasten für die Grundsätze der Republik fand die französische Armee bei ihrem Erscheinen in Deutschland natürliche Bundesgenossen, und der Glanz ihrer Siege, Interesse und Furcht erhielten und verstärkten den Anhang.

Auch in Bayern machten sich in jener Zeit ähnliche Bestrebungen geltend. Erst vor wenigen Jahren brachte K. F. Neumann Mitteilungen über einen damals vorbereiteten Plan, eine süddeutsche

Republik zu constituiren. Da er aber fast ausschließlich auf die Tradition Rücksicht nahm und das durchaus nicht spärlich gebotene Quellenmaterial gar nicht beachtete, erschien mir, zumal ich in ungedruckten Memoiren und Acten wertvolle Aufschlüsse fand, erneute Untersuchung als dankbare Aufgabe.

Ein Anhänger der republikanischen Partei im Kölnischen, Michel Benedey, schickt der Erzählung, wie er bei diesen Plänen mitgewirkt, eine Schilderung der Zustände in den rheinischen Kurlanden voraus, die mit folgenden Worten schließt: „Solche Dinge ereigneten sich unter unseren Augen. Konnten wir es hiernach wohl sehr bedauern, wenn uns durch die Eroberung der Franzosen die Aussicht eröffnet wurde, in eine neue Verbindung zu treten, deren Grundsätze auf das philosophische, auf das Recht der Vernunft basirt waren?"

Es ist eine traurige Thatsache, daß unter der Regierung Karl Theodor's auch Bayern gänzlich zerrüttet war und der Auflösung entgegenzugehen schien. Der Wirtschaft von frommen und frivolen Günstlingen war es gelungen, ein an natürlichen Quellen des Wohlstandes reiches Land an den Rand des Staatsbankerotts zu bringen, und die Verwilderung des Volkes entsprach der Lage des Staates. Um den Glanz der Residenz zu erhöhen, wurden große Summen an Künstler gegeben, ohne daß die Kunst gefördert worden wäre. Die Ausgaben konnten nicht durch die gewöhnlichen Einnahmen gedeckt werden, deßhalb waren Staats- und Militärstellen käuflich, ja in Verleihung von wichtigen Aemtern nach Gunst und Willkür ging man so weit, daß im Staatshandbuch des Jahres 1799 (also lange vor Mill's Emancipationstheorien) außer erblichen Pflegerstellen auch weibliche Pfleger erscheinen, deßgleichen zu Stadtamhof eine Mademoiselle Grenzhauptmautnerin und zu Burglengenfeld eine wirkliche Oberforstmeisterin, die mit der Leitung zahlreicher Ober- und Unterforstmeister betraut war. Wo das Volk sich durch maßlose Bevormundung einer von Günstlingen geleiteten Bureaukratie gedrückt fühlt, ist guter Boden für regierungsfeindliche geheime Verbindungen. So auch hier. Es läßt sich kaum bezweifeln, daß der Illuminatenorden politische Zwecke verfolgte und

Umsturz der bestehenden Verfassung anstrebte. Aber die bekannte Illuminatenhetze erfolgte doch hauptsächlich auf Grund der keineswegs gerechten und unparteiischen Angaben ehemaliger Mitglieder, die ihren Austritt und ihre Anzeigen bei Gericht vor dem Publikum rechtfertigen wollten.

Mit Max Joseph zog ein besserer Geist in's Land. Der Bürger konnte ruhig auf die Regierung vertrauen, denn er wußte, daß es dort am besten Willen nicht fehle. An das Staatsruder trat ein Minister, klug und thatkräftig, wie Bayern noch keinen gehabt hatte, Montgelas.

So rasch jedoch, wie viele wünschten und hofften, konnte die verwahrloste Lage des Staates nicht verbessert werden. Die reichen rheinischen Landesteile waren in Feindeshand. Das Regierungspersonal war unter der vorigen Regierung so zahlreich geworden, daß die obersten Behörden mehr mit den Bedürfnissen des Personals, als mit denjenigen des Landes sich beschäftigen mußten. Das war ein lästiger Nachlaß, mit welchem nicht auf einmal aufgeräumt werden konnte. Das Militärwesen verschlang ungeheuere Summen, denn unter dem vorigen Regiment hatte man es gleichsam absichtlich darauf angelegt, Bayern gegen das Ausland schwach zu erhalten, um es im geeigneten Moment wie eine ausgedorrte Baumfrucht dem östlichen Nachbar in den Schoß fallen zu lassen. Die mit bedeutenden Kosten verbundene Reorganisation der Armee trug begreiflicher Weise nicht dazu bei, die neue Regierung bei den Steuerzahlenden beliebter zu machen. Ueberdies wurde verschmäht, bei neuen Organisationen und Reformen Rat und Mitwirkung der Landstände einzufordern, die sich durch die Selbstherrschaft des an pfälzische Institutionen gewöhnten Montgelas verletzt fühlten. Der dadurch hervorgerufenen Mißstimmung ist Ausdruck verliehen in einer Flugschrift: „Neuester Landständischer Bundesbrief mit Erläuterungen". Als ein kurfürstliches Rescript an die General-Landesdirection vom 30. Jänner 1800 zur Verhinderung weiterer Verbreitung dieser Schrift strenge Maßregeln anordnete, erschien ein höhnisches Pasquill, das über den Verfolgungsgeist der neuen Regierung klagt und die einzelnen Artikel jenes Rescripts einer heftigen Kritik unterzieht. Mit manchen Reformen ging das Ministerium allzu hastig voran und reizte dadurch die sogenannte altbayerische Fraction, die ohnehin in den Pfälzern nur Fremdlinge sah. Dagegen war bei anderen in Folge des Druckes unter der vorigen Regierung die Abneigung gegen alles Bestehende so groß gewachsen, daß ihnen das reformatorische Streben der Regierung weitaus nicht genügte. „Jene Herren," so schreibt der geheime Referendar Heinrich von Schenk an Jacobi, „möchten gern sämmtliche Klöster aufgehoben, Religionsgebräuche abgeschafft, die Zehnten verworfen, ein ganz gleiches Abgabensystem ohne alle Rücksicht auf erworbene Rechte eingeführt und selbst die Landesverfassung zur Beschränkung des Adels, der Geistlichkeit und des Fürsten verbessert sehen. Diese übertriebenen Forderungen erregen den Widerstand der Gegenpartei, die nun gegen jede noch so weise Verbesserung mißtrauisch wird, weil sie glaubt, es möchte dadurch der Weg zu der gefürchteten Umwälzung gebahnt werden!"

In diesen Zwiespalt von Parteibestrebungen sah sich die Regierung verwickelt, als der zweite Krieg gegen die französische Republik ausbrach.

Man hatte erwartet, daß der Schützling der preußischen Politik, der vormalige französische Offizier, jetzt Kurfürst Max Joseph, sogleich die erste Gelegenheit benützen werde, um offen zu den Gegnern des Hauses Habsburg, das ihm seit zwanzig Jahren sein Erbrecht streitig machte, überzutreten. Allein sei es daß Max Joseph damals noch den Wunsch hegte, Bayerns Verhältniß zum deutschen Reich unverletzt zu erhalten, sei es daß die ungünstige Finanzlage das gewagte Spiel eines Bruches mit dem nächsten Nachbar noch nicht als zeitgemäß erscheinen ließ, Max Joseph blieb vorerst in den Geleisen der Politik seines Vorgängers. Durch die Finanznot seines Landes gezwungen, nahm er Hilfsgelder von England in Anspruch.

Der Feldzug hatte für die Reichstruppen den ungünstigsten Verlauf. Die Oesterreicher und Bayern wurden an allen Punkten zurückgedrängt, und schon am 30. Mai 1800 wurde München durch ein Gerücht vom Herannahen der Feinde aufgeschreckt. Zwar durchzogen die französischen Truppen noch mehrere Wochen lang das schwäbische Gebiet, am 27. Juni aber hörte man von Dachau her Kanonenschüsse und Gewehrsalven. Die Münchener Garnison zog eilig ab, und der Kurfürst verließ mit seiner Familie die Hofburg und begab sich nach Amberg, wo er das ganze Jahr über blieb.

Am folgenden Tage zogen die geschlagenen Oesterreicher und Bayern im Sturmschritt durch die Stadt, die wehrlos dem Feinde preisgegeben war. Während um 12 Uhr Mittags Graf von Meerfeld mit den letzten österreichischen Schwadronen nach dem Gasteigberge abzog, rückte nur wenige hundert Schritte hinter ihnen eine Abteilung französischer Reiterei unter Trompetenschall durch das Karlsthor in die Stadt. In einer Flugschrift, deren Tendenz allerdings ausgesprochen antiklerikal ist („Beiträge zur Vaterlandskunde Bayerns") wird erzählt, daß auf dem Platze vor dem Rathaus eine große Volksmenge versammelt geblieben sei, die nicht glauben wollte, daß die einziehenden Sieger wirklich Franzosen seien, denn ein Exjesuit hatte eben noch in seiner Predigt verkündet, die Mutter Gottes vom Herzogspital werde den Feind nicht eindringen lassen. Nach derselben Quelle sah die Mehrzahl der Franzosen gar verwahrlost und unkriegerisch aus, „daß man hätte glauben mögen, ein deutsches Regiment nehme es mit vier solchen auf." Die Pantalons der Soldaten bestanden aus jenem gestreiften Zeug, welches man in den Landstädten zu Fenstervorhängen und Bettüberzügen benutzt, so daß man deren Ursprung leicht erraten konnte. Die Offiziere waren fast durchgängig sehr junge Leute. „Offiziere wie Gemeine aber waren schon nach wenigen Stunden geputzt, gepudert und parfumirt und säumten keine Minute länger, ihr Glück bei dem Münchener Frauenzimmer zu versuchen." Im Ganzen verlief Alles ordentlich und ruhig, und die Einwohner hatten Ursache, mit der Mannszucht der Feinde zufrieden zu sein. Die „Briefe eines französischen Offiziers, geschrieben im Jahre 1800," schildern ausführlich das Leben und Treiben der Franzosen in München. Die engen Straßen der bayerischen Hauptstadt boten ein bewegtes, farbiges Bild. Man sah Soldaten und Offiziere von allen möglichen Farben und Kleidungen. Der unansehnliche kleine Volontär von den Linienhalbbrigaden tummelte sich neben dem stattlichen Carabinier.

Hier stand ein Trupp Grenadiere, dort Husaren; Marketenderinnen, Troßknechte und Artilleristen, alles drängte sich durcheinander, man schimpfte und fluchte oder sang und war guter Dinge. „Die Einwohner waren es schon gewohnt, so viel Mannschaft in ihren Straßen zu sehen, obgleich es diese letzten Tage ziemlich arg war und mancher von ihnen Ursache hatte, bange zu sein. Indessen wurde die gute Ordnung doch noch so ziemlich erhalten und nur dann fand man des Morgens Todte oder Verwundete auf den Straßen, wenn die vierte leichte Halbbrigade hier über Nacht gewesen war. Dieses Korps ist wegen seiner Unverträglichkeit mit allen übrigen Truppen der Armee bekannt, es besteht aus der ehemaligen sogenannten Legion infernale. aus lauter Hitzköpfen aus den mittäglichen Provinzen, die, wo sie hinkommen und Garnison finden, sich jedesmal einzeln oder in ganzen Haufen mit ihnen herumschlagen." Am 30. Juni kam Obergeneral Moreau, blieb jedoch nicht in der Stadt, sondern begab sich sogleich nach Nymphenburg, wo er alle Mussestunden der Pürschjagd widmete. Die Generale le Caen, Richard und Andere quartierten sich in die Paläste der Adeligen, welche mit dem Kurfürsten geflohen waren, ein und veranstalteten auf Kosten ihrer abwesenden Wirte täglich glänzende Bälle und Schmausereien. Aus den Einquartierungsacten geht hervor, daß allein das kurfürstliche Hofkeller- und Küchenamt täglich über 1000 fl. für Weine und Lebensmittel verausgabte. Doch ließen sich die französischen Gäste auch die edleren Genüsse nicht entgehen, die ihnen die Stadt bieten konnte. Wie Moreau große Vorliebe für die deutsche Literatur hegte, so war General Desolle ein enthusiastischer Verehrer der deutschen Musik. Auf seinen Wunsch wurde durch die kurfürstliche Kapelle, die einen hohen Ruf genoß, Haydn's „Schöpfung" aufgeführt, die selten ein so begeistertes Publikum fand als jene französischen Offiziere. Babo, der bekannte Poet und Hoftheater-Intendant, sah sich durch den Enthusiasmus der überrheinischen Gäste, die sich an Opern gar nicht satt sehen und hören konnten, häufig in Verlegenheit gesetzt. Ihre Verehrung für die bildenden Künste bekundeten die Franzosen in eigenthümlicher Weise. Mannlich, damals Director der kurfürstlichen Gemäldegalerie, erzählt in seinen Memoiren ausführlich von den unangenehmen Besuchen des Commissärs Neveu in den Sammlungen. Auch dieser Herr versagte den hier gebotenen Schätzen nicht die gebührende Bewunderung, schrieb aber sogleich auf die Gemälde, die ihm am besten gefielen, mit Kreide: „Republique française", ein Zeichen für die Grenadiere, die den Raub abholen mußten. Vorstellungen bei dem Divisionsgeneral erzielten nur die Antwort: „Es kann nicht die Rede sein von Bedingungen und Schwierigkeiten zwischen Sieger und Besiegten, der erste befiehlt, der andere gehorcht gutwillig oder weicht der Gewalt." Auch die den bayerischen Kreislanden auferlegte Contribution von 8 Millionen Livres (nur durch die Fürsprache des preußischen Residenten Harnier auf 6 Millionen ermäßigt) erinnerte die Münchener eindringlich an das Verhältniß, in welchem ihre Gäste zu ihnen standen. Aus den wiederholten Anrufen der französischen Befehlshaber und des Generalhofcommissariats wegen Teilnahme von Bürgern und Bauern an Händeln mit den Soldaten wird ersichtlich, daß die Beziehungen nicht immer so friedlich blieben, wie die oben berührten Briefe des französischen Offiziers vermuthen ließen. Auch tauchen in den Zeitungen nicht selten Nachrichten auf, daß Franzosen in den benachbarten Gehölzen tot aufgefunden wurden.

Im September wurde durch Abschluß eines Waffenstillstands die Hoffnung geweckt, daß der Friede nahe sei, doch vergeblich! In der Nacht vom 28. November sah man von den Münchener Kirchthürmen aus in der Richtung gegen Hohenlinden die Wolken blutrot gefärbt von den Wachtfeuern der beiden zur Schlacht gerüsteten Armeen. Der Kanonendonner am folgenden Tage verkündete den Beginn des Kampfes und bald der Transport von Gefangenen die Niederlage der Bayern und Oesterreicher. Das bayerische Corps allein hatte in dieser Schlacht den Verlust von 5000 Mann zu beklagen.

Doch gerade auf diese Niederlage baute eine über ganz Bayern verbreitete Partei neue Hoffnungen. Außer denjenigen, die im Interesse ihrer revolutionären Grundsätze ein siegreiches Vorgehen der republikanischen Armeen wünschten, gab es auch eine Menge Erfolgs-

Politiker, die da urteilten: „Der Krieg nahm für die Waffen der Legitimität unglücklichen Ausgang, also war er von vornherein ungerecht!"

Es bildete sich ein Geheimbund, der in München seinen Hauptsitz hatte. Die Nachforschung in den bayerischen Archiven ließ zwar nicht auf ausführliche Nachrichten darüber stoßen, aber wenigstens ein Act des Generalhofcommissariats über Münchener Polizeigegenstände ist nicht ohne Belang.

Am 18. August 1800 berichtet Polizeidirector Baumgartner dem in Amberg residirenden Kurfürsten, daß in München insgeheim eine revolutionäre Flugschrift mit dem Titel „Wahrer Ueberblick der Geschichte der bayerischen Nation, oder das Erwachen der Nationen nach einem Jahrtausend" verbreitet werde. Wenige Tage später kam auch das Hofcommissariat in Besitz dieser Broschüre und eines weiteren revolutionären Schriftchens: „Danksagungsadresse von der bayerischen Nation an Kurfürst Max IV.", und beauftragte den Hofrat, in Verbindung mit der Polizei den Vertrieb dieser Schrift zu verhindern und auf Verfasser, Drucker und Verleger zu fahnden. Polizeidirector Baumgartner berichtet darauf, er habe von Haussuchungen bei Buchdruckern und Buchhändlern der gegenwärtigen Umstände halber, die alle auffallenden Maßregeln verbieten, Umgang genommen, er höre jedoch allenthalben, daß die erwähnten Schriften wegen der darin gewagten Aeußerungen gegen die höchsten Personen nur mit Indignation vom Publikum aufgenommen würden. Das Hofcommissariat ordnete jedoch sofort an, daß jene Haussuchungen bei allen Buchbindern und Bücherverlegern von den betreffenden Justizbehörden vorzunehmen seien. Dagegen überwies ein kurfürstliches Rescript vom 28. August die fernere Untersuchung der Polizei; die Justizbehörden sollten erst dann angerufen werden, wenn gegen gewisse Individuen oder vielleicht ganze Gesellschaften solche Anzeichen sich ergeben hätten, daß über ihre Strafwürdigkeit kein Zweifel bestehen könnte. Bald darauf erstattete von Regensburg aus Graf Lerchenfeld an das Hofcommissariat die Anzeige, daß die Schriften revolutionären Inhalts sich mehrten, er könne folgende namhaft machen: 1. „Ueber Süddeutschland"; 2. „Die süddeutschen Unterthanen über Krieg und Frieden mit Frankreich, 1800"; 3. „Die zehn Gebote für Bürger und Bauern in Bayern, 1800"; 4. „Anschlag oder appendix zu allen gegenwärtigen und künftigen Präliminarien, 1800"; 5. „Der Bannstrahl des Hofes gegen den neuesten landständischen Bundbrief in Bayern"; 6. „Constitution der Republik Frankreich vom Jahre 8 mit aufklärenden Noten, 1800"; 7. „Danksagungsadresse von der bayerischen Nation an Max Joseph"; ausserdem zwei geschriebene Pasquille: „Max Josef dem Zweiten, Kurfürsten von Pfalzbayern, in das Ohr und in das Herz gesprochen", und: „Er aber verbarg sich und ging zum Tempel hinaus!"

Mit dieser Anzeige verschwindet die ganze Untersuchung aus den Acten des Hofcommissariats; auch in den Tagebüchern dieser Behörde findet sich keine weitere Spur.

Dem Publikum enthüllte die ersten bestimmten Nachrichten über die Verschwörung eine Flugschrift, die im Jahre 1801 erschien: „Vertrauliche Briefe aus München vom 1. Juli bis 31. December 1800, an einen Freund außerhalb Bayern geschrieben", deren Inhalt auch in die Broschüre „Beiträge zur Vaterlandskunde Bayerns" überging. Der Verfasser der Vertraulichen Briefe erzählt, „der dummkatholische Pöbel" in München sei seit der Ankunft des neuen Kurfürsten auf vielfache Weise verletzt worden, insbesondere durch das Abhalten eines evangelischen Gottesdienstes für die „ketzerische" Kurfürstin. Dazu die drückenden Militärabgaben und seit Einrücken der Franzosen die Einquartierungslasten und die Theuerung der Lebensmittel. Durch dies Alles sei der Boden für die revolutionären Umtriebe der Clubisten geebnet worden. Diese hätten nun allerlei regierungsfeindliche Lügen ersonnen, „die von Bettelmönchen und einigen tückischen Pfaffen nachgebetet wurden". Eine Hauptrolle dabei spielte die Beschuldigung, daß die an den Kurfürsten von England gezahlten Subsidiengelder an allen Drangsalen des Landes Schuld trügen. Es wäre auch unzweifelhaft zu einem Aufstande gekommen, „wenn das Demokratisirungssystem von Seiten der französischen Regenten noch immer an der Tagesordnung wäre, hätte man nicht etwa Preußen und seiner Alliirten Macht, denen das weitere Demokratisiren in Deutschland unmöglich behagen konnte, fürchten müssen, würden einige geistliche und weltliche edle bayerische Patrioten ihren irregeführten Landsleuten nicht die Augen geöffnet haben". Die Anzeige über die gefährlichen Umtriebe der Clubisten sei zuerst von Franzosen gemacht worden.

„Sie haben", soll einst der französische Stadtkommandant zu München, Namens Ritay, ein unbescholtener Mann, einem Freunde des Verfassers erzählt haben, „große Schufte in München, die ihren Fürsten und ihr Vaterland gleichmäßig hassen, jenen verderben und dieses in namenloses Unglück stürzen möchten. Die Beweise davon habe ich in meinen Händen. Man hat mir Anträge gemacht, worüber ich erstaunte. Unter diesen Revolutionsmännern zeichnete sich aus ein gewisser B—, ein Mensch eines verruchten Sinnes, unserem Robespierre nicht unähnlich. Was mich noch mehr ärgert, ist, daß sich unter dieser Rotte Menschen finden, die Euer Fürst reichlich bezahlt." „Noch nicht waren die Franzosen in Münchens Mauern," fährt der Verfasser der „Vertraulichen Briefe" fort, „als schon der Clubistenchef N. auf Geheiß seiner Maitresse, die im Privatclub den Ton stets anzugeben pflegt, den fremden Gästen Bier, Wein, Liqueur vor's Thor entgegenschickte. Andere Clubisten konnten über die Ankunft der Franzosen so wenig ihre Freude mäßigen, daß sie voll Triumphes den Kaffee= und Wirthshäusern zuliefen und den dort Anwesenden die Ankunft der Gallier auf's freudigste verkündigten, mit dem Zusatze: „Nun wird es in Bayern bald besser gehen!" Vorzüglich im B—schen Garten sei der Hauptsammelplatz der Landesverräter gewesen. Auch verschiedene Flugschriften, „mit Robespierre'scher Wuth und plumper Verläumdungssucht geschrieben", seien von dieser Gesellschaft ausgegangen, und damit sie unter das Landvolk gelangten, habe man sie heimlich auf der Schranne in die Getreidesäcke der Bauern gesteckt. Die Hauptloge war in dem Hause des Baron H . . . in der Weinstraße; kleinere Versammlungen tagten in mehreren Bürgerhäusern. Einer der thätigsten Clubisten sei ein gewisser B . . ., ehemals Hofmeister, gewesen: er sei oft als Emissär zur Verbreitung der revolutionären Idee in die Landstädte geschickt worden; auch der Kurfürst in Amberg sei von solchen Emissären auf Schritt und Tritt bewacht worden. Das Petschaft, dessen sich diese Missionäre der Revolution bedienten, war von der Größe eines Groschenstückes und enthielt drei leere Felder, über welchen ein Merkur schwebt. Der Hauptplan habe ungefähr folgende Punkte umfaßt: 1. In engster Verbindung mit den auswärtigen Brüdern zu stehen; 2. auf den Landesherrn und alle redlichen Bayern stets zu lügen und diese Lügen fleißig in französischen Zeitungen abdrucken zu lassen; 3. das bayerische Militär zu verführen und nach und nach für sich zu gewinnen; endlich 4. Missionäre in den Provinzialstädten aufzustellen, die das Volk für die gute Sache bearbeiteten.

Der Herausgeber der „Beiträge zur Vaterlandskunde" scheint den Inhalt der „Vertraulichen Briefe", den er mitteilt, nicht seinem ganzen Umfange nach für authentisch zu halten, denn er fügt eine Anmerkung hinzu, er lege diese Aeusserungen des Patrioten nur deßhalb unverändert vor, um dadurch vielleicht eine Erklärung über die Richtigkeit oder Unrichtigkeit einer für die Ehre der deutschen Nation so wichtigen Erscheinung zu veranlassen; eine solche Erklärung sei um so wünschenswerter, weil wirklich ähnliche, in manchen anderen Ländern gefürchtete und verfolgte Revolutionsgespenster bloß als Geschöpfe der Einbildungskraft oder des Parteigeistes sich erwiesen.

K. F. Neumann, der weder die „Vertraulichen Briefe", noch die „Beiträge" kannte, erlangte durch mündliche Mitteilungen Kenntniß von dem Republikproject. Ein Beamter des Medicinalcollegiums, Namens Kraus, und seine Frau, die selbst in das Geheimniß der Verbindung eingeweiht waren, erzählten ihm manche Einzelnheiten. Nach ihrer Aussage tagte der Club im Keller eines Hauses in der Weinstraße, wohin auch schwäbische Abgeordnete häufig gekommen seien. Eine geheime Druckerei sei dort eingerichtet gewesen, die Flugschriften selbst seien von Baron G. von Aretin, von Hazzi und Utschneider verfaßt worden. Zwei solche Broschüren bezeichnete Kraus namentlich: „Ueber Süddeutschland" und „Wahrer Ueberblick der Geschichte der bayerischen Nation oder das Erwachen der Nation nach einem Jahrtausend". Auch sprach Kraus davon, daß die geheime Gesellschaft in Verbindung mit Moreau trat, von ihm jedoch abgewiesen wurde. Neumann erhielt das Versprechen, daß ihm die Proclamationen des Clubs mitgeteilt würden. Kraus starb jedoch plötzlich, und Neumann konnte nur eines einzigen Schriftchens habhaft werden, das unter dem harmlosen Titel: „Die Folgen des Friedens in Bayern. Straßburg im neunten Jahre der Republik" entschieden revolutionären Inhalt verbirgt. Ein Bekannter Neumann's erhielt die Bestätigung der Angaben des Kraus aus dem Munde des vormaligen Premierministers Grafen Montgelas, der ihn auf das künftige Erscheinen seiner Memoiren verwies, wo alle Einzelheiten aufgezeichnet seien. Nach dem Tode des Ministers bat Neumann den Sohn um Mitteilung der hinter= lassenen Denkwürdigkeiten, erhielt jedoch abschlägigen Bescheid. Der nämliche Versuch von meiner Seite erzielte kein günstigeres Resultat.

Dagegen glückte es mir, sehr genaue Nachrichten über jene Revolutionspropaganda in einem anderen Manuscript, den schon oben angeführten Memoiren des Galeriedirectors von Mannlich, zu finden. Mannlich spielte in dieser dunklen Episode der neueren bayerischen Geschichte sogar eine Hauptrolle, er war „Spion wider Willen".

Unter den Franzosen, die mit Moreau's Armee in München einzogen, befand sich auch ein Neffe Mannlich's, de Bisnes, der die Stelle eines Commissärs bei der Armee bekleidete. Durch ihn wurde Mannlich mit zwei anderen Commissären bekannt, Sotin, der früher unter dem Regiment des Wohlfahrtsausschusses Polizei= minister in Frankreich war, nach seinem Sturze aber sich mit dieser bescheidenen Stelle in Moreau's Armee begnügen mußte, und Rochelle, der zu Moreau selbst in freundschaftlichen Bezie= hungen stand.

Sotin wird als eine bedeutende Erscheinung geschildert. „Er war von mittlerer Figur, seine schwarzen, struppigen Haare gingen schon in's Graue über, seine Augen brannten düster, die Gesichts= farbe war fahl, kurz er war in der äussern Erscheinung ganz ein Jakobiner, wie sie von den Emigranten geschildert worden waren". Dagegen hatte Mannlich Gelegenheit, den Charakter des Franzosen von der besten Seite kennen zu lernen; auch Rochelle wird als ein Mann von frostigem Temperament, aber ehrlichem Charakter geschildert.

Da diese beiden Commiſſäre die Gewährsmänner für Mannlich's Angaben sind, so wird es angemessen sein, auf die Erzählung über ihr Auftreten in München näher einzugehen.

Rochelle wohnte im Hause des vormaligen Zweibrückener Ministers Salabert, der im Gefolge des Kurfürsten nach Amberg mitgezogen war und die Aufsicht über sein Haus einem Freunde, de Boyes, überlassen hatte. De Boyes, vormals General im Dienste Ludwigs XVI., hatte sich bei Beginn der Revolution nach Deutschland geflüchtet und bei seinem alten Freunde Salabert gastliche Aufnahme gefunden. Da es für den royalistisch gesinnten Emigranten begreiflicher Weise peinlich sein mußte, den Wirt eines Jakobiners darzustellen, lud er den ihm befreundeten Mannlich zum Diner ein.

Mannlich fand in dem gefürchteten Revolutionär einen Mann von sanfter Physiognomie und anständigem, zwangloſem Benehmen, der wenig sprach, aber immer höflich und zuvorkommend blieb. Nach dem Kaffee entfernte er sich und ließ seinen Wirt mit Mannlich allein. De Boyes, der aus Furcht vor seinem Gaſte eine traurige Rolle gespielt hatte, wagte jetzt wieder zu athmen. „Haben Sie bemerkt", rief er, „daß er seinen Bart unter der Cravatte versteckt, das ist das untrügliche Zeichen ihres versteckten Charakters. Trauen Sie ja diesem heißblütigen Jakobiner nicht zu sehr. Er ist der Vertraute Moreau's, der selbst schon, um ihn zu besuchen, in unser Haus kam!" Mannlich hielt den Gast nicht für so gefährlich, leistete jedoch der Bitte de Boyes, immer mit ihm und dem Franzosen zu speisen, Folge und kam alle Tage zum Diner.

Außerdem aber gab es zahlreiche Gelage und Bälle, die von den französischen Offizieren auf Kosten der Münchener Herren veranstaltet wurden, an denen jedoch Moreau nie Teil nahm. Bei einem solchen Gastmahl, dem auch der Commiſſär Sotin anwohnte, kam die Rede auf die gänzliche Vernichtung des Handels in Frankreich. Ein General sagte leichthin, die Königin Mode werde diese commerciellen Zustände bald wieder bessern, die Thor=

heit der Weiber in Europa werde bald nach wie vor Frankreich Millionen einbringen. „Das wäre möglich", warf Sotin ein, „wenn wir noch eine Marie Antoinette auf unserm Thron hätten. Sie werden mich aber nicht glauben machen, daß jemals eine Madame Bonaparte für die Frauen Europa's den Ton angeben wird, wenn sie sich auch auf dergleichen verlegen wollte. Da wir jedoch nichts erreicht haben, als daß wir die Unterdrücker, die Geißeln der Nationen geworden sind, wäre es für uns hundertmal besser gewesen, wenn wir den milden Despotismus unserer Könige fort= ertragen, Ketten behalten hätten, die weit weniger drückten als die= jenigen, die man uns heute, immer unter dem heiligen Namen der Freiheit, zu schleppen giebt."

Keiner der anwesenden Franzosen widersprach den heftigen Auslassungen Sotin's, in denen sich der bittere Groll des Republi= kaners gegen Bonaparte offenbarte.

Kurze Zeit darauf hatte Mannlich Gelegenheit, sich von der Ehrlichkeit Sotin's zu überzeugen. Dieser hatte bedeutende Lieferungen von Korn und Haber ausgeschrieben. Die Münchener Commission für Verproviantirung der französischen Truppen gab sich alle erdenk= liche Mühe, ihn zur Herabsetzung der Leistungen zu bewegen, und bot ihm selbst 200 Louisd'or an. Er wies das Offert mit Ent= rüstung ab und äusserte sich gegen Mannlich, der ihn ebenfalls um Nachlaß anging, er sei der Nährvater von 100,000 Mann, die sich in und um München befinden und das Geforderte nötig haben; wollte er die angebotene Summe annehmen, so würde dies der Bürgerschaft nichts nützen, denn er würde doch bald abziehen und sein Nachfolger rücksichtslos die Forderung erneuern müssen.

Sotin und Rochelle blieben aber auch nach dem Abzuge Moreau's in München zurück, weil sie zur Beaufsichtigung der Magazine be= stimmt wurden. Mannlich kam fast täglich mit ihnen zusammen und überzeugte sich immer mehr, daß nicht alle Jakobiner in Wirk= lichkeit die Tiger wären, wie sie von den Emigranten geschildert zu werden pflegten.

Eines Tages gestand dies Mannlich offen ein. Sotin erwiderte: „Das überrascht mich nicht. Man hat uns so viele Grausamkeit, so

viel Ungerechtigkeit, so schreckliche Verbrechen zur Last gelegt, daß
wir es jetzt als große Gunst betrachten müssen, wenn man uns
überhaupt in anständiger Gesellschaft duldet. Es waren fast nur
redliche, gefühlvolle, aufrichtig das Gute anstrebende Männer, die
sich ursprünglich im Jakobinerclub vereinigten. Von dieser Gesell=
schaft gingen die ersten Reden in der Nationalversammlung aus;
was dort gesprochen wurde, war schon vorher bei uns beraten
und erwogen worden. Wie bei uns in Frankreich überhaupt Alles
bald Manier wird, so wurde es auch Mode, Jakobiner zu sein;
unser Club vergrößerte sich rasch auf erstaunliche Weise, wodurch
alle übrigen Parteien in Schrecken gerieten. Sie schlugen Lärm;
da es aber schwer ist, einfache Leute zu verläumden, die keinen
anderen Ehrgeiz kennen als das aufrichtige Streben, Gutes zu thun,
suchte man uns von einer anderen Seite zu verderben, durch uns
selbst. Falsche Brüder mischten sich unter uns, und unter dem
Vorwande, eifrigst für unsere Principien zu kämpfen, suchten sie
dieselben nur durch Uebertreibungen zu erniedrigen. Anträge, die
täglich blutiger, räuberischer und barbarischer wurden, überstürzten
sich, und um unserem Namen den Fluch der Menschheit aufzu=
bürden, verbrüderte man sich mit der gemeinsten Canaille zur Durch=
führung jener Anträge. Daher die Galgenurteile, die Metzeleien,
die Schreckensherrschaft. Die wahren Patrioten waren bald in
unserem Club eine verschwindende Minderheit. Wer sich gemäßigt
zeigte, wurde als Vaterlandsverräter gebrandmarkt, und viele
ächte Jakobiner starben auf dem Schaffot. Ich selbst wurde des
Hochverrats bezichtigt und eingekerkert. Da in jener Zeit angeklagt
und guillotinirt werden auf das nämliche hinauslief, gab ich mich
selbst verloren. Nach einiger Zeit holte man mich jedoch zu einem
Verhör ab, und ich erschien vor Gericht. Nach etlichen ver-
fänglichen Fragen, die von meinen Richtern gestellt wurden, begann
ich selbst zu sprechen. Die Entrüstung und der Schmerz darüber,
daß ich sehen mußte, wie mein Vaterland in seinen eigenen Ein=
geweiden mit grauelvollem Wahnsinn wühlte, machte mich beredt.
Das Publikum klatschte mir Beifall zu und rief: Er ist unschuldig,
die Anklage ist falsch! Meine Richter hielten für angemessen,

das einstimmige Urteil der Zuhörer zu bestätigen, ich war frei! Aber nicht alle Gesinnungsgenossen waren so glücklich. Die falschen Jakobiner, die von unseren Gegnern selbst unter uns gemischt waren, fanden es zu süß, eine zahllose, stumpfsinnige Menge nach Willkür zu leiten, sie bedachten in ihrem Wahnwitz nicht, daß dieses nämliche Volk bald auch ihr Henker sein werde. Auch die verschiedenen Parteien sahen sich in ihren Erwartungen getäuscht; ihre Sendlinge, die Jakobiner geworden waren, ächteten und mordeten Adel und Klerus, confiscirten und verpraßten ihr Gut.

„So kam es, daß die wahren Jakobiner des Rufes dieser Schurken teilhaftig wurden. Dies hindert aber nicht, daß die ächten Grundsätze der Stifter des Clubs noch immer in Frankreich auf wahre Freunde zählen können, insbesondere in jener Armee, die Moreau befehligt, der eine Hauptstütze jener edlen Principien. Da aber diese Wohlgesinnten sehen, daß Intriguen, Spiel, Ehrgeiz und militärischer Despotismus bereits die Oberhand gewonnen, wagen sie nicht mehr, ihre Ansichten offen zu zeigen, und begnügen sich, die Republik liebend in's Herz zu schließen, auch jetzt noch, da ihr Ende bevorsteht!

„Ich sah mich einst auf eine der ersten Machtstufen in Frankreich erhoben. Ich war Polizeiminister, und diesem Beamten mußte man wohl bei einer so schlimm geleiteten Revolution, wie es die unsere war, fast unbegrenzte Gewalt einräumen. Mein Name ist durch den 18. Fructidor berüchtigt geworden. Die Emigranten, die ich nicht liebe, da sie ihren König, dem sie doch treu ergeben zu sein vorgaben, feig verließen, hatten Ursache, mit mir unzufrieden zu sein, und verlästerten also meinen Namen.

„Aeussere Kriege waren notwendig geworden, um dem inneren Krieg ein Ende zu setzen. Man warf der Welt den Fehdehandschuh hin. Unsere Erfolge schmeichelten nur allzu sehr der Eitelkeit der Franzosen, die bald in ihrem Wahn Gut, Blut und sogar die Freiheit opferten, um sich dem Despotismus zu überliefern.

„Ein Mann von meiner Denkungsart, die ich in keinem Augenblick des Lebens verleugnet habe, paßte nicht zu Leuten, die sich schon heimlich um die bunten Lappen des Königsthums stritten und

das Volk auf's Neue zu verführen strebten. Ich wurde von einem
Platze entfernt, der zu wichtig war, als daß ich den künftigen
Tyrannen nicht hinderlich hätte werden müssen. In Moreau's
Armee erhielt ich eine Stellung als Commissär. Bei Moreau finden
sich alle wahren Patrioten, alle ächten Jakobiner zusammen, und
ich kann sagen wie Cato: Rom ist nicht mehr in Rom, es ist da, wo
ich bin!"

Gerade dieser Republikaner nun machte Mannlich zuerst auf
das versteckte Treiben der Gesellschaft, die sich mit Umsturzideen trug
und in Bayern bereits Boden gewonnen hatte, aufmerksam.

Als Sotin von Mannlich Abschied nahm, weil nach geschlossenem
Frieden auch seine Geschäfte in München beendigt waren, zog er
ihn auf die Seite und sagte: „Ich weiß, daß Sie ihrem Kurfürsten
eifrig ergeben sind. Ich habe über den Charakter und die Regierung
dieses Fürsten Erkundigungen eingezogen, es ist mir das Beste über
ihn gesagt worden. Das hat mir Achtung vor seiner Persönlichkeit
eingeflößt, gerade deßhalb aber darf ich Ihnen nicht verhehlen, daß
es unter der hiesigen Bevölkerung, und sogar unter den Leuten, die
im Dienste des Kurfürsten stehen, nicht an solchen fehlt, die auf das
Verderben des Fürsten sinnen und um jeden Preis dieses Land in
Aufruhr hetzen wollen. Diese Thoren! Sie wissen nicht, was das
heißt! Um es zu kennen, muß man die Schreckenszeit durchlebt
haben, wie wir. Wenn sie es übrigens wirklich durchsetzen, den
Pöbel zum Aufstand zu bringen, so lassen Sie es mich wissen und,
weiß Gott, ich, der Jakobiner, der Feind aller Despoten, werde
kommen und will mich für jenen Fürsten schlagen, weil er mir zu
sein scheint, was ein König sein muß: Der Vater seines Volkes!"

Mannlich legte auf diese Aeusserung keinen Wert und hielt die
Münchener Verschwörung für ein Phantasieproduct, denn kein Zeichen
deutete auf Unruhen, kein Lüftchen kündigte den Sturm an.

Rochelle mußte länger als Sotin in der bayerischen Hauptstadt
bleiben, weil er mit dem Verkaufe der überflüßigen Pferde und
Wagen betraut war. De Boyes war durch den längeren Umgang
mit ihm durchaus von seiner Abneigung bekehrt worden. Ja, als
so viele tausend Franzosen in die Heimat zurückkehrten, beschlich auch

ihn das Heimweh, um jeden Preis wollte er die „einzige" Stadt wiedersehen! Rochelle vermittelte, daß der alte Emigrant den Paß eines Offiziersbedienten erhielt, sodaß der ehemalige General in der Livree eines Jakobiners nach Paris zurückkehren konnte. Er starb dort in seinem Hause, ohne daß man ihn je beunruhigt hätte.

Nach dem Friedensschlusse kehrte auch der Exminister Salabert in sein Münchener Hotel zurück, wo Rochelle einquartiert war. Salabert war zu jeder Zeit ein begeisterter Verehrer der „großen Nation" gewesen, diese Verehrung hatte ihm sogar vor wenigen Jahren nach der Rückeroberung Mannheim's durch die Oesterreicher längere Haft zugezogen. Er trat zu Rochelle rasch in ein freundschaftliches Verhältniß, und Mannlich fehlte nie als Dritter bei den amusanten Diners des gastfreundlichen Hauses.

Als Rochelle seine Geschäfte beendigt hatte und sich zur Rückkehr nach Paris anschickte, bat er Mannlich um eine Unterredung unter vier Augen. Mannlich war nicht wenig erstaunt, als er inne wurde, daß auch das Thema dieser Unterredung mit den Abschiedsworten Sotin's übereinstimmte. Rochelle sagte zu ihm:

„Ich glaube, der aufrichtigen Freundschaftsgefühle wegen, die Sie mir eingeflößt, Ihnen ein vertrauliches Geständniß zu schulden. Deßhalb will ich Sie in Kenntniß setzen, daß Ihr Bayern reif ist zur Revolution, die nur von den unglücklichsten Folgen begleitet sein kann. Was ich Ihnen anvertraue, beruht nicht bloß auf Verdacht oder vagen Gerüchten. Eine Verschwörung besteht, ich kenne Namen und Rang der Verschworenen, ich kenne ihren Plan und die Mittel, deren sie sich bedienen wollen.

„Gäbe es nicht Leute unter ihnen, die nur verführt wurden, die schlicht und ehrlich des Glaubens sind, daß die Freiheit ihrem Vaterlande nur Glück bringen werde, so würde General Moreau sie als Treulose und Undankbare dem Kurfürsten ausgeliefert haben. Denn wenn Sie die Liste der Verschworenen sehen könnten, würden Sie an der Spitze sehr bekannte Namen finden, die Sie am allerwenigsten dort vermutet hätten.

„Kurz nach unserem Einzug in München ließ sich in aller Stille bei General Moreau eine Deputation anmelden, die ihm Geheimnisse von größter Wichtigkeit mitzuteilen habe. Er empfing sie und hörte sie an. Sie eröffneten ihm den Plan: auch Bayern soll nach dem Beispiel Frankreichs das Joch der Tyrannei abschütteln und sich als Republik unter dem Schutz der französischen Republik constituiren. Dankbar werde dann der neue Tochterstaat keine anderen Freunde und Feinde mehr haben als diejenigen Frankreichs. Dem Kurfürsten und seiner Familie aber sollte die Rückkehr nach Bayern abgeschnitten werden. Moreau erwiderte, es sei durchaus keine leichte Sache, an Stelle eines gestürzten Regiments eine Republik zu setzen, die wirklich im Stande wäre, das Volk glücklich und frei zu machen; dazu müsse man zuverlässige Mittel vorbereitet haben, und redliche, aufgeklärte Männer seien vonnöten, die das Staatsruder so geschickt zu leiten verständen, daß der Anarchie, die hundertmal schlimmer als der früher ertragene Despotismus, vorgebeugt werde. Die Abgesandten gaben darauf einhellig dem General die Versicherung, es sei bereits Alles im voraus berechnet, seit langer Zeit seien die nötigen Vorkehrungen getroffen. Es gebe nicht Einen Flecken in Bayern, wo nicht geeignete Leute in das große Unternehmen eingeweiht seien, vollkommen bereit und gerüstet, zur That zu schreiten, falls die französische Republik den Plan billige und Unterstützung gewähre. Als Moreau einsah, daß diese Leute wirklich einen festen Plan geschmiedet, gab er ihnen den Rath, sie möchten sich die Sache nochmals reiflich überlegen, und fügte in artigster Weise die Bemerkung hinzu, er sei nach Bayern geschickt, um den Feind zu schlagen, nicht aber um dort eine Republik zu gründen. Nachdem die Deputation sich entfernt hatte, gingen wir die Liste der Verschworenen, die sie dem General überreicht hatten, durch und fanden eine überaus große Anzahl von Namen. Wenn diese guten Leute wüßten, sagte der General, was eine Revolution bedeute, wie wir es erfahren haben, würden sie sicherlich nicht so eifrig sein, ihr Land zu revolutioniren.

„Zwei Tage darauf kamen die nämlichen Männer wieder und übergaben die Liste der Mitverschwornen in den Landstädten. Sie hoben auch hervor, welch großen Vorteil Frankreich aus dem engen Anschluß Bayerns ziehen werde, weil dadurch eine starke

Schutzwehr gegen den natürlichen Feind der Republik, das Haus Oesterreich, geboten wäre. Sie wurden jedoch von Moreau mit gleichem Bescheid wie früher abgewiesen.

„Hartnäckig an ihrem Project festhaltend, suchten sie nun meine Gunst zu gewinnen, damit ich ihre Sache bei Moreau vertrete. Sie führten mich in ihren Club ein, der zahlreich besucht war. Unter den Mitgliedern waren einige aufgeklärte Köpfe, die, für Freiheit und öffentliche Wohlfahrt begeistert, gleichwohl alle gewaltsamen und blutigen Mittel verabscheuten, wahre Jakobiner, dieses Namens würdig. Andere aber, die sich in endlosen Reden ergingen, kannten keinerlei Bedenken. Eine kleine Anzahl von Männern, die unter sich selbst abgeschlossen schien, gab sich alle Mühe, mich von den Vorteilen zu überzeugen, die der französischen Republik durch den Anschluß des befreiten, dankbaren Bayerns geboten wären. Einer von ihnen, der alle anderen mit Wink und Wort leitete, verbreitete sich besonders schlau und beredt über diese Seite der Angelegenheit, ich glaubte einen unserer Straßenredner zu sehen und zu hören, die das gute Pariser Volk zu allen Schreckensthaten zu bearbeiten wußten. Die Antworten, die er mir auf mehrere Fragen gab, bestätigten meine Ansicht über ihn; ich erkannte ihn und nenne ihn Euch als das Haupt der Verschwörung, als einen Mann von aufgeklärten, aber ruchlosen Grundsätzen. Er heißt Outschneider (Utzschneider). Seien Sie vor ihm auf der Hut und überwachen Sie sein Treiben!

„Obwohl ich diese Clubisten belehrte, wie schrecklich die Folgen einer Revolution, und den Rat gab, dem thörichten Plane zu entsagen, kamen sie doch zum dritten Mal zum General, dem ich meine Beobachtungen mitteilte. Diesmal ließ er sie nicht mehr vor, sondern ließ ihnen sagen, er werde sie, wenn sie nochmals kämen, die Treppe herabwerfen lassen."

Als Rochelle diese Mittheilungen beendigt hatte, zog er seine Uhr und sagte: „Es ist spät, ich muß noch einpacken". Darauf umarmte er seinen Freund und entfernte sich.

Männlich war im ersten Augenblick so bestürzt, daß er nicht ein Wort über die Zunge bringen konnte. Nachdem Rochelle fortgegangen war, beschäftigten ihn tausend Fragen. Jetzt konnte er nicht mehr an der Existenz einer Verschwörung zweifeln. Rochelle war nicht der Mann, bei einer so wichtigen Sache der Einbildungskraft nur den mindesten Spielraum zu gewähren. Die Gefahr schien zwar beseitigt, da Moreau den Verschwornen keine Unterstützung gewähren wollte, jedoch nur für den Augenblick, da die geheime Gesellschaft ihre Umtriebe fortsetzen konnte, um in günstigerem Moment offen ihren Plan ins Werk zu setzen.

Sollte er Anzeige machen? Nur ein Name war ihm bekannt. Dieser eine Mann war ein vertrauter Freund des Ministers Montgelas und besaß großen Einfluß in seiner eigenen Stellung. Wenn Rochelle abgereist, hatte er keinen Zeugen für die Wahrheit seiner Aussage aufzustellen. Er konnte den Kurfürsten nur beunruhigen, ohne ihm Beweise liefern und die Bestrafung der Schuldigen herbeiführen zu können.

Endlich verfiel er auf den Gedanken, Rochelle werde die Sache wohl auch seinem neuen Freunde Salabert anvertraut haben, da ja dieser noch immer einflußreiche Mann am besten geeignet, die nötigen Vorkehrungsmaßregeln zu betreiben.

Nach einer schlaflosen Nacht begab er sich zu Salabert, bei welchem gerade auch Herr von Haymann, preußischer Botschafter, auf Besuch anwesend war. Betroffen darüber, daß Salabert der wichtigen Angelegenheit mit keinem Worte gedachte, platzte Mannlich mit der Frage heraus, was denn Salabert zu den Enthüllungen Rochelle's sage. Nun sah er zwar bald ein, daß dem Minister Nichts mitgeteilt worden war, konnte aber den stürmischen Fragen desselben nicht mehr ausweichen und eröffnete Alles, was er gehört. Unmittelbar darauf ließ Salabert einspannen und eilte, wie Mannlich bald erfuhr, zum Kurfürsten.

Als Mannlich Abends in's Theater kam, wurde er durch einen Lakai in die fürstliche Loge gerufen. Als er eintrat, erhob sich Max Joseph und sagte mit einem Anflug von Sarkasmus: „Ich hätte nie geglaubt, daß ich von Andern früher als von Ihnen selbst, mein lieber Mannlich, erfahren müßte, daß Sie eine Verschwörung entdeckt haben, die sich gegen mich, meine Familie und den Staat überhaupt richtet. Nur der Anhänglichkeit Salabert's und Haymann's verdanke ich die wichtige Nachricht. Warum haben Sie darüber geschwiegen?"

„Weil die Gefahr schon vorüber war, ehe ich davon wußte, und weil ich deßhalb Ew. Hoheit nicht mehr in Unruhe versetzen wollte!"

„Die Gefahr ist nicht vorüber, solange ich Leute, die so schwarzen Undanks fähig wären, in meinen Diensten habe. Ich will sie kennen lernen und strafen, wie sie es verdienen. Sie haben auch Utzschneider genannt?"

„Rochelle hat diesen Namen genannt, ich habe sonst keine Beweise, und eben dies ist der Hauptgrund, der mich bewog, still= zuschweigen. Ich hätte das Schweigen auch nicht gebrochen, wäre ich nicht des Glaubens gewesen, daß Salabert, der doch so vertraut mit Rochelle, besser unterrichtet wäre, als ich!"

„Kommen Sie morgen früh zu mir. Treten Sie, ohne sich anmelden zu lassen, durch die Garderobe bei mir ein. Adieu!"

Durch Salabert's Indiscretion war Mannlich in eine recht bedenkliche Lage versetzt. Er sah sich dem Hasse und der Verfolgung vieler einflußreicher Männer bloßgestellt, ohne Beweise für ihre Schuld wirklich liefern zu können, denn Rochelle war bereits ab= gereist. So mußte er gewärtig sein, als Verleumder gebrandmarkt zu werden.

Zur bestimmten Zeit begab er sich zum Kurfürsten. Er mußte nun Alles genau erzählen, was Rochelle und Sotin ihm mitgetheilt. Max Joseph hörte ihm aufmerksam zu und sagte dann: „Ich würde gern 1000 und 2000 Louisd'or darum geben, wenn ich genügende Beweise schaffen könnte, um einige von diesen verruchten Undank= baren festnehmen zu können!"

Mannlich erklärte, er vermöge sie nicht zu schaffen und bedauere, den Kurfürsten nutzlos in Unruhe versetzt zu haben. Der Kurfürst sprach den Wunsch aus, selbst Rochelle zu sprechen, und veranlaßte Mannlich, sofort an diesen zu schreiben und ihn zur Rückkehr nach München, wenn auch nur auf einen Tag, zu bestimmen. Ein Kurier sollte den Brief augenblicklich befördern, und Ersatz der Reisekosten und reiche Belohnung Rochelle zugesichert werden. Nach einiger Zeit ließ der Kurfürst Mannlich wieder rufen und übergab ihm die Antwort, die der Kurier zurückgebracht. Rochelle machte ihm in dem Briefe Vorwürfe, daß er einem dritten die Sache entdeckt, da er ihn ja doch nur deßhalb unterrichtete, damit Mannlich für seine eigene Sicherheit sorgen könne. Er habe sein Wort gegeben, das Geheimniß der Verschworenen zu bewahren, und werde es halten, da er unter ihnen sehr rechtliche und gutgesinnte Männer gefunden habe, die nur von Utzschneider, der am meisten zu fürchten sei, verführt wurden.

Mannlich war nun wenigstens insofern beruhigt, als der Kurfürst selbst die Wahrheit seiner Aussage controliren konnte. In diesem war aber natürlich jetzt erst recht das Verlangen rege gemacht, Genaueres in Erfahrung zu bringen. Mannlich mußte deßhalb nochmals an Rochelle schreiben und die Einladung nach München wiederholen. Die zweite Antwort Rochelle's war sehr kurz und enthielt nur die bestimmte Weigerung, einen anderen Namen zu nennen; wolle der Kurfürst mehr erfahren, so möge er sich an diesen Rädelsführer halten.

Max Joseph befahl nunmehr Mannlich, dem Minister Montgelas die beiden Briefe zu zeigen und mit ihm die Mittel zu beraten, wie man der Sache am besten auf die Spur kommen könne. Der Minister hieß ihn vor Allem unverbrüchliches Stillschweigen beobachten.

„Die Zeit wird die Wahrheit enthüllen", sagte er, „man muß nicht zu rasch zu Werke gehen! Wenn es wahr ist, daß Utzschneider an der Spitze der Verschwörung steht, und wenn nicht das Ganze eine erdichtete Fabel ist, um diesen Mann zu stürzen, so bin ich sicher, daß er seine Maßregeln so gut getroffen und alle Umstände so klug erwogen hat, daß es schwer sein wird, ihn anzugreifen. Hier ist das tiefste Stillschweigen geboten, ich empfehle es Ihnen nochmals an. Ich werde diese Briefe aufbewahren, um mich ihrer gelegentlich zu bedienen, und will die ganze Sache mit dem Kurfürsten besprechen!"

So waren die einzigen Beweise dafür, daß Mannlich nicht selbst die Nachricht erfunden, in die Hände des Ministers gegeben.

Dadurch neuerdings mit Unruhe erfüllt, wandte sich Mannlich zum drittenmal an Rochelle und beschwor ihn, er möge ihn nicht der Rache seiner Feinde, die noch weit gefährlicher, da sie im Verborgenen wirken könnten, preisgeben. Der Ton, in welchem der Brief gehalten war, schien den Empfänger beleidigt zu haben, denn er antwortete ebenfalls in gereiztem Tone und weigerte sich auf das Entschiedenste, die Verschworenen zu nennen. Es sei das Schicksal der Revolutionen, daß Intriguanten sich an die Spitze stellten, deßhalb dürfe man aber nicht die patriotischen Männer, die nur die Freiheit erstrebten, mit ihnen zur Strafe ziehen. Wenn Mannlich in seinem Briefe die republikanisch Gesinnten als Wölfe titulire, so sei er ebenfalls mitbetroffen und habe um so weniger Ursache, seine Gesinnungsgenossen zu verraten.

Damit mußte wohl die Sache beruhen. Mannlich hörte auch nichts davon, ob Untersuchungen im Gange seien. Utzschneider wurde zwar plötzlich aus dem Staatsdienst entlassen, blieb jedoch in Freiheit und bezog sein volles Gehalt fort. Er verwandte diese Muße zur Ausführung nützlicher Unternehmungen, die er so geschickt betrieb, daß er großen Reichthum sammelte. Seine Anklage schien vergessen, das große Publikum wußte nichts davon. Nach einigen Jahren wurde er sogar wieder zu ehrenvollen Staatsämtern berufen.

Mannlich schreibt viele Unannehmlichkeiten, die er später erleiden mußte, der Rache seiner Feinde, der von ihm gegen seinen Willen verratenen Republikaner, zu, aber die Güte des Fürsten wußte immer einen günstigen Ausgleich zu treffen. Von Sotin hörte er, daß man ihn als Gouverneur nach San-Domingo schickte, um den starrsinnigen Republikaner aus Paris zu entfernen. Ein Rochelle wurde in den Prozeß Moreau's verwickelt und fiel durch Henkershand. Ihn hält Mannlich für identisch mit dem in München einquartierten Commissär.

So weit die Enthüllungen Mannlich's. Obwohl dieser Teil der Memoiren, wie aus einer Aeusserung hervorgeht, erst im Jahre 1817 niedergeschrieben wurde, sind seine übrigen Mitteilungen, soweit der Vergleich mit anderen Quellen möglich ist, im Ganzen und Großen richtig, und man darf also auch diejenigen über diesen speciellen Fall im Allgemeinen glaubwürdig nennen. Sie werden ja auch in der Hauptsache durch den Inhalt der „Vertraulichen Briefe" bestätigt. In gleicher Weise wird dort erzählt, daß ein Franzose die Verschwörung gegen den Kurfürsten anstössig fand und Eingebornen Mitteilung machte. Die Verzweigung der Propaganda über das ganze Land, sowie das abschlägig beschiedene Gesuch um französische Unterstützung des revolutionären Unternehmens werden hier wie dort erwähnt. Auch Neumann's Angaben stimmen damit überein, auch sein Gewährsmann Kraus bezeichnete Utzschneider als einen Führer der Verschworenen.

Gehen wir zu näherer Prüfung der Einzelheiten über.

In der Liste des logements des officiers généraux et des chefs d'administration, die dem Kurfürsten vom Hofcommissariat am 9. September 1800 überschickt wurde, ist angegeben, daß ein emploié des vivres, Sotin, im Hause des Grafen La Rosée in der Burggasse, ein commissair de fourage, Rochelle, im Hause des Ministers Salabert in der Prangersgasse einquartiert waren. In den Tagebüchern des Hofcommissariats findet sich auch erwähnt, daß dieser Sotin am 6. Jänner 1801 nach dem Hauptquartier abging. Auch in den „Biographies nouvelles des contemporains" ist die Angabe enthalten, daß Sotin, der als Polizeiminister vom 26. Juli 1797 bis zum 12. Februar 1798 im Amte stand, später als Proviantcommissär der Rheinarmee beigegeben war. Ueber das Lebensende des Mannes ist nichts erwähnt. Nach der „Biographie universelle" wäre Sotin als Steuereinnehmer der Gemeinde Chevrolière in sehr dürftigen Verhältnissen 1810 gestorben. Da jedoch die Mitteilungen des genannten Werkes im Allgemeinen nur mit großer Vorsicht aufzunehmen sind und andere Quellen mir nicht zu Gebote stehen, so kann ich nicht näher bestimmen, ob Mannlich's Angabe berichtigt werden müsse. Ueber Sotin's Thätigkeit als Polizeiminister und speciell über sein Verfahren gegen die Emigranten wird in den „Mémoires tirés des papiers d'un homme d'état" Einiges erzählt. Der Prinz von Carenci, Sohn des Herzogs von Vangugon, verriet ihm eine Royalistenverschwörung, gegen welche er mit strengster Energie einschritt.

Jener Rochelle, der im Prozeß Moreau's eine Rolle spielte, kann keinesfalls, wie Mannlich annimmt, mit dem Commissär identisch sein. Mannlich erzählt selbst bei einer anderen Gelegenheit, daß sein früherer Bekannter Rochelle sich bei der französischen Regierung für ihn verwandte, als Minister Hompesch seine Pension aus vormals Zweibrücken'schen Fonds schmälern wollte. Baron Hompesch wurde jedoch erst am 29. October 1806, also zwei Jahre nach der Abwickelung jenes Prozesses, zum Minister ernannt.

Die Charakteristik der beiden Jakobiner mag etwas theatralisch aufgeputzt sein. Es steht aber fest, daß sich damals um Moreau der letzte Kern der gesinnungstüchtigen französischen Republikaner gruppirte, die bereits das Grab der Republik vor sich sahen.

In Frankreich war, als sich das vorige Jahrhundert zur Wende neigte, die Parole Liberté et égalité völlig durch das Wort Gloire verdrängt. Es hatte sich gezeigt, daß die Republik, deren Anhänger sich nie über die anzunehmenden Regierungsformen einigen konnten und zwischen nordamerikanischen und altrömischen Principien und vagen Träumereien hin- und herschwankten, nicht lebensfähig war, und das Consulat hatte ihr denn auch bald den Todesstoß versetzt. Man malte zwar noch „Freiheit und Gleichheit" über alle Thüren, aber nur, um sie zu verhindern, in das Haus selbst zu treten. Die plötzliche Erscheinung Bonaparte's in Paris und seine Erhebung zum ersten Consul machten es für ganz Europa klar, daß von nun an die Leitung der Geschicke Frankreichs wieder in eine Hand gegeben sei. Noch schmeichelte sich zwar ein Teil der Franzosen, Bonaparte werde „die Mutter Republik" respectiren. In einer damals ausgegebenen Flugschrift: „Conversation publique sur les projets du gouvernement nouveau" heißt es: „Niemand wird leugnen, daß es von Bonaparte abhing, wenigstens augenblicklich die höchste Autorität an sich zu reißen. Es gab einen Augenblick, wo der ganze Staat in seinen Händen war; allein er würde dann sein Vaterland und sich selbst verraten haben. Die Royalisten glaubten, daß er sich zum Herrn aufwerfen oder einen Bourbon als König ausrufen werde und der Wiederhersteller des Thrones und Connetable von Frankreich werden möchte. Allein die

Revolution tödten wollen, würde die Handlung eines Narren oder Böse=
wichts gewesen sein. Bonaparte strebt nicht nach Herostrat's Unsterblichkeit." Allein auch aus diesem Lobe blickt schon die Angst durch, daß
der Eroberer Italiens an Begründung eigener Machtstellung denke.
Diese Furcht findet auch in den mannigfachen Bemühungen Lucian
Bonaparte's, Sieyè's, Benjamin Constant's und anderer, das Con=
sulat zu stürzen und ein neues Directorium aufzurichten, Ausdruck.

Ist es glaublich, daß Moreau, ein Republikaner von ächtem
Schrot und Korn, die Wünsche einer Gesellschaft, die ihm ihre republi=
kanische Tendenz enthüllte, unberücksichtigt ließ? Eine süddeutsche
Republik, eine Tochter, oder besser gesagt, eine Dienerin der Republik
Frankreich, wäre ohne Zweifel gegen Oesterreich gut zu gebrauchen
gewesen. Noch vor wenigen Jahren hatte man ja die „Befreiung
aller Völker des Erdbodens", die „Ausrottung aller Tyrannen",
die „Organisirung des ganzen Menschengeschlechts zu einer einzigen
verbrüderten Demokratie" als Zweck aller Waffengänge der Republik
proclamirt. Insbesondere Custine hatte überall den Grundsatz von
der unveräußerlichen Souveränetät des Volkes gepredigt. Moreau
war aber kein Custine und war nie ein Anhänger jener Eroberungs=
politik, die aus dem Princip der Unrechtmäßigkeit des monarchischen
Regiments in fremden Ländern Capital zu schlagen suchte, unbe=
kümmert um die daraus entspringende Anarchie. Von ihm gerade
darf man glauben, daß er verschmähte, einen ehrlichen Feind in
seinem eigenen Lande mit unehrlichen Waffen zu bekämpfen, und
ebenso glaublich ist es, daß Leute aus seiner Umgebung nicht die
Vorstellungen jener Jakobiner teilten, die ausser der unbeschränkten
Volksherrschaft nur Tyrannen und Sclaven sehen wollten. Auch
Rücksichten auf Preußen, wie in den „Vertraulichen Briefen" an=
gedeutet ist, mußten in die Wagschale fallen.

War Utzschneider — unstreitig einer der verdienstvollsten Bayern
in neuerer Zeit — wirklich Mitglied oder Vorstand des Revolutions=
clubs, wie Mannlich aus Rochelle's Munde erfuhr, wie auch
Neumann von Kraus hörte?

Im Jahre 1837 erhob gegen den damaligen Bürgermeister von
München und Abgeordneten für die Stadt, Joseph Utzschneider, ein

Deputirter in der Kammer den Vorwurf, „Utzschneider habe im Jahre 1800 an einem Manifest zum Umsturz der bayerischen Verfassung teilgenommen, er habe hierauf bezügliche Druckschriften gefunden, welche er dem Könige übergeben, er berufe sich auf Actenstücke, welche in Häberlin's „Staatsarchiv" abgedruckt seien". Zur Abwehr sammelte nun Utzschneider jene Actenstücke in Häberlin's „Archiv", die auf seine damalige Thätigkeit als geheimer Referendar Bezug hatten oder aus seiner eigenen Feder stammten, verschiedenartige Vorträge, neue Steuerprojecte u. a. dgl., die in keiner Weise den obigen Vorwurf begründen, und brachte diese Dokumente in einer Broschüre zur allgemeinen Kenntniß mit der Erklärung: „Die Bayern mögen über die Grundsätze und Handlungsweise des damaligen geheimen Referendars in landschaftlichen Angelegenheiten urtheilen und entscheiden, ob dieselben revolutionär waren."

Das erste Stück dieser Sammlung, ein Vortrag Utzschneider's über einen Landtag in Bayern, vom 4. Februar 1800, spricht in Gemeinplätzen von dem Parteitreiben excentrischer Köpfe und warnt die Regierung vor dem Fehler, in jetziger Zeit „die Zügel einem vielköpfigen, unvorbereiteten Körper zu überlassen", welchen Eigennutz, Ehrgeiz, Bestechung u. s. w. leicht irre leiten könnten. In dem zweiten Stück: „Kurfürstliches Postulatsrescript an die landschaftliche Verordnung in Bayern" macht Utzschneider selbst die Regierung auf revolutionäre Umtriebe aufmerksam und mahnt, mit Strenge dagegen einzuschreiten. Ist es wahrscheinlich, daß der nämliche Mann insgeheim die Fäden jener regierungsfeindlichen Agitation geleitet habe?

Der Verdacht, daß er solche Doppelzüngigkeit sich zu Schulden kommen ließ und bei Abfassung aufrührerischer Proclamationen beteiligt war, regte sich zwar schon zur Zeit der Anwesenheit der Franzosen in München. Desberger, der eine Biographie Utzschneider's im „Bayerischen Kunst- und Gewerbeblatt" veröffentlichte, bemerkt: „Im Jahre 1801 wurde mit erkünstelter Heimlichkeit ein Gerücht herumgetragen, der geheime Referendar v. U. stehe in Verbindung mit den französischen Republikanern und sei zum Präsidenten von Süddeutschland designirt. Das Gerücht, so ungereimt es bei persönlicher

Bekanntschaft Utzschneider's erscheinen mußte, fand doch Anklang und zog seine Entfernung aus dem Staatsgeschäfte nach sich."

Glücklicher Weise konnte ich aus Utzschneider's Nachlaß einige Decrete und Briefe benützen, die auf die gegen ihn erhobene Anklage und seine schließliche Entlassung Bezug haben.

Utzschneider ersuchte den mit der Redaction der „Münchener Zeitung" betrauten Rath Krenner, folgende Erklärung in diese Zeitung aufzunehmen:

„Einige — mir vielleicht aus Vorurtheil abgeneigte — Personen erlaubten sich bei verschiedenen Anlässen mich als den Verfasser mehrerer während der Anwesenheit der Franzosen erschienenen Flugschriften zu nennen. Ich widerspreche hiermit öffentlich diesem auf eine ungerechte Weise verbreiteten Gerüchte, indem es von jeher niemals in meinen Grundsätzen war, an solchen Flugschriften einigen Antheil zu nehmen; ich bin weder Aristokrat noch Demagog, weder Illuminat noch Obscurant, weder Jakobiner noch Jesuit, — ich bin Bayer, ich bin Freund jeder guten, festen Regierung, welche die Publizität gewiß nie zu scheuen hat, — ich bin Feind aller Unordnungen und Mißbräuche — und nur in diesem Sinne trug ich als kurfürstlich geheimer Referendar zur Existenz des Pfalzneuburgischen Deputationsabschiedes vom 5. Oktober 1799, zur Existenz der provisorischen Zoll- und Mauthordnung vom 7. Dezember 1799, zur Existenz der Bierzwangsaufhebung in Bayern bei. Ich widerspreche übrigens nicht, daß ich mir alle mögliche Mühe gab, die Grundsätze, welche ich bei der kurfürstlichen Specialcommission in Militärsachen, — über den gegenwärtigen Zustand der bayerischen Staatswirthschaft, dann über einen Landtag in Bayern ddo. 30. Juli und 4. November 1799 und 1. und 3. Februar 1800 Sr. kurfürstlichen Durchlaucht vortrug, in Ausführung zu bringen. Seit der Anwesenheit der Franzosen in München kann ich, wie andere Menschen nichts anderes thun, als den Gang der allgemeinen Weltangelegenheiten aufmerksam beobachten, mich unterrichten und mein leidendes Vaterland bedauern. München den 13. November 1800. Dieses zur Steuer der Wahrheit. Josef Utzschneider."

Nach Ausweis der Hofcommissariatsakten verweigerte Graf Törring die Aufnahme dieser Erklärung in die „Münchener Zeitung", welche eine „quasi Hofzeitung" sei. Allein Max Joseph war nicht so engherzig, wie die Minister, und gab durch eigene Cabinetsordre die Erlaubniß zum Einrücken jener Rechtfertigung in das Intelligenzblatt. Utzschneider glaubte aber unter den inzwischen veränderten Verhältnissen die öffentliche Rechtfertigung nicht mehr nötig zu haben, wie er in einem Dankschreiben an den Kurfürsten (30. Dezember 1800) ausspricht.

Plötzlich nach Verlauf eines halben Jahres — in jene Zeit fällt die Anzeige Salabert's bei dem Kurfürsten und die weitere resultatlose Nachforschung bei Rochelle — erfolgte eine kurfürstliche Entschließung, daß der geheime Referendar Utzschneider, „weil die Stelle eines eigentlichen Referendars in landschaftlichen Angelegenheiten entbehrlich wird", mit Beibehaltung seines Gehaltes bis zu einer anderweitig schicklichen Anstellung in Ruhe zu versetzen sei (Cabinetsordre vom 10. Juni 1801). Der Conferenzminister Graf Morawitzky setzte den in Ungnade Gefallenen davon in Kenntniß und fügte bei: „Den persönlichen Antheil, den ich in manchem Betracht an diesem Verlust des Departements nehme, habe ich auszudrücken nicht nöthig, und ebensowenig, daß mir die eigentlichen Triebfedern unbekannt sind."

Eine eigenhändige Bemerkung Utzschneider's am Rande des Briefes bezeugt, daß er über diesen Trostspruch nicht sehr erbaut war und seine Feinde im Ministerium selbst suchte: „Morawitzky hat so gut gegen mich gearbeitet wie Montgelas; meine Vorträge vom 16. Mai 1801 im Churf. geh. Staatsrathe behagten ihm nicht." Aus dieser Bemerkung erhellt, daß Manulich's Ansicht, als sei der Minister Montgelas die Hauptstütze Utzschneider's gewesen oder habe wohl gar gemeinsame Sache mit ihm gemacht, jedenfalls irrig ist.

Bei Beurteilung von Utzschneider's Verhältnissen in jener kritischen Periode darf nicht außer Acht gelassen werden, daß er während der Anwesenheit der Franzosen in München dem Verdacht eines Einverständnisses mit ihnen in den Augen des Volkes mehr als jeder Andere ausgesetzt war, weil die Franzosen seiner Kenntnisse und Geschäftsgewandtheit wegen oft seine Dienste in Anspruch nahmen. Die Tagebücher des Hofcommissariats geben darüber Aufschluß. Am 30. Juli 1800 verlangte General Decaen von den Ministern, daß der Referendar Utzschneider und die General-Landesdirectionsräte Hazzi und Wolf dem französischen Commando beigegeben würden, um sich mit ihnen über Localumstände rücksichtlich des von den Franzosen besetzten Landesteiles benehmen zu können. Die Ausflüchte, daß die genannten Beamten zu schwer entbehrlich seien, ließ Decaen nicht gelten, sondern erklärte, er werde die Herren, wenn es nötig scheine, zu sich laden, verlangte aber dazu die ausdrückliche Genehmigung des Gouvernements, indem sonst der gute Wille und der Umgang der Beamten mit französischen Generälen übel gedeutet werden könnte. Die Genehmigung wurde nun erteilt und dabei die Ermahnung hinzugefügt, daß sie bei solchen Rücksprachen stets ihre Pflicht gegen den Kurfürsten im Auge behalten möchten.

Utzschneider scheint schon damals befürchtet zu haben, daß man ihm eine Falle zu legen beabsichtige, denn er schrieb sogleich unmittelbar an den Kurfürsten: „Heute bin ich durch ein Schreiben des französischen Divisionsgenerals Decaen an Höchstdero Generalhofcommissariat in Requisition gesetzt worden, „pour donner des renseignemens sur les localités du pays". Das Hofcommissariat, welches sich nicht allein hierin, sondern auch in der Getreidemagazinssache sehr niedrig gegen mich betrug, machte mir den unwürdigen Antrag, mich auf Begehren bei dem General Decaen zu stellen, — ich wies aber den ganzen Antrag (der wahrscheinlich die Herausgabe meiner topographischen Pläne über die Gebirgsgegenden bezielte) von mir ab, welches ich E. Ch. D. hiermit unterthänigst anzeige" — u. s. w.

Decaen verlangte bald darauf Dienstleistungen der bezeichneten Beamten. Hazzi wurde am 26. Juli dem General Devilly als Marschcommissär beigegeben, Utzschneider sollte den Divisionsgeneral Decaen selbst in gleicher Stellung begleiten. Er protestirte jedoch in mehreren Eingaben an das Gouvernement und setzte endlich durch, daß an seiner Stelle Rat Müller als Marschcommissär ernannt wurde. Er selbst behielt die Function eines Getreidemarktcommissärs bei. Als aber die Franzosen in München ein topographisches Bureau zur Herstellung von genauen Plänen bayerischer Territorien errichteten, mußte auch Utzschneider ebenso wie Hazzi dem neuen Institut hilfreiche Hand leisten, obwohl ersterer wiederholt schriftlich Protest einlegte. Als Mitarbeiter bei der Landesvermessung erstattete er sodann öfter dem bayerischen Gouvernement, wie es scheint, heimlich Bericht über den Fortgang des Unternehmens. Am 6. November suchte er wegen Augenschwäche um Entlassung aus französischen Diensten nach, die ihm endlich von General Dessolle, wenn auch mit Widerstreben, gewährt wurde.

Jedenfalls stimmt das Bild, das der Franzose Rochelle nach Mannlich's Mitteilungen von Utzschneider entwirft, wonach er als Typus eines schleichenden Intriguanten erscheinen müßte, durchaus nicht zu der in München fortlebenden Tradition, welche in ihm einen vorzüglichen und verdienstvollen Bürger verehrt. Er war allerdings ehrgeizig und unternehmungslustig, doch keine bekannte Handlung oder Aeußerung rechtfertigt den Argwohn, daß er sich zu Saint Just'schen Grundsätzen bekannte oder nach unerlaubten Auszeichnungen strebte.

Utzschneider hatte sich damals nicht bloß durch freimütige Entwickelung seiner staatswirtschaftlichen Grundsätze manche einflußreiche Persönlichkeit zum Feind gemacht, er hatte auch als abtrünniges Mitglied des Illuminatenordens die Mißgunst einer zahlreichen Partei zu tragen. In vielen Schriften der Illuminaten war er schon vierzehn Jahre früher als Verräter auf das Heftigste angegriffen worden. In einem Pamphlet, das im Jahre 1800, jedoch, wie es scheint, vor der französischen Occupation in München verbreitet war und seiner ganzen Anlage nach an Illuminatenschriften erinnert, wird Utzschneider neben anderen höheren Staatsbeamten mit schmählichen Vorwürfen überhäuft. Unter anderem wird in diesem „Gespräch zwischen zwei Freunden Selenus und Aristes im Reiche der Todten" von Selenus die Klage erhoben: „Wo ist die Personalverminderung, der schnellere Geschäftsgang, da man doch mehrere faule Müßiggänger oder thätige Schurken angestellt, denn Utzschneider, Stengel und Consorten sind ja doch schon seit langer Zeit als die habsüchtigsten Geißeln meines Vaterlandes anerkannt."

Jedenfalls darf das Verhältniß Utzschneider's zu den Illuminaten bei Beurteilung der gegen ihn erhobenen Anklage nicht außer Acht gelassen werden, wenn wir auch hier nicht zu sicheren Resultaten gelangen können.

Die Glaubwürdigkeit der Angaben Rochelle's wird namentlich dadurch erschüttert, daß der Kurfürst und die Regierung selbst nur unter dem unmittelbaren ersten Eindruck der Beschuldigung Glauben schenkten. Utzschneider beteiligte sich nach seiner Entlassung aus dem Staatsdienst an verschiedenen industriellen Unternehmungen von hoher Bedeutung, es sei nur an das weltberühmte mechanische und optische Institut in München erinnert. Aus den hierauf bezüglichen Acten ist ersichtlich, daß seine Projecte vom Kurfürsten und vom Ministerium auf jede Weise gefördert wurden, sodaß hieraus wenigstens keine Spur von Mißtrauen oder Ungnade ersichtlich wird. Auch wurde Utzschneider schon im Jahre 1807 in den Staatsdienst zurückberufen und mit den wichtigsten staatswirthschaftlichen Aufgaben — er ist der Schöpfer des bayerischen Grundkatasters — betraut.

Kraus nannte ferner als Verfasser der aufrührerischen Pamphlete den Baron Hazzi, der wie Utzschneider während der Occupation in französische Dienste gezogen wurde. Da die „Vertraulichen Briefe" erwähnen, daß das Haus eines Baron von H... in der Weinstraße zum Versammlungsort der Clubisten gedient habe, so darf man wohl die beiden Angaben vereinigen, und sie erhalten eine Bestätigung durch eine Notiz in den Tagebüchern des damals in München sich aufhaltenden Generals Clerembault. Am 18. Juni 1801 schrieb er ein: „Heute ist der Regierungsrath Hazzi, der während der Anwesenheit der Franzosen in München so sehr beschäftigt war wegen seiner bekannten republikanischen und demokratischen Gesinnung, nach Paris gereist, ohne daß man den Zweck seiner Reise kennt." .

Freiherr Georg von Aretin, den Kraus ebenfalls bezeichnete, bekleidete die einflußreiche Stellung eines kurfürstlichen oberpfälzischen Landesdirections-Directors. Er ist der Verfasser des „Genius von Bayern unter Maximilian IV.", worin er die Regierungspolitik dieses Kurfürsten verherrlicht und als wärmster Bewunderer seiner edelen Eigenschaften auftritt; die Schrift erschien schon im Jahre 1802 im Drucke. Die Kraus'sche Angabe ist nirgend unterstützt oder bestätigt.

Ein Memoirenmanuscript des Historiographen Felix Lipowsky bot einen weiteren kleinen Beitrag zur Geschichte jener Bewegung. Auch er wurde von einem französischen Offizier, Chasseurrittmeister Jonquille, auf mehrere Schriften revolutionären Inhalts aufmerksam gemacht. Graf Törring, Mitglied des Gouvernements, beauftragte ihn, — Lipowsky war nämlich Commandant der Bürgerwehr, — die weitere Verbreitung solcher Pamphlete zu verhindern. Lipowsky begab sich deßhalb mit einer Bürgerwehrpatrouille in die Strobel'sche Buchhandlung. Wirklich fanden sich dort vier Ballen solcher Druck= schriften vor und wurden mit Beschlag belegt. Der Buchhändler Strobel weigerte sich anfänglich, die Schriften fortbringen zu lassen, und berief sich auf französischen Schutz und auf die in der französischen Constitution begründete Preßfreiheit. Als Lipowsky dem Generalhofcommissär darüber Bericht erstattete, bat ihn Graf Törring, er möge doch, da er ja in dienstlichen Geschäften oft zu General Moreau komme, gelegentlich Erkundigung einziehen, wie dieser über das Project der Umgestaltung Bayerns in eine Republik denke. Als Lipowsky nun einige Tage später den Obergeneral allein und bei guter Laune traf, begann er von den revolutionären Flugschriften zu sprechen und deutete auf das Bestehen einer geheimen politischen Gesellschaft hin. Moreau, „der sich gerne Monseigneur betiteln ließ," unterbrach ihn lange nicht, endlich sagte er: „Mein Gott! Man weiß nicht, was man will! Eine Republik kostet viel Blut, wir haben sie!" Diese Aeußerung wurde von Lipowsky den Mitgliedern des Gouvernements hinterbracht, die darüber große Befriedigung kundgaben.

Das klarste Bild der in Süddeutschland herrschenden republi= kanischen Stimmung und Agitation geben die zahlreichen damals erschienenen Flugschriften selbst. Neumann nahm von den Bro= schüren, die ihm sein Gewährsmann Kraus bezeichnete, nicht weiter Notiz. Die Münchener Hof= und Staatsbibliothek bietet aber nicht nur die beiden oben genannten, sowie die vom Regierungspräsidenten Lerchenfeld aufgeführten Schriften, sondern noch mehrere andere, die den gleichen Ursprung verraten und über Tendenz und Absichten des Clubs der „Vaterlandsfreunde" aufklären.

In einer Schrift: „Ueber Süddeutschland, von einem süddeutschen Bürger im October 1798 dem französischen Gouvernement zur Beherzigung vorgelegt," wird die Behauptung aufgestellt, daß Süddeutschland am meisten von allen Ländern für das republikanische System reif und empfänglich, und daß eine süddeutsche Republik nützlich, ja sogar notwendig sei für den Bestand der gegenwärtig in Europa gegründeten Demokratien. In Norddeutschland hätten die Regierungen nie so verwerflichen asiatischen Prunk und Despotismus entfaltet, auch sei der Norddeutsche, wie das Revolutionsprogramm naiv zugesteht, „moralischer und zufriedener". In Süddeutschland dagegen, wo das Volk „unter eine Aristokratie von Adel und Pfaffen, auch Patrizierjoch gebeugt, die sich auf seine Kosten in aller Art von Schwelgerei herumtummeln," sei schon seit langer Zeit der Plan reif, die Fesseln zu sprengen. Dafür, daß es nicht an fähigen Köpfen fehle, eine Republik zu leiten, bürge die Illuminatenbewegung in Bayern. Von einer Republik dürfe man sich vor Allem erleichterte Handelsverhältnisse versprechen, da die vielen Zollschranken fallen würden und engste Verbindung mit Frankreich nur nützlich sein könnte. Auch das wichtige Project einer Verbindung des Rheins mit der Donau durch einen Kanal, ein nicht minder folgenreiches Werk als eine Verbindung des mittelländischen Meeres mit dem roten, könnte dann leicht zur Ausführung kommen. Die süddeutsche Republik werde „wie eine Feuerkugel im Herzen von Deutschland alles in Furcht erhalten und den wahren Damm gegen die Barbarei von Norden und Osten vorstellen, das System der Republik allein in Respect erhalten, ja der Mutterrepublik erst wahrhaft den Namen der großen Republik befestigen". „Die Mittel zu dieser Gründung der süddeutschen Republik sind ganz leicht; es bedarf nur der französischen Bajonnete, und in Zeit von vier Wochen sind sie in's Herz von Baiern vorgedrungen und in München, als dem Hauptplatze, und wo alles am meisten. reif und bereit steht. Dann entwickelt sich alles von selbst".

Als der Wechsel des Kriegsglückes im Jahre 1800 wirklich die Franzosen nach München geführt hatte, erschien eine französische Uebersetzung „Sur l'Allemagne méridionale" mit folgendem Nachsatz:

„Wohl, die französischen Truppen sind bereits im Herzen von Baiern und es ist die Pflicht des Siegers, vor allem einer siegreichen Republik, nicht allein die unvermeidlichen Schäden, die der Krieg über eine so würdige, schon so oft mit Frankreich verbündete Nation verhängt, zu lindern, sondern sie wieder in den glücklichen Stand der Wohlfahrt zurückzuversetzen, indem sie Baiern und Schwaben der Freiheit wieder zurückgiebt, deren sie durch König Karl den Großen beraubt wurden, weil nur dadurch die Völker glücklich sein und einen dauerhaften Frieden erlangen können; dann wird Frankreich unzweideutige Sicherheit genießen und für immer den Namen der großen Nation sich befestigen."

Die Schrift „Wahrer Ueberblick der Geschichte der bayerischen Nation, oder das Erwachen der Nationen nach einem Jahrtausend" (Straßburg 1800) betont insbesondere die nahe Verwandtschaft der Bayern mit den Franzosen, da ja Bayern und Boier identisch. Außer einem mit dem Franzosenthum liebäugelnden Particularismus, der an deutsche Pflichten nicht mit Einem Worte erinnert, trägt dieses Parteiprogramm hauptsächlich einen fanatischen Haß gegen die Priesterschaft zur Schau, denn nur den Clericalen sei es zuzuschreiben, daß das bayerische Volk wieder als Miethling des Hauses Habsburg am Krieg gegen Frankreich sich beteiligte. Deßhalb sehe jetzt das bis auf's Blut gepeinigte Volk erwartungsvoll auf die französische Republik:

„Die Republik wird die Nationen ehren und der Gottheit für ihren erfochtenen Sieg auch dadurch Ehrfurcht und Dankgefühl bezeugen, daß sie dieses angeborne Recht der Menschheit auch den nun eroberten deutschen Nationen giebt, das wieder gut macht, was ihre Könige nahmen, den Keim ewiger Kriege, das Erzhaus Oesterreich, ganz stürzet, welches die Schlacht bei Höchstädt und Blendheim im Anfange des gegenwärtigen Jahrhunderts bezielte, aber zum größten Nachtheil Bayerns unglücklich ausfiel, jetzt aber mit dem Ausgange dieses Jahrhunderts diese nämliche Schlacht durch den glänzendsten Sieg die volle Bahn dazu eröffnete, und zur eigenen Sicherheit Frankreichs und des republikanischen Systems Süddeutschland in Freiheit verbindet."

Ebenso enthält die phantastische Broschüre „Die süddeutschen Unterthanen über Krieg und Frieden mit Frankreich" (1800, ohne Druckort) eine Aufforderung an Bonaparte, mit den Millionen Menschen, insbesondere aus dem schwerbedrückten Bauernstande, die in dem blutigen Freiheitskriege ohne Ursache unermeßlichen Schaden erlitten, Erbarmen zu haben und sie „von der Zwischen-Tyrannei (sic!) ihrer Zwingherren" zu befreien.

Das Project einer süddeutschen Republik schwebte auch dem Verfasser der Schrift „Constitution der Republik Frankreich vom Jahre 8" (Basel 1800) vor, der im Uebrigen die Bewohner Süddeutschlands mit dieser französischen Verfassung bekannt machen will. Mit ähnlichen Institutionen begabt, würde eine Republik, aus Bayern, Franken, Schwaben und der Schweiz zusammengesetzt, mit einem Kostenaufwande von 600,000 fl. regiert werden können, während die Regierungskosten bisher jährlich 7 Millionen verschlangen.

Eine im ironischen Sinne abgefaßte „Danksagungsadresse der bayerischen Nation an Max Joseph IV." (1800) zählt die Mißstände auf, die unter der Regierung dieses Kurfürsten im Lande hervorgetreten seien. Uebernahme der großen Privatschulden des Fürsten, Bevorzugung der Pfälzer, Unterstützung der Emigranten, enorme Besoldungen von Generalen und Ministern, unnötige Bauten, ein Subsidien-Tractat mit England und ein furchtbarer Krieg mit Frankreich, das seien die Segnungen, die aus der Pandora-Büchse des neuen Kurfürsten gekommen. Die Adresse schließt mit dem Wunsche: „Befreie uns durch deine Abwesenheit itzt und alle Ewigkeit vor allem Uebel, Amen."

Eine „Bekanntmachung an die Bewohner Bayerns, Schwabens, Frankens, Tirols und Salzburgs" (gedruckt im Monat Februar 1801) enthält offenen Mahnruf zum Aufstand gegen Oesterreich und die damit verbündeten Fürsten. An einem noch näher zu bestimmenden

Tage des nächsten Monats soll eine allgemeine süddeutsche National=
versammlung zusammenberufen werden, „um unter dem Schutze der
durch die Macht der Freiheit sieggewohnten französischen Waffen den
neuen Nationalbund zu schließen." Der Aufruf sei „beschlossen im
Gemeinderath zu München den 1. August des letzten Jahres der
deutschen Sclaverei".

Auch die Vorrede der Broschüre „Gerichte in der Unterwelt
über einige Manen aus dem Lande Bayern" (1800), die sich haupt=
sächlich mit einigen mißliebigen Persönlichkeiten aus der Regierungs=
periode Karl Theodor's, Pater Frank, Lippert u. a., beschäftigt,
zeugt von der Aufregung, die in gewissen Kreisen noch im August 1801
herrschte.

Mehr einen socialdemokratischen als republikanischen Stand=
punkt nehmen die „Zehn Gebote für Bürger und Bauern im lieben
bayerischen Vaterlande" (1800) ein. Vorangestellt sind folgende
Fragen: „Was ist der dritte Stand, Bürger, Bauern, bis jetzt in
der politischen Ordnung gewesen? Nichts, sie sind bis zum Lastvieh
herabgewürdigt! — Was will er, wollen sie? Gleiche Menschen
sein! — Was ist er, sind sie wirklich? Alles!" — Die Schrift
verbreitet sich in Form einer angeblichen Proclamation des Kur=
fürsten über die Wünsche „der wahren Volksfreunde": Aufhebung der
niederen Gerichtsbarkeit, Ablösung der Scharwerke und des Zehents,
verhältnißmäßige Steuerbelegung, Vereinfachung des Beamtenwesens
und wahre Landesrepräsentation.

Die „Vaterlandsfreunde" hatten auch ihren Tyrtäus. Das Hinken
ist Naturfehler der Verse des Poems „Republikanischer Bruderkuß
im ersten Jahre der deutschen Freiheit." Voll unfreiwilliger Komik
ist folgende Nachahmung der Ode an die Freude:

    Krieg und ewige Bataille
    Jeder heuchelnden Canaille;
    Allen wahren Demokraten
    Naher und entfernter Staaten
    Freiheit, Gleichheit, Brüderschaft! u. s. w.

Witziger und formgewandter ist der Dichter oder sind die
Dichter einer Sammlung von Satiren und Oden unter dem Titel:

"Bayerische Nationallieder am Ende des 18. Jahrhunderts und im letzten Jahre der Sclaverei". Die Tendenz ist durchaus revolutionär.

In vielen Gedichten ist die Notwendigkeit einer völligen Umwälzung aller bayerischen Verhältnisse behandelt. Nicht an Oesterreich, das Staatsideal des habsüchtigen und herrschgierigen Montgelas, möge sich Bayern anlehnen, sondern an Neufranken, das Land der Zukunft. Das Gedicht „Die Stimme des Vaterlandes" hat den Refrain: „Den edlen Franken schließ dich an!" Freilich werde der aufgeklärte Franzose den neuen republikanischen Bruder erst zu sich emporheben müssen:

> Der Bayer, von der Pfaffenbrut
> Von jeher auferzogen,
> Ist abergläubisch, aber gut,
> Und wird euch erst gewogen,
> Wenn er das alles wirklich fühlt
> In seinen Wiesen, Feldern,
> Zu Haus und in den Wäldern,
> Was aus der Freiheit Füllhorn quillt . . . .
> . . . .
> Und konnte Mailand Buonapart'
> Republikanisiren,
> Kann Moreau ja auf gleiche Art
> Den Wunsch realisiren u. s. w.

Bonaparte, der „entsprossen nicht von Königssamen, doch größer als Gekrönte", wird als Träger der Freiheitsidee gefeiert.

„An die Subsidientruppen, die an England gegen die Republik Frankreich verkauft wurden", ist eine höhnische Mahnung zur Treue gerichtet.:

> Geht, meine Kinder, wehret euch
> Für Engellands Ducaten,
> Und macht den armen Fürsten reich
> Durch eure Heldenthaten! . . . .
> Er ist so liebevoll, meint's gut
> Mit euch und euren Kindern;
> Verlangt von euch nichts als das Blut,
> Den Schafen gleich und Rindern! u. s. w.

In allen Gedichten, insbesondere in den „Liedern eines Deserteur", ist unverhohlen Abneigung gegen den „Emigrantenfreund" Max Joseph ausgesprochen, der zwar nach Karl Theodor's Tod mit Jubel begrüßt worden sei, die gerechten Erwartungen aber getäuscht habe, die Presse nicht freigab, durch unnötige Bauten Geld verschwendete und seine Landeskinder an die Engländer verkaufte. Noch immer sei die Inquisition in Bayern, das geheime Censurcollegium, in voller Thätigkeit. Alle Lieder verherrlichen die Losung „Freiheit und Gleichheit!" Das auch in der „Zauberflöte" verwendete Freimaurer-Bundeslied ist in eine Ode auf den „Tempel der Freiheit" umgewandelt. Den Schluß der Sammlung bilden einige dramatische Zeitgemälde: „Scenen unserer Tage", den derbsten Realismus der Stürmer und Dränger übertreffend. Als Beispiel nur eine Situation: Ein Bauer, „ein wahres Ebenbild der Verzweiflung", sitzt am Tische und klagt seine Leiden. In der Stube an allen Enden deutliche Spuren der österreichischen Wut. Ein Metzger aus München fragt ihn nach seinem Weibe, seiner Tochter, seinem Knaben. Weib und Tochter des Bauers liegen an einer durch die Oesterreicher eingeschleppten Seuche darnieder, der Sohn ist zum Krüppel geworden. Alle vereinigen sich schließlich zu Verwünschung der jetzigen Regierung und zum Lobe der französischen Retter.

Eine Sammlung von Abschriften der in jener Zeit verbreiteten ungedruckten Pamphlete wurde von Professor Rheinwald angelegt. (Nr. 8 der Manuscriptensammlung Rheinwaldiana.)

Darunter befindet sich ein Lied: „Der Nachtwächter aus dem Lande der Freiheit an die Bayern, Schwaben und Franken um Mitternacht:"

    Ihr Herren und Frauen, laßt euch sagen,
    Die Stunde hat euch nun geschlagen,
    Ihr schlaft so lang, ihr schlaft so tief
    Und hört nicht, daß der Hahn schon rief:
        Seid frei und gleich!
        Und werft von euch
        Das Joch der Tyrannei! . . . .

Ein Pamphlet „Und er verbarg sich und ging zum Tempel hinaus," das sich mehr auf die Regierungsthätigkeit des verlebten Kurfürsten bezieht, travestirt biblische Verse, z. B.: „Selig sind die Bauern: solange sie Geld haben, will ich sie regieren u. s. w".

Auch das Vaterunser ist auf solche Weise travestirt:

„Vater unser, Bonaparte, der du bist im Himmel des Ruhms und der Ehre, geheiligt werde dein Name im Tempel der Freiheit, zu uns komme dein Reich der Vernunft, dein Wille geschehe, wie im Himmel beschlossen war, daß ihn sein Auserwählter an's Licht bringen sollte, also auch auf Erden zu London und Venedig, unser täglich Brot gib uns heute und fernerhin ohne viele Mitesser, und vergib uns unsere Schulden, nicht wie die Ablaßkrämer für theuere Zahlung, als auch wir vergeben unsern Schuldigern bei unsern Weibern und Töchtern, führe uns nicht in Versuchung, ihnen mehr nachzusehen, sondern erlöse uns von dem Uebel solcher Eingriffe, wie vor dem Joch der Aristokraten, denn dein ist das Reich, die Menschenrechte zu schützen, und die Kraft, Frankreich einen rühmlichen Frieden zu erkämpfen, und die Herrlichkeit dieser und der Nachwelt, als Held und Sieger unvergeßlich zu bleiben in Ewigkeit. Amen."

Auch nach dem Abzuge der Franzosen aus Süddeutschland und Abschluß des Friedens verstummten nicht sogleich die Stimmen, die zur Staatsumwälzung und Entfernung der Dynastie aufgefordert hatten. Die Broschüre „Ueber die Folgen des Friedens in Bayern" (Straßburg, im 9. Jahre der Republik) verhöhnt die allgemeine Freude über die Rückkehr des Friedens, mit dem auch die alten Mißstände wieder einzogen. Der alte Gerichtsschlendrian werde sich jetzt wieder breit machen, sowie der Luxus des Hofes, und auch die Geistlichkeit werde wieder den alten Gewissenszwang ausüben. Ja, es werde noch schlimmer kommen, denn die neuesten Broschüren, welche zu München an's Licht traten, um die Mängel der Regierung aufzudecken, und die verschiedenen Vorschläge, welche daselbst den fränkischen Heerführern gemacht wurden, hätten dem Kurfürsten einen nagenden Wurm in die Brust gesetzt und ihn zum Entschlusse gebracht, die Zügel der Regierung in Zukunft schärfer anzuziehen und ein eisernes Scepter zur Hand zu nehmen, hauptsächlich dazu verleitet durch eine gewisse, von einer boshaften Hand geschmiedete Jeremiade. Preßfreiheit sei verheissen worden, aber die aufklärenden Schriften „Wahrer Ueberblick der Geschichte der bayerischen Nation" und „Danksagungsadresse" seien verboten und confiscirt! Der Kurfürst sei allerdings ein guter, aber dies bedeute nur soviel als schwacher Mann, damit sei dem Lande nichts gedient. Die Nation müsse sich also selbst helfen, sie habe schon zweimal in den französischen Kriegen, 1796 und 1800, die Erfahrung gemacht, daß sie recht gut ohne Regenten existiren könne. Fort also mit dieser Regierung, die nur verderben und zerstören könne, und „ihr, Freunde der Menschheit, die ein warmes Interesse an der bürgerlichen Freiheit habt, tretet in einen freien Verein!"

Dagegen vertritt das „Politische Glaubensbekenntniß eines aufrichtigen Bajers über die Schicksale seines Vaterlandes" (München, 1. Jänner 1801) das veränderte Programm solcher Umsturzfreunde vom Jahre 1800, die auf einen günstigen Rückzug bedacht waren und das Maß ihrer Wünsche bedeutend herabstimmten, im Hinblick auf die Rückkehr des Kurfürsten und auf die bestimmte Weigerung Moreau's, republikanische Pläne in Deutschland zu fördern. Die Glaubensartikel betonen zwar noch die Notwendigkeit von Reformen und die Unzulänglichkeit der bisherigen Verfassung. Der fünfte Artikel lautet jedoch: „Ich glaube, daß die Franzosen in Deutschland zwar große Staatsveränderungen hervorbringen, aber keine formalen Republikanisirungen unternehmen werden," und der zwölfte: „Ich glaube, daß eine Volksrevolution die Tochter des Despotismus sei, die nie glücklich mache, und daß die Veränderung der Herrscher nicht allemal die Herrschaft verändert habe". Am deutlichsten spricht sich die oben bezeichnete Tendenz der Schrift in folgenden Sätzen aus:

„Ich glaube, daß sich die Adeligen, Geistlichen und ihre Helfershelfer in Bayern zwar auf die Rückkehr des Kurfürsten freuen; die Freude ist aber nicht auf die Person Max Joseph's oder die neue Ordnung gerichtet, sondern um ihre Rache gegen die Vaterlandsfreunde ausüben zu können. Sie haben sich eigene Listen von rechtlichen Männern, die ihnen verhaßt sind, verfertigt, um sodann den Kurfürsten zur Verfolgung derselben als Jakobiner zu mißbrauchen, um ihre Privatsache, ihre Selbstsucht zur Sache des Fürsten zu machen. ... Ich glaube, daß sich diese Menschen verrechnet haben, denn in Max Joseph erwartet die bajerische Nation die Befriedigung des Zeitgeistes, weil sie ihm alle erforderlichen Eigenschaften zutraut. ... Ich glaube, daß der Kurfürst den Anfang der Regeneration Bajerns nicht mit Aufopferung der Vaterlandsfreunde für die Aristokraten machen, noch weniger Selbstrache nehmen werde."

Eine schon 1800 erschienene „Patriotische Schutzschrift für Bayerns gegenwärtige Staats- und Militärverhältnisse bei dem Dasein der französischen republikanischen Armee von einem bayerischen Bürger" sucht die Politik des kurfürstlichen Ministeriums zu rechtfertigen, bezweckt jedoch weniger, Ziel und Mittel der Umsturzpartei zu bekämpfen, als „die edeln, menschenfreundlichen Römer-Gallier" um Mitleid anzuflehen, damit sie nicht das Münchener Publikum durch Contributionen entgelten ließen, was etwa eine in die Klemme gebrachte Regierung verschuldet haben möchte.

Offene Opposition gegen die aufrührerischen Schriften der Clubisten erhebt das „Politische Gespräch zwischen dem Verfasser der Patriotischen Schutzschrift für Bayerns Staats- und Militärverhältnisse und einem Fremden am 1. September 1800, nebst kurzer Beleuchtung zweier im Finstern schleichender Lästerschriften." Darin wird der Kurfürst gegen die ungerechten Beschuldigungen verteidigt, wodurch in so mißlichen Zeiten die ohnehin verstimmte Bevölkerung noch mehr aufgereizt werde. Die „Danksagungsadresse" wird als ein „neid- und racheftrotzendes Machwerk, voll der ungerechtesten, abgeschmackten Inzichten, in dem pöbelhaftesten Wäscherton aus schwarzer Galle zusammengekritzelt," bezeichnet. Das in der Broschüre „Wahrer Ueberblick u. s. w." aufgestellte Project einer süddeutschen Republik läßt den Verfasser des „Politischen Gesprächs" zweifeln, ob „es als Scherz oder Wahnsinn auszulegen sei;" vor allem habe jener Pläneschmied vergessen, zu erwägen, ob denn der Kaiser, sowie der König von Preußen diese „Herstellung der Nationalfreiheit der Bayern" vor den Grenzen ihrer Staaten ruhig würden durchführen lassen.

In würdigerem Tone wird die Verteidigung der bayerischen Regierung von einem Nichtbayern geführt in den „Bemerkungen über den Subsidientractat Bayerns mit England" (Beilage zur „Minerva" von Hermann von Archenholtz, Germanien im Brachmonat 1800). Es wird nachgewiesen, daß dieser Subsidientractat keineswegs als Wucher mit Menschenblut, wie sich ihn andere deutsche Fürsten wohl zu Schulden kommen ließen, betrachtet werden könne. Nicht Englands Interesse, sondern in erster Linie das bayerische sei dabei berücksichtigt. Allerdings habe der Tractat nicht den Beifall des bayerischen Volks gefunden, was sich aber namentlich aus der in Bayern herrschenden Abneigung gegen das mit England verbündete Oesterreich erkläre. Bayerns Regierung könne unter solchen Umständen nichts Besseres thun, als baldmöglichst ein neutrales Verhältniß anstreben.

Die bayerischen Zeitungen scheinen die Schriften der Jakobinerverbindung im eigenen Lande als ein Noli me tangere angesehen zu haben. In den politischen Blättern findet sich darüber gar keine Andeutung; die belletristischen nehmen von jenen Zeitstimmen nur vorübergehend Notiz. Das „Intelligenzblatt der allgemeinen Literaturzeitung" bezeichnet die Schrift „Ueber Süddeutschland" und die „Adresse an Max Joseph" als „Ausgeburten, die keine Aufmerksamkeit verdienen," und ein anderesmal wird von letzterer Schrift und einem mir unbekannten Pamphlet: „Stimme der öffentlichen Meinung" gesagt, sie seien wohl von solchen Menschen verbreitet worden, die dem Kurfürsten die bei seinem Regierungsantritt versprochene Preßfreiheit verleiden und die Notwendigkeit ihrer abermaligen Unterdrückung beweisen wollten. Von den Bayerischen Nationalliedern heißt es: „Sie gehören in die Klasse der „Dankadresse" und charakterisiren die Geistesstimmung einiger Männer, die es mit ihrem Vaterlande zwar gut meinen, aber seine Glückseligkeit auf diese Weise nicht befördern werden". Der „Allgemeine literarische Anzeiger" sagt darüber nur: „Die Verfasser glauben,

Süddeutschland geschehe ein Gefallen, wenn es republikanisirt werde". Die „Erlanger Literaturzeitung" sagt über den Verfasser der Schrift „Ueber Süddeutschland": „Der Himmel bewahre Teutschland und jeden Staat vor einem solchen Bürger!" und bei Besprechung der „Dankadresse": sie sei das Werk eines gemeinen Kopfes.

Die „Historischen Denkwürdigkeiten aus der neuern Geschichte des bayerischen Staates" behaupten, der Staatsrat Thibeaudau, der im gesetzgebenden Körper den mit der bayerischen Regierung geschlossenen Separatfriedensvertrag notificirte, habe als besonders großmütigen Act der französischen Regierung gerühmt, daß im bayerischen Staate, „trotz der laut ausgesprochenen Wünsche so vieler Einwohner" die Regierungsform respectirt wurde. Nach dem Moniteur war es nicht Thibeaudau, sondern der Staatsrat Boulay. Die Thatsache selbst ist richtig.

Auch im Schwäbischen tauchten damals ähnliche Bestrebungen auf. Neumann's Gewährsmann erzählt, daß bei den Versammlungen der „Vaterlandsfreunde" in München auch schwäbische Abgeordnete anwesend waren. Von revolutionärer Tendenz war eine zu Stuttgart erschienene Flugschrift: „Was gewonnen wird, wenn Schwaben eine Republik wird?" Ich konnte keines Exemplares dieser Broschüre habhaft werden.

Es bleibt noch eine Frage zu erörtern: In welchen Kreisen der Bevölkerung zunächst in Bayern haben wir die Umsturzfreunde hauptsächlich zu suchen?

Es ist charakteristisch für die herrschende Stimmung jener Tage, daß sowohl die Schriften der Clubisten, als die gegen ihr Treiben feindlich auftretenden „Vertraulichen Briefe" der „Pfaffheit" alle Schuld an den Wirren im Staate beimessen. Allerdings gerieten die Prälaten in jenem stürmischen Jahre mit der Regierung in Zwist. Als nämlich, — so berichten die „Historischen Denkwürdigkeiten," — die nach der Flucht des Kurfürsten eingesetzte Regierungscommission den bayerischen Klöstern den Befehl zugehen ließ, ihr entbehrliches Kirchensilber zur Aufbringung der geforderten Contribution u. s. w. mit dem Versprechen späterer Wiedereinlösung nach München abzuliefern, gab es nicht nur nicht wenige, die sich erst nach langem Zögern dazu verstanden, sondern mehrere Klöster konnten erst durch Gewaltmaßregeln zur Herausgabe bewogen werden. Daß jedoch diese Widerstrebenden, nur weil sie das Notrecht des Staates nicht anerkennen wollten, gegen die Regierung operirt oder gar Anschluß an die französische Republik erstrebt hätten, wie die „Vertraulichen Briefe" von „Bettelmönchen und einigen tückischen Pfaffen" behaupten, scheint schon im Hinblick auf die Stellung des Clerus zur französischen Republik durchaus unglaublich.

Fünfzehn Jahre nach dem Auftauchen der revolutionären Projecte wurde in einem Artikel „Aus Bayern" im „Rheinischen Merkur" versichert: „Wie bekannt, wollten die Anhänger des Illuminatenordens nichts Geringeres, als Gott und alle Herrscher von ihren Thronen stürzen; darum waren sie von Anbeginn die natürlichen Alliirten der Franzosen und Bonaparte's; darum drangen sie in Moreau, als er mit seinem Heere nach Bayern kam, das Land zur Republik zu machen." Ist diese Zeitungsnotiz richtig? Waren die Illuminaten die Träger jener Bewegung? — Zwar war der Orden aufgelöst und verboten, aber es unterliegt keinem Zweifel, daß damit die geheime Verbindung der Mitglieder unter einander nicht völlig abgeschnitten war. Im Nachlaß des Hofrats Hoheneicher, der auf der Münchener Universitätsbibliothek verwahrt wird, befindet sich ein ausgedehnter Briefwechsel von Ordensmitgliedern auch aus jenen Jahren. Es findet sich aber nirgend eine Erwähnung von politischen Umtrieben, im Gegenteil, ein solcher Brief vom 2. Jänner 1801 ohne Adresse drückt große Freude über den zu erwartenden Friedensschluß und die Hoffnung aus, daß das Land nun endlich von den Franzosen befreit werde. Dagegen ist die in der Schrift „Ueber Süddeutschland" hingeworfene Bemerkung: daß es in Bayern nicht an fähigen Köpfen fehle, eine Republik zu leiten, habe zur Genüge die Illuminatenbewegung bewiesen! allerdings auffällig.

Bestimmte Folgerungen aber wird man aus solch vereinzelten Aeußerungen und Gerüchten nicht ableiten dürfen, ohne sich einem Vorwurf auszusetzen, von dem die Regierung selbst sich völlig rein hielt. Von dem Grundsatze ausgehend: Gar oft verschlimmert sich die Krankheit durch hitzige Arznei! verschmähte die kurfürstliche Regierung nach dem Abzug der Franzosen, wenn man auch die nöthigen Vorsichtsmaßregeln nach Rochelle's Anzeige getroffen haben mochte, auf verdächtige Persönlichkeiten zu fahnden, Häscher und Tribunale in Bewegung zu setzen. Die vorübergehende Entfernung des verdächtigen Utzschneider aus dem Staatsdienste ist der einzige Act, der von Kenntnißnahme der Regierung von den Umtrieben ihrer Feinde Zeugniß giebt. Max Joseph bewies damals, geleitet von dem Wahlspruche Constantin's: das Ohr des Fürsten sei geduldig! ebenso weise Mäßigung, wie bei dem ersten Aufflackern des Revolutionsgedankens im Herzogthum Zweibrücken, als er sich entschieden weigerte, gegen die Zweibrückener wegen Aufpflanzung eines Freiheitsbaumes mit Strafen einzuschreiten, und den Vorstellungen seiner Umgebung entgegenhielt, die Leute würden „schon selbst wieder zur Raison kommen". Jenes politische Liebäugeln mit der Republik und den Franzosen endete denn auch gerade so, wie jede Liebelei, die nicht auf bessere Principien begründet ist: nachdem man mit trunkenem Enthusiasmus begann und eine Zeit lang mit Wegräumung der Hindernisse sich abmühte, erkaltet allmälig die Neigung, — das Ende ist Gleichgiltigkeit oder gar Geringschätzung.

Kräftige Wurzel konnten jene republikanischen Träume im Volke so wenig fassen als der Illuminatismus; der Volkscharakter war gar nicht dazu angethan. Als die revolutionäre Bewegung sich allenthalben über Deutschland ausdehnte, schrieb Johannes von Müller an einen Freund: „Es ist wohl nicht zu besorgen, daß in Deutschland eine gewisse Revindication der vergessenen Menschenrechte mit solcher Barbarei wie dort vor sich gehen sollte: unser Volk ist phlegmatischer, unsere Heere sind disciplinirter, und dann vermag auch die Menge nicht so viel, und leider sind die Provinzen einander zu fremd, um in irgend etwas gemeinsame Sache zu machen. Ich wünschte aber sehr, daß die Fürsten recht gewarnt würden. Vielleicht wäre dann zu machen, daß sie zusammentreten und Eins würden, diesen echten gravaminibus nationis Germanicae durch einen vernünftigen mode de vivre abzuhelfen, bei diesem aber einander alsdann zu schützen."

Die nationale Seite dieses Wunsches wurde nun freilich durch die stürmische Bewegung jener Zeit nicht gefördert. Nur die einseitigste Geschichtsauffassung könnte jedoch verkennen, daß durch Befriedigung gerechter Volkswünsche Max Joseph und sein Minister Montgelas, „le prémier ministre revolutionnaire," wie Hardenberg ihn nannte, nach vielen Richtungen für Bayern und somit auch für Deutschland wohlthätig und glücklich gewirkt haben.

Königin Luise.

Das deutsche Volk genügt nur einer ernsten Pflicht, wenn es dankbar immer wieder das Andenken der Königin Luise feiert, die wir nicht bloß als Mutter des Kaisers, der ein deutsches Reich deutscher Nation wieder aufrichtete, verehren, sondern auch als die große Frau, die in den scheinbar hoffnungslosen Tagen der Zerklüftung und Erniedrigung Deutschlands mit mutiger Treue für die nationale Sache wirkte und „aus dem Kampf empörter Zeit als einzige Siegerin hervorgegangen".

Kluckhohn hat ehrenvoll die Aufgabe gelöst, dem deutschen Volk zur Feier des hundertjährigen Geburtstages der hohen Fürstin ein frisches und erfrischendes Bild ihres Lebens und Waltens zu entwerfen.

Eine volle und ganze Individualität tritt uns hier entgegen.

Die Kindheit eine anmutige Idylle. Als ihr Traumgold verblaßt, tritt aus der Einsamkeit des Schlosses Herrenhausen die Jungfrau in die Königsburg. Doch auch dieser goldene Schimmer erwies sich trügerisch. Auch am Berliner Hofe wie allenthalben in deutschen Residenzen herrschten damals jene verwälschten Zustände, wie sie schon im Wigalois beklagt werden: „Wer in Einfalt keusche Liebe treu bewahrt, dient andern nur zum Spotte!" Aber gerade inmitten dieser verführerischen Welt bewährte sich echt und treu ihr Herz; ihre Tugend entbehrte nicht der Kraft, die sie allein zum Verdienst erhebt. Umgeben von Allem, was das Glück Blendendes, die

Schmeichelei Verführerisches hat, blieb sie kindlich und unbefangen. Die Großen der Erde entbehren so oft der wahren Lebensfreude, die nur häusliches Glück zu geben vermag, — im Hause Luisens treffen wir ein echt deutsches Familienleben voll Liebe und Treue. Sie verstand das Wesen des Gatten und würdigte seine Vorzüge, die von den Fremden über manchem Schatten übersehen wurden. Von ihrer Tochter Charlotte sagte sie einmal: „Sie ist zwar verschlossen und in sich gekehrt, verbirgt aber, wie ihr Vater, hinter einer scheinbar kalten Hülle ein warmes, theilnehmendes Herz." Und die letzten Worte, die sie schrieb, lauten: „Ich bin sehr glücklich, lieber Vater, als Ihre Tochter und die Frau des besten der Männer." Die sorgliche Hausfrau, die zärtliche Gattin und Mutter war aber auch eine ganze Königin. Ihr war jene Hoheit eigen, die, wie die Sonne, nicht bloß leuchtet, sondern auch erwärmt. Schönheit und Güte waren ein unwiderstehlicher Zauber, womit sie die Herzen Aller, die ihr nahten, bezwang. Sie selbst ein herrliches Gedicht, wie begeistert wurde sie von Dichtermund gepriesen! Goethe, der sie als Braut 1793 sah, nennt sie „eine himmlische Erscheinung, deren Eindruck ihm niemals erlöschen werde." „Ihren herzgewinnenden Blick kann kein Künstler darstellen," sagte Herzog Ferdinand von Braunschweig, „dem, der sie kennt, giebt kein Bild genug."

Wie scharf blickte aber dieses schöne Auge in die Welt! Welch überraschende Sach- und Menschenkenntniß treffen wir in den von ihr überlieferten Aussprüchen und in ihren Briefen! Welch reges Interesse für Land und Volk, welch reifes Verständniß für den Geist der Zeit!

Sie gehörte zu den Wenigen in Berlin, die mit Gram empfanden, daß Preußen, durch Frankreichs Vorspiegelungen verlockt, eine unwürdige Rolle spiele, daß es für Preußen sich nicht zieme, in schwächlicher Neutralität zuzuschauen, wie das deutsche Reich in Trümmer ging. Zu spät erkannten dies die leitenden Staatsmänner, zu spät zog man das Schwert. Das Kriegswetter brachte nur einen jähen Strahl, aber die einzige Doppelschlacht entschied auch das Schicksal der Monarchie.

Da zählte Luise wieder zu den Wenigen, die nicht kleinmüthig verzagten, sondern auf Mittel sannen, den Staat aus dem Schiffbruch zu retten. Jetzt begann die ernste Prüfungszeit. „Ein Blumenkranz ist leichter auf dem Haupte zu tragen als eine Krone," sagt Jean Paul. Aber im Unglück hebt sie nur noch stolzer das Haupt, in Not und Gefahr ist sie die Stütze ihres Gatten, der Hort der Getreuen. Sinnig weiß sie auch ihrem Leid eine glückliche Seite abzugewinnen. „Wären meine Kinder im Schoße des Ueberflusses und der Bequemlichkeit groß geworden, so würden sie meinen, das müsse so sein; daß es aber anders kommen kann, sehen sie an dem ernsten Angesicht ihres Vaters und an der Wehmuth und den Thränen der Mutter." Auch ihr — wann wäre je das Hohe vom Niedrigen nicht verhöhnt und verfolgt worden! — nahten Cabale und Verläumdung. In jener Zeit, da die französischen Marschälle in den Palästen unter den Linden residirten und auf dem Exerzierplatz Lustfeuer den Ruhmestempel Napoleon's im Strahlenglanze zeigten, schämten sich Berliner Blätter nicht, — die Feinde mußten drob erröten! — den Namen der Königin zu beschimpfen und ihren Ruf zu verlästern. Wohl erpreßten die schmachvollen Beleidigungen der edlen Frau viele Thränen, vermochten aber nicht im Volke den Glauben an ihre sittliche Hoheit zu untergraben.

Das Verhängniß erfüllte sich. Fast ganz Preußen fiel in die Hände Napoleon's. Von Stadt zu Stadt muß die königliche Familie fliehen, durch Sturm und Schneegestöber, selbst durch die weithin das Ufer überflutenden Wellen der Ostsee geht die Fahrt in das treue Memel, das allein im weiten Reiche vorläufig noch Sicherheit bietet. In jenen Stunden der Gefahr schrieb Luise die Schmerzensworte aus „Wilhelm Meister" in ihr Tagebuch:

> Wer nie sein Brod mit Thränen aß,
> Wer nie die kummervollen Nächte
> Auf seinem Bette weinend saß,
> Der kennt euch nicht, ihr himmlischen Mächte!

Aber sie trägt auch das schwer zu Tragende „mit der Grazie Schritten," ihre Seelenstärke wird von Allen bewundert. „Zwei Hauptgründe habe ich," schreibt sie an ihren Vater, „die mich über

Alles erheben; das erste ist der Gedanke: wir sind kein Spiel des blinden Zufalls, sondern wir stehen in Gottes Hand und die Vorsehung leitet uns; das zweite: wir gehen mit Ehren unter!"

Es folgen die demütigenden Vorgänge in Tilsit. Die Königin muß vor dem Sieger als Hilfeflehende erscheinen; sie thut's für ihren Gatten, ihre Kinder, ihr Volk. Als Napoleon die Zitternde mit dem barschen Vorwurf empfängt: „Wie konnten Sie es wagen, mit mir Krieg anzufangen?" giebt sie mit attischer Feinheit das demütige und doch so stolze Wort zurück: „Sire, dem Ruhme Friedrich's war es erlaubt, uns über unsere Kräfte zu täuschen, wenn anders wir uns getäuscht haben!" Aber Napoleon, wie sein despotisches Naturell überhaupt den Adel der Weiblichkeit nicht zu würdigen wußte, blieb auch der Grazie dieser Erscheinung gegenüber, wie er sich selbst ausdrückte, „wie ein Wachstuch, worüber alles nur wegglitt". Den Schmerz der Königin über die Erfolglosigkeit der Bitte steigerte das bittere Gefühl, daß die Bitte selbst schon eine Demütigung. Sie richtet sich jetzt auf in der Hoffnung auf eine Vergeltung. „Unsere Grenzen werden künftig nur bis zur Elbe gehen," schrieb sie an Frau von Berg; „dennoch ist der König größer als sein Widersacher." Die zarte, feinfühlende Frau gemahnt nicht an das Glutbild einer heißblütigen Judith, in deren Brust nur Grimm und Haß gegen den Ueberwinder ihres Volkes; aber ein heiliger Zorn und ein starkes Verlangen, die Ketten endlich gebrochen zu sehen, waren auch in ihrer Seele lebendig. „Ich glaube fest an Gott", schreibt sie an den Vater, „also auch an eine sittliche Weltordnung. Diese sehe ich in der Herrschaft der Gewalt nicht; deßhalb bin ich in der Hoffnung, daß auf die jetzige böse Zeit eine bessere folgen wird. . . . Wie Gott will, alles wie er will. Aber ich finde Trost, Kraft und Muth und Heiterkeit in dieser Hoffnung, die tief in meiner Seele liegt. Ist doch alles in der Welt nur Uebergang! Doch wir müssen durch. Sorgen wir nur dafür, daß wir mit jedem Tage reifer und besser werden!" Im wohlthuenden Strahl der Religion wurde ihr Alles Empfindung, in mildem Licht verklärt. Entbehrung fiel ihr nicht schwer; Schmerz verursachte ihr nur der letzte Rest des höfischen Glanzes. Freiwillig entäusserte sie sich aller Kleinodien und Kostbarkeiten — nur eine Perlenschnur behält sie, die allein noch für sie passe, „denn Perlen bedeuten Thränen, und ich habe deren so viele vergossen."

Aus dieser Zeit stammt wohl das Bildniß der Königin, das eine wertvolle Beigabe zu Kluckhohn's Schrift. Der fest geschlossene Mund, das ernst blickende Auge erzählen, daß „dieses Aug' vom Weinen rot und diese Wangen bleich geworden. ——"

Gehorsame Pflichterfüllung gab ihr die Ruhe, wenn auch nicht das Glück zurück. Für ihre Pflicht erkannte sie aber auch selbstthätige Mitwirkung an allen Bestrebungen, die einen neuen Aufschwung des sittlichen und staatlichen Lebens in Preußen bezweckten. Mit einem bitteren, aber treffenden Worte charakterisirt sie die Epoche vor Jena: „Wir sind eingeschlafen auf den Lorbeern Friedrich's des Großen, welcher, der Herr seines Jahrhunderts, eine neue Zeit schuf; wir sind mit derselben nicht fortgeschritten, deßhalb überflügelte sie uns." Ihr verdankt Preußen die Rückberufung des rüstigsten Meisters am Wiederaufbau der deutschen Vormacht. Schon sein Name giebt ihr Trost im Dunkel. „Stein kommt", schreibt sie, „und mit ihm geht mir wieder etwas Licht auf." Und ein andermal: „Wie glücklich bin ich, daß Stein wieder hier ist; ja, seitdem ich ihn wieder an der Spitze der Geschäfte weiß, ist mir, als könnte ich mich höher aufrichten und als würde mein sorgenschweres Haupt mir leichter zu tragen." Die schöne Frau wird der geistige Mittelpunkt der patriotischen Reformpartei, der Stein, Scharnhorst, Gneisenau und all Derjenigen, die Nichts von der „Freundschaft" des Siegers, Alles von eigener Kraft hofften. Das Verhältniß zu diesen Freunden blieb zwar nicht ungestört (die wahren Ursachen der Entfremdung sind aus den bisher veröffentlichten Briefen und Memoiren noch nicht festzustellen), aber — der eine und andere Anhänger der guten Sache konnte zeitweise ihr Vertrauen verlieren, die gute Sache selbst nimmer ihre Liebe.

Sie dachte aber nicht bloß an Preußen, in ihr war der Lichtgedanke: Deutschland frei vom Napoleonischen Joch und wieder ein kräftiges, einheitliches Ganzes, schon zu einer Zeit wach, da selbst der Name Deutschland fast Allen ein Aergerniß. Sie schenkte warme

Theilnahme dem Befreiungskampf der Tiroler und begleitete mit heissen Segenswünschen den Sieger von Aspern. Als Johannes Müller, durch Napoleon's berechnetes Schmeichelwort verführt, in den Dienst der Fremden trat, suchte ihn die Königin vergeblich von dieser Fahnenflucht abzuhalten. „Ob der Dichter des „Tell" auch verblendet worden wäre wie der Geschichtsschreiber der Eidgenossen?" schreibt sie an ihren Vater, „nein, nein! Lesen Sie nur die Stelle: Nichtswürdig ist die Nation, die nicht ihr Alles setzt an ihre Ehre!" Ihr Sohn Friedrich Wilhelm IV. gab das Zeugniß: „Die Einheit Deutschlands liegt mir am Herzen; das ist ein Erbtheil meiner Mutter!" Weil sie bis zum letzten Athemzug der nationalen Sache treu blieb, darf ihr Name auch nicht fehlen, wenn die verdienstvollsten der Epoche des glorreichen Befreiungskampfes genannt werden. Dieses Gefühl lebte auch in Volk und Heer, als die Zeit voll geworden und der Adler sich mit kräftigerem Flügelschlag wieder aufschwang, als man auszog zum Kampfe gegen den Völkerbezwinger. Die Erinnerung an die edle Fürstin, die von Napoleon beschimpft und vertrieben worden, wirkte wie feurige Kampfesrede. Der rauhe Blücher gab, als er die Hauptstadt Frankreichs von seinen Preußen rings umschlossen sah, diesem Gedanken Ausdruck: „Luise ist gerächt!"

Es war eine jener seltenen, hochbegnadeten Erscheinungen, deren Geistes- und Gemütskräfte in reiner Harmonie zusammenstimmen, in denen sich die Würde der menschlichen Natur herrlich offenbart. Wer fühlte sich nicht von Ehrfurcht bezwungen, wenn er in die stille Gruft zu Charlottenburg tritt, wo sie den Schlaf des Friedens schläft und wo uns erhabenste Kunst ihr Bild wie lebend vor Aug' und Seele bringt!

Mag Frankreich seine Jeanne d'Arc in dankbarer Erinnerung feiern, wir wollen ebenso dankbar der Frau gedenken, die zwar nicht selbst in die Männerschlacht mitzog, aber der deutschen Sache mit all den geistigen Waffen, die ein starkes Herz und ein seltener Gemütsreichthum bieten kann, zum Siege verhalf, — einer Heldin voll echter Weiblichkeit!

Die Memoiren des Ritter von Lang.

In einer Geschichte Bayerns würde ein Capitel mit der Ueberschrift „Das Volk" das letzte sein. Aber dieses letzte trüge den herrlichsten aller Wahlsprüche an der Stirn: „Und es ward Licht!"

Kurz bevor die Pfalz=Zweibrücken'sche Linie der Wittelsbacher an die Regierung kam, war Bayern als ein Stück Mittelalter in der ringsum umgestalteten Welt kaum noch lebensfähig. Ihm drohte denn auch die Auflösung in bedenklicher Weise. Ohne den bayerischen Particularpatriotismus, wie Schlosser das nennt, was ich das Gewissen der Herzogin Clemens nennen möchte, und Preußens kräftiges Einschreiten, würde der bekannte Ländertausch zwischen Kaiser Joseph und Karl Theodor, urkundlich bereits abgeschlossen und besiegelt, eine Thatsache geworden sein. Nun aber blieb der in allen Jahrhunderten und Fährlichkeiten bewährte Satz: daß die Geschichte der bayerischen Nation mit der Dynastie verkörpert sei, in Ehren; der Baum, an den man schon die Axt gelegt, treibt frische Keime; der Kreis des deutschen Reiches, welcher auf den Landkarten der Diplomaten schon zerstückelt und vergeben war, gewinnt — nicht sowohl durch Gebietszuwachs, als durch Umschwung aller staatsrechtlichen, kirchlichen und gesellschaftlichen Verhältnisse festeres Gepräge, er erringt sich und verdient den Namen „Das neue Bayern".

Diese hochwichtige Entwicklungsperiode fand leider noch keinen Geschichtschreiber. Wir besitzen darüber nur schätzbares Material. Was an Urkunden nicht schon damals veröffentlicht wurde, ruht fast ohne Ausnahme heute noch unbenützt in den Archiven. Der Geschichtsfreund, ja der Forscher holte sich — allzu genügsam — aus jenen spärlichen Documenten, aus Sammlungen zeitgenössischer Briefe und den Stimmen der Presse seine Belehrung.

Vor Allem maßgebend aber für die Beurteilung jener Periode waren die Memoiren des Ritter von Lang. Mehrere Jahre nach dem (1835 erfolgten) Tode des Verfassers gedruckt (1842), wurden sie in unseren öffentlichen Bibliotheken freilich alsbald in die Todtentruhen der verpöhnten Literaturwerke verwiesen, im Lande selbst aber, wie außerhalb Bayerns, um so mehr gelesen und von den meisten Schriftstellern, welche über die damaligen Zustände schrieben, als Quelle benützt. Ja, ich behaupte nicht zu viel, wenn ich die Verkehrtheit manches Urteils, welches heutzutage über das bayerische Staats- und Volksleben gefällt wird, auf die Memoiren des „seligen Lang" zurückführe. Ich nehme einen der besten Deutschen als Beispiel. Vertraut mit den besprochenen Zeitverhältnissen, brandmarkt Schlosser den ersten Teil der Memoiren, welcher von den Lehr- und Wanderjahren unsres Ritters handelt, brandmarkt und verwirft ihn nach Form wie Inhalt, nimmt aber die Mitteilungen, welche derselbe Schriftsteller über den bayerischen Hof und die bayerische Beamtenwirthschaft macht, ohne weitere Untersuchung wenigstens teilweise als Wahrheit an und redet sich über dem Gelesenen in einen Eifer, der keiner besseren Sache, aber eines besseren Gewährsmannes würdig wäre.

Nach allem dem darf ich wohl auf Ihre Zustimmung rechnen, wenn ich die genannten Denkwürdigkeiten zum Gegenstand meines Vortrages mache, und diese Geschichtsquelle auf ihren Gehalt und ihren Werth hin prüfe.

Gehen wir zunächst auf die Lebensschicksale des Autors ein, wie er sie uns selbst erzählt. Schon diese Erzählung wird uns über den Charakter des Autors und seines Werkes in's Klare setzen.

Karl Heinrich Lang ist 1764 als Sohn eines Predigers zu Balgheim im Fürstenthum Oettingen geboren. Durch den Verlust des Vaters ward er schon als Kind auf eigene Füße gestellt: denn das Brot, welches er bei Verwandten aß, mußte er durch allerlei

Dienstleistungen verdienen. Ohne Zweifel legten manche trübe Erfahrungen dieser Jugendjahre den Keim zum Menschenhaß des Mannes. So mußte er, selbst noch ein Kind, höfische Studien machen, um dem noch jüngeren Haustyrannen, seinem Vetterchen, zu schmeicheln und ihn durch allerlei fingirte Abenteuer, Nachäffung anderer Leute und sonstige Possen zu ergötzen. Daß irgend etwas tieferen Eindruck auf ihn gemacht habe, verrät keine Zeile. Er lernte rasch und mancherlei, er erwarb sich selbst, was kein Lehrer zu geben vermag, praktisches Geschick für Aneignung von Kenntnissen, aber die Bildung des Herzens hielt damit nicht gleichen Schritt. An einigen in ihrer Art köstlichen Cabinetsbildern fehlt es dieser Jugendgeschichte nicht. Wie anmuthig ist z. B. die Schilderung, wie der Junge in einer Goldschmiedwerkstätte Rollin's römische Geschichte vorliest! „Beim Schein der Lampen, die hinter den Glaskugeln standen, vor dem lauschenden Meister und Gesellen, an der Seite der Frau Goldschmiedin, die ihr Strümpflein dabei strickte, verlas ich laut und feierlich, wie Rom erbaut worden sei. Man freute sich herzlich darüber, und Meister und Gesellen tranken ihr Gläslein auf's Wohl der neuen Stadt. Gegen die Abschaffung der königlichen Gewalt war, in Gegenwart der Goldschmiedsfrau, nichts einzuwenden, weil sie sich über die Art, wie der armen Lucretia mitgespielt worden, nicht besänftigen ließ. Einen heftigen Kampf aber hatte sie zu bestehen, als der alte Vater Goldschmied, in der Freude über die zwölf Tafeln, sich zwölf Glas Bier für denselben Abend noch gelobte. Die Bestellung von Volkstribunen war uns allen recht; ich aber hätte vor Bosheit bersten mögen, daß die Patricier keinem Plebejer ihre Töchter geben wollten, und als es zu der traurigen Scene kam, wo die besiegten Römer von den übermüthigen Samniten unter den Caudinischen Galgen durchgetrieben wurden, da ließen wir, ich das Buch, alle anderen die Hände sinken; wir hefteten die Augen zur Erde, die langen Lampendochte leuchteten immer bleicher, der alte Goldschmied suchte vergebens mittelst einer Prise Tabak einige Worte zu gewinnen, und ich selbst zog mich mit leisem, seufzendem Abschied zur Thüre hinaus." Diese historischen Excursionen brachten ihm zu Hause schlimmen Lohn. „Ich kann annehmen, daß, um den guten Rollin zu lesen, ich hin und her 80 Stunden zu Fuß gemacht, 150 Prügel und 200 Ohrfeigen ausgehalten habe." Lang's Schilderung seiner Jugendjahre ist das Gegenstück zu dem Gemälde, das uns Schubart von seiner Kindheit in Schwaben vor Augen führt. Während der unglückliche Dichter, durch die lange Kerkerhaft auf dem Hohenasperg gebrochen und zum Frömmler geworden, seine Jugendschicksale in elegischem Ton, gleichsam mit reuigem Aufblick zum Himmel erzählt, macht sich Lang über Gott und die Welt und namentlich über das fürstlich Oettingen'sche Winkelchen auf dieser Welt lustig. Die deutsche Kleinstaaterei kommt selbst bei französischen Librettisten von heute glimpflicher fort, als bei Lang. Wir übergehen seine ersten schriftstellerischen Versuche, seine Betrachtungen über den Einfluß, den die Anwesenheit eines Nähmädchens im Arbeitszimmer auf den Gang der Studien ausübt, übergehen seine tollen Streiche aus dem Universitätsleben. Nachdem er seine Collegienhefte verkauft hatte, trat er mit einem Kassenbestand von 15 Gulden rheinisch und 200 Gulden Schulden seine Laufbahn in der bürgerlichen Welt an. Natürlich bieten nun auch die Amtsarbeiten, die jeden Neuling des Bureaudienstes mit andächtigem Grauen erfüllen, unserem lachlustigen Aspiranten ergiebigen Stoff. Als erster Auftrag wurde ihm übertragen die Aufnahme eines Protokolls über sämmtliche Hunde in Oettingen'schen Landen, worüber schon von den Untergerichten an hohe Verwaltungsstelle berichtet war. „Diesen Tabellen folgend, segelten gleichsam die Beschlüsse unter den günstigen Winden rasch vorüber an Melac, Donau, Gibacht, Faßan, nebst vielen anderen; etwas unruhiger ging es doch noch über die Beißerl hinweg — sowie es aber an einen gewissen Zwackerl im Amt Aufkirchen kam, geriet der ganze Rat in die heftigste Bewegung: der Referent wollte ihn todtgeschlagen wissen, der primus Votans aber, der einen jüngeren Bruder dieses Zwackerl hatte, konnte die herrliche Art nicht genug preisen. Die Stimmen theilten sich, sie wurden laut, der Präsident nahm eine Prise Tabak; ein cito kam als Unterbrechung dazwischen; man sprach eine Zeit lang über dieses und zuletzt über ganz andere Sachen; nun griff man wieder zum Endurtheil über den Zwackerl

— wieder dieselben Kämpfe; es schlug 12 Uhr, alles griff nach den Hüten, und ich, auf mein sorgliches Befragen, wie ich nun zu schließen hätte, erhielt den Bescheid: „„Die Hauptsache haben Sie hier umständlich angehört, und so schließen Sie nun das Ganze nach den Acten; verstehen Sie, nach den Acten! Und so werden hernach sämmtliche Herren einverstanden sein.““ Ich ertheilte hierauf in meiner Expedition sämmtlichen Hunden eine Lebensconcession, jedoch stellte ich es mit Vorsicht, und, um nicht neuen Haber zu erwecken, bei Zwackerl auf einen umständlichen, erschöpfenden Special=bericht aus, zu dem es aber, so lange das Deutsche Reich noch bestanden, nicht gekommen ist." Hätte er sich doch mit dergleichen allgemein gehaltenen Burlesken begnügt! Doch indem er die be=theiligten Persönlichkeiten bei Namen nennt, maßt er sich an, historische Porträte zu zeichnen, er will nicht einen komischen Roman, sondern Geschichte schreiben. Allein persönliche Rücksichtslosigkeit ist nicht historische Kritik. An Mißständen und Mißgriffen wird es in jener kleinstaatlichen Beamtenwelt nicht gefehlt haben, aber die Zerrbilder Lang's haben kaum noch einen menschlichen Zug. Indem er nicht nur an seinen Vorgesetzten, sondern an allen und jedem, denen er im Leben begegnet, einzig die physischen und moralischen Gebrechen für bemerkenswerth hält, verschweigt er uns die bessere Hälfte; er gibt also von einem Charakter weniger noch als eine Silhouette, er gibt davon eine Caricatur. Freilich, Lang selbst weiß diese seine Vorliebe für das Häßliche geschickt zu beschönigen. Ich will, sagt er mit hochgezogenen Brauen in der Vorrede, „Wahrheit, keine Dichtung" bieten! Daß bei dieser Einseitigkeit seiner in der Anlage scharfen Beobachtung, bei solchem Mangel an Humanität, Dankbarkeit gegen diejenigen, die dem 22jährigen schon eine behag=liche Existenz bereiteten, nirgend zum Worte kommt, läßt sich erwarten; geradezu widerlich aber wirkt das mit lachendem Munde eröffnete Geständniß, daß er — der Beamte der Regierung — nebenher auch, um seine Einkünfte zu verbessern, den Anwalt von Privaten in ihren Händeln gegen die Regierung zu machen pflegte. Angeblich in Folge der Chicanen seiner Vorgesetzten, in Wahrheit wohl Dank seiner Lästerzunge, seines Dienstes entlassen, ging er nach Wien.

Dort gefällt er sich darin, zugleich homme du monde und Gelehrter zu sein. Mit Vorliebe findet er sich bei Kasperl-Vorstellungen und Feuerwerken, überhaupt allerwegen da ein, wo es eine „Hetz" gibt, und vergräbt sich nebenher in diplomatische und geschichtliche Forschungen. Schon in Oettingen hatte er durch solche Studien den Grund zu der ihn auszeichnenden archivalisch-historischen Geschicklichkeit gelegt, wodurch er sich später einem Hardenberg und einem Montgelas empfahl, die ihn zwar nie eigentlich als Vertrauensmann ansahen und behandelten, wohl aber gelegentlich zur Abwicklung schwieriger und bedenklicher Geschäfte benützten. Auch von seinem Aufenthalt in Ungarn, wo er Hofmeister eines magyarischen Edelfräuleins, Freund und Vertrauter einer adeligen Hausmagd und eines ebenso altadeligen Kuhhirten, weiß er mancherlei Schnurren aufzutischen. Nicht minder von dem geheimnißreichen Cabinet des württembergischen Gesandten in Wien, Baron Bühler, der wohl nicht ahnte, daß seine diplomatischen Sorgen und Errungenschaften einen ebenso hämischen, wie phantasiebegabten Geschichtschreiber finden würden. Wenn er erzählt, daß der Gesandte die Gewissenhaftigkeit so weit getrieben habe, seinen Secretarius Nachts 2 Uhr zu wecken, um ihm eine Strafrede zu halten, weil er das Tüpfelchen schief über ein i gesetzt, werden wir ihm ein Lächeln, aber schwerlich Glauben schenken. Ebenso ungeheuerliche Dinge weiß Lang von seinem nächsten Brotherrn, dem Fürsten von Oettingen, zu erzählen, in dessen Dienst er als Glücksjäger ohne moralisch-ästhetische Principien, trotz der angeblichen Mißhandlungen, die ihm in seinem Vaterländchen widerfahren, unbedenklich zurückkehrte. Nun überschüttet er den Leser förmlich mit Späßen und Anekdoten, die sammt und sonders die Lächerlichkeit oder Verderbtheit der neuen Umgebung beweisen sollen, für uns aber nur die Wahrheit des Spruches illustriren: „Wer zu viel sagt, sagt nichts." Nirgends ein Lichtpunkt, nirgends ein Zug echter Empfindung, nirgends eine offenherzige Anerkennung fremden Verdienstes. Wenn er einmal jemand lobt, geschieht es, wie Hormayr witzig bemerkt, mit der Miene des Mephisto, den die Studenten nötigen, die Hand in den Weihwasserkessel zu tauchen. Da kann es nicht Wunder nehmen, daß die

Kaiserkrönung zu Frankfurt im Jahr 1790, der er als Courier des Fürsten beiwohnte, als die abgeschmackteste Puppen-Komödie geschildert wird. Was dem jungen Goethe so ehrwürdig und glanzvoll erschien, ist dem Hypochonder Lang nur „alttestamentarische Judenpracht". „Der Kaiser-Ornat sah aus, als wär' er auf dem Trödelmarkte zusammengekauft, die kaiserliche Krone aber, als hätte sie der allerungeschickteste Kupferschmied zusammengeschmiedet und mit Kieselstein und Glasscherben besetzt, auf dem angeblichen Schwert Karls des Großen war ein Löwe mit dem böhmischen Wappen. Die herabwürdigenden Ceremonien, nach welchen der Kaiser alle Augenblicke vom Stuhle herab und hinauf, hinauf und herab, sich ankleiden und auskleiden, anschmieren und wieder abwischen lassen, sich vor den Bischofsmützen mit Händen und Füßen ausgestreckt auf die Erde werfen und liegen bleiben mußte, waren in der Hauptsache ganz dieselben, womit der gemeinste Mönch in jedem Bettelkloster eingekleidet wird. Am possierlichsten war es, als eine Bischofsmütze im lieblichsten Nasenton und lateinisch zur Orgel hinauf intonirte, ob sie da oben nun wirklich den Serenissimum Dominum, Dominum Leopoldum wollten in regem suum habere. worauf der bejahende Chorregent gewaltig mit dem Kopf schüttelte, seinen Fiedelbogen greulich auf und nieder schwenkte, die Chorjungfrauen und Singknaben aber im höchsten Discant herunterriefen: fiat! fiat! fiat! Sowie also von Seite dieser kleinen Herrschaft nichts mehr entgegen zu stehen schien, ging's nun mit der Krone eilends auf das kaiserliche Haupt, vom Empor aber mit Heerpauken und Trompeten donnernd herab: Haberipump! Haberipump! Pump! Pump!" Mag Lang mit diesem Spott niedrigster Gattung Lacher finden, die Gebildeten stellen sich auf Goethe's Seite!

Wieder konnte sich der Mann des fürstlichen Vertrauens in Oettingen nicht lange behaupten, und nun überläßt er die Bestimmung des Wohin, um einen neuen Wirkungskreis zu finden, dem Postillon. Wohin dieser am liebsten fährt, dahin will auch er. So kam er „zu ernsterem Betriebe der Studien" nach Göttingen. Von den Professoren dort hören wir so wenig Erbauliches, als von seinen Vorgesetzten im Amt. Auch bleibt er auf der Hochschule

Autodidakt, sammelt auf allen Gebieten des Wissens ohne Methode dies und das, bewahrt aber, wie er sich ausdrückt, eine vorherrschende Neigung für „alte Scharteken". Seine genealogisch-historischen schriftstellerischen Versuche zogen die Aufmerksamkeit des in Ansbach residirenden preußischen Ministers Hardenberg auf sich und Lang wurde zunächst zur Ordnung des Familienarchivs und Ausarbeitung einer Familiengeschichte nach Schloß Hardenberg geladen; bald indeß ward der weltkluge und stilgewandte Archivar vom Minister auch zu amtlichen Geschäften beigezogen. Aus der Beschreibung des Aufenthalts auf Schloß Hardenberg sei nur das charakteristische Geständniß Lang's erwähnt, daß er einen Hausknecht zum Gegenstand des Studiums machte, der das Talent besaß, „mit der größten Trockenheit die gemeinsten Sachen mit einer nicht gewöhnlichen Wendung und Spitze vorzutragen". „Mit zwei oder drei geschickten Schlagwörtern, die er oft nur gähnend auf seiner Ofenbank fallen ließ, konnte er eine ganze Stube lachen machen. Ich fieng hierauf an, auch die größeren Angelegenheiten dieser Welt aus dem Gesichtspunkte dieses Hausknechts zu betrachten, und fand dann, daß es mir niemals an Lachern fehlte."

1795 zum geheimen Archivar auf der Plassenburg ernannt, konnte er selbständig organisatorische Thätigkeit entfalten, aber das trockene Urkundenlesen und Sichten war seinem unstäten Geiste nicht genügende Beschäftigung, er tummelte sich auf allen möglichen literarischen Gebieten und verfaßte namentlich politisch-satyrische Broschüren in Hardenberg's Sinn und Auftrag. Eifrig las er Rabelais und Fischart, und namentlich durch diese großen Satyriker will er zu seinen humoristisch-satyrischen Erzeugnissen, zur „Reise nach Hammelburg" und zum „Conversationslexikon" angeregt worden sein. Originelle Gedanken und witzige Einfälle finden sich allerdings in diesen Werkchen, auch fehlt es denselben an Zoten im Geschmack der guten alten Zeit nicht, aber damit ist die Größe und Bedeutung des Originals noch lange nicht erreicht. Während Fischart als Schalk, wie als zürnender Prophet die Thorheiten und Vorurtheile seiner Zeitgenossen geißelt, weil er Gerechtigkeit und Wahrheit glühend liebt, erhebt sich Lang in seinen Satyren nirgends über kleinliche Nergelei und begeifert mit mehr Gehäffigkeit als Haß, mit mehr Galle als Witz, Werth wie Unwerth, den Schurken wie den Braven. Mit einem Wort, er konnte über Rabelais und Fifchart niemals den Hausknecht auf Hardenberg vergeffen.

Der Mangel an Pietät erftreckt fich auf die eigene Familie. Den Tod feiner Mutter berichtet er blos, weil er dadurch ein kleines Erbtheil gewann. Höchft draftifch ift die Werbung um feine erfte Frau. In Gefellfchaft hört er von einer hübfchen Blondine, die er noch nie gefehen hat, er fucht das Haus auf, begegnet der Schönen auf der Treppe, findet fie über alle Maßen reizend und fragt fofort, ob fie nicht feine Frau werden wolle; die Frage wird bejaht und bald darauf umfchlingt Hymens Band das Paar. Die Feftigkeit des Ehebundes wird nicht lange auf die Probe geftellt, die Frau ftirbt. Er aber führt alsbald unter ähnlichen Verhältniffen — es genügt die Frage: „Bift Du nicht mein liebes Weibchen?" — eine zweite, und, da auch diefe bald in's Grab finkt, eine dritte Braut zum Altar. Doch auch die dritte lebt ihm nur kurze Zeit und die gleichgiltige, herzlofe Art, womit diefe Liebes- und Ehegefchichten vom Ueberlebenden zum Beften gegeben werden, legt uns die Vermutung nahe, daß die drei Flüchtlinge fehr klug gethan.

Auf Hardenberg's Verwendung wurde Lang der preußifchen Gefandtfchaft auf dem Raftatter Friedenscongreß zugetheilt und erwarb fich dabei ein wirkliches Verdienft durch feine ftatiftifchen Tabellen über den Länderverluft Deutfchlands auf dem linken Rheinufer. Natürlich gibt ihm auch diefe, in der That für Deutfchland fchmachvolle Congreß-Komödie ergiebigen Stoff zu Pikanterien, und wenn irgend jemand und etwas, fo verdienen die dort auftretenden Staatsmänner und das von ihnen betriebene Markten und Schachern, den von Lang angefchlagenen Ton. Schon begann das unwürdige Jagen und Jappen der deutfchen Reichsftände, um bei dem glücklichen Sieger Frankreich, zunächft bei den Schreibern und Lakaien feiner Gefandten fich einzufchmeicheln; damals wurden in Dachftuben deutfche Staaten und Städte verhandelt, und um das würdelofe Treiben zu verbergen, ftellte fich alles in akademifche Pofe, wurden die niedrigften Lappalien mit feierlicher Grandezza verhandelt, wandelte sich das Festungsstädtchen in einen Tummel- und Taumelplatz für die Fashionables von tout le monde. Nach seiner Rückkehr wurde Lang, damals erst 34 Jahre alt, an die Spitze des Kriegs- und Domänenrats in Ansbach gesetzt. Durch ihn ward auch noch die Gränzberichtigung zwischen Preußen und Bayern geregelt, und er thut sich etwas darauf zu gute, durch seine Kniffe die querköpfigen Bayern hinter's Licht geführt zu haben. Es wäre aber falsch geurtheilt, wollte man daraus eine Anhänglichkeit des Herrn Kriegsrathes an Preußen folgern. Als Ansbach an Bayern übergieng, aber die meisten Ansbach'schen Beamten sich versetzen ließen, um in preußischen Diensten zu bleiben, trat Lang ohne Zaudern in den Dienst der querköpfigen Bayern über. Vaterlandsliebe war für ihn ein todter Begriff. Das wäre noch bei dem ehemaligen Unterthanen eines Duodezstaates, der im Wandel der Zeiten bald diese, bald jene Landesfarben annehmen mußte, zu verzeihen, aber er schämte sich nicht, aus erlogenen Sympathien Capital schlagen zu wollen. Während er in seinen Memoiren einfach angiebt, er habe den Herrn gewechselt: „Da ich in Ansbach ein großes Haus besaß und nicht ohne Grund argwöhnte, daß mich Hr. N. nur in die Archivcasematten nach Plassenburg zu schleudern suche und ich überhaupt da, wo sein Geist noch ferner walten würde, für mich kein Glück und keine Zufriedenheit sah" — betheuert er in einem in seinen Personalacten befindlichen Gesuch um Verleihung der Stelle eines bayrischen Historiographen, er sei nur aus persönlichen Gefühlen der Liebe und Bewunderung Unterthan Max Joseph's geworden, und man werde hoffentlich nicht vergessen haben, von welcher moralischen Bedeutung damals dieser demonstrative Schritt gewesen sei.

Mit dem Uebertritt Lang's in bayrische Dienste beginnt gewissermaßen ein zweiter Theil der Memoiren. Fortan knüpft er nicht mehr ausschließlich an eigene Erlebnisse an, sondern will als unparteiischer Beobachter Land und Leute schildern und namentlich der bayrischen Verwaltung, wie er sie kennen gelernt, ein dauerndes Denkmal setzen. Er ändert nicht sowohl die Ausdrucksweise, aber er steigert die Stimme. Euer Schlendrian, eure Kopflosigkeit, eure Verruchtheit! schreit er unermüdlich (wohlgemerkt an seinem Schreib=

tisch) gegen die Männer, welche die höchsten und wichtigsten Aemter und Posten in Bayern innehatten.

Die Uebertreibung liegt so offen zu Tage, daß denn auch kein Historiker sie zu läugnen suchte. Doch nachdem er durch eine kritische Vorbemerkung, daß wohl nur der zehnte Theil dieser Skandal-Chronik glaubwürdig sei, sein Gewissen beschwichtigt, druckt so mancher hinterher das eine oder das andere Capitel dieses Münchhausen zum Beweise ab, daß die Zustände „trotz alledem über die Maßen verrottet gewesen sein müßten".

Ehe ich näher begründe, daß gegen ein solches Verfahren zum Schutze der Wahrheit der ernsteste Protest am Platze, sei ein rascher Blick auf den Umwandlungsprozeß geworfen, welchen Bayern damals durchmachte.

Daß in Bayern seit Jahrhunderten auf Schule und Kirche, Gewerbebetrieb und Ackerbau, Finanz- und Heerwesen Schutt aufgehäuft lag, daß insbesondere in den letzten Regierungsjahren Karl Theodor's auch die innere Lage Bayerns eine trostlose war, ist eine traurige Thatsache; mit den Beweisen ließen sich Bände füllen. „Eine culturgeschichtliche Schilderung Bayerns am Schluß des 18. Jahrhunderts," sagt Häußer, „erscheint den Jetztlebenden wie ein zur Caricatur verzerrtes Gemälde einer längst vergangenen Epoche." Wie weit die jesuitischen Ratgeber des Fürsten die Verfolgung jeder freieren Geistesregung trieben, bezeichnet Andreas Buchner, selbst ein Cleriker und ergebener Sohn seiner Kirche, in seiner Bayerischen Geschichte mit den Worten: „Selbst der Unschuldige (d. h. wer an der Illuminaten-Bewegung gar keinen Antheil hatte) lebte in einer ewigen Unsicherheit, wenn er nicht zu P. Frank's und Lipert's Creaturen gehörte. . . . Wer nicht ganz dumm war, war keine Nacht in seinem Bette sicher."

Dieses Bayern auf eine der Bildung und dem Geiste des neuen Jahrhunderts entsprechende Höhe zu heben, war eine staatsmännische Herculesarbeit. Ihr Gelingen war überhaupt nur möglich durch die glücklichen militärischen und politischen Erfolge, deren sich der Nachfolger Karl Theodor's als Bundesgenosse Frankreichs zu erfreuen hatte. Erst dadurch, daß der größere Theil von Franken und Schwaben mit ihren regsamen Städten, welche einst die bestimmenden Centralpunkte für die ganze Entwicklung des deutschen Städtewesens gewesen, und mit ihrer versatilen und gebildeten Bevölkerung mit Altbayern, dem Lande schroffer Abgeschlossenheit, vereinigt wurden, war die Möglichkeit geboten, durch gegenseitiges Einwirken und Ausgleichen der verschiedenartigen Stammeseigen= schaften ein neues, lebensfähiges Ganzes zu gestalten. Der Eckstein des neuen Baues war: Aufklärung. Auf allen Gebieten des kirch= lichen, socialen und intellectuellen Lebens zeigte sich bald frisches Wachsthum, mit dem Kirchen=, wie mit dem Feudalstaat wurde gründlich aufgeräumt. Gesetzliche Sanktionirung religiöser Duldung, Verbesserung des Unterrichts, Freiheit der Presse, Hebung der Landes= cultur, Aufhebung der Leibeigenschaft, Schöpfung menschlicher Straf= gesetze, Freiheit des Handelsverkehrs, Aufhebung der Zunftschranken, Gründung einer starken nationalen Wehrkraft — dafür wirkten unermüdlich Max Joseph und sein Minister Montgelas; durch diese Thaten wurde die dringend gebotene Auflösung des Alten herbei= geführt und eine Fülle von Lebenskeimen geweckt.

In einer solchen Uebergangsperiode konnten Mißgriffe und Ueber= griffe nicht ausbleiben; die hartnäckig an den alten Einrichtungen und auch an den Mißbräuchen festhaltende altbayerische Partei, die An= hänger des ständischen Princips, die Gegner der Toleranz und Auf= klärung bildeten eine starke Phalanx, deren Widerstand nur durch rücksichtsloses Vorgehen gebrochen werden konnte. „C'est le prémier ministre révolutionnaire," sagte Hardenberg von Montgelas. Daß in diesem Krieg auch Recht und Billigkeit oft verletzt wurden, ist nicht in Abrede zu stellen. „Gewaltthätig und brutal," urteilt Häusser, „hat man, wie bei allen Revolutionen, auch hier vielfach verfahren; die Gleichmacherei, der grobe Nützlichkeitseifer, die Leidenschaft, alles vom Schreibtisch aus zu reguliren, die Abneigung gegen das Geschicht= liche und Ueberlieferte, der Vandalismus selbst gegen die künstlerischen Symbole und Denkmale der alten Zeit — dieß alles ist jetzt und nachher in der rheinbündischen Epoche grell genug hervorgetreten." Die Hast, auf allen Gebieten des Volks= und Staatslebens mit dem Gesammtzustande der Vergangenheit aufzuräumen, rief jene allzu große Menge Gesetze, Verordnungen und Verbote hervor, die sich förmlich überstürzten und häufig, kaum veröffentlicht, wieder von neuen verdrängt wurden. Und alle Reformen konnten an der zerrütteten Finanzlage nichts bessern. Die Kosten des neuen königlichen Hofhalts, der in jener Zeit durchaus nötige Aufwand für das Heer, für die Gesandtschaften, für die vielen neuen Einrichtungen und Anstalten steigerten die Finanznot von Jahr zu Jahr. Hier konnte auch nicht geholfen werden außer durch Mitwirkung des Volks an den finanziellen Staatsoperationen durch eine Volksvertretung, die diesen Namen in Wahrheit verdient. Eine solche Schöpfung aber war nicht vereinbar mit dem Princip des aufgeklärten Absolutismus des Ministers. An den mannigfach gegliederten Organismus eines selbstthätig und selbständig sich bewegenden staatsbürgerlichen Lebens, wo Jeder freudig Opfer bringt, weil er sich von deren Notwendigkeit überzeugen kann, wollte und konnte Montgelas nicht glauben. Unausbleibliche Folge war, daß die Bureaukratie, welche ausschließlich die Leitung des Staats in Händen hatte, in den Irrthum verfiel, sich selbst für den Staat anzusehen, und daraus erklärt sich, daß gerade jene Periode so viel erschreckende Beispiele willkürlicher und habsüchtiger Beamtenwirtschaft aufweist.

Sammt und sonders sind also jene von Lang mitgeteilten Skandalgeschichten nicht in's Reich der Fabel zu verweisen — dennoch ist das von ihm entworfene Gesammtbild unwahr, weil es nur die Schatten zeigt und nicht das Licht.

Und auch die einzelnen, von ihm so kategorisch und so zweifelsohne berichteten Thatsachen dürfen vom Forscher nicht benützt werden ohne genaueste Prüfung des Sachverhalts. Schlosser bemerkt freilich, Kritik würde bei diesem Buche, das durchaus auf den, dem gewöhnlichen Haufen der Menschen eigenen Hang zu boshafter Klatscherei berechnet, schlecht angebracht sein, aber dieses abfällige Urteil hält ihn, wie ich schon andeutete, später nicht ab, zu erklären: „Wenn die bayerische Verwaltung unter Max Joseph wirklich so war, wie sie der Verfasser, der in dieser Stelle einen etwas ernsteren Ton annimmt, als der ist, den er sonst vorzieht, schildert, so muß man allerdings die armen Bayern und Franken bedauern." Demnach scheint es denn doch nicht überflüssig, die Wahrheit jener Zeugnisse in's Klare zu setzen.

Welch ein Bild entwirft Lang von seinem König, der ihn zum Ritter erhob! „Da der König nicht las und keine besondere Liebhaberei für irgend einen Zweig der Künste oder Wissenschaften hegte, so wenig als für Jagd und Reiterei, dabei auch kein Schwelger oder Trinker war, so blieb es eine schwere Aufgabe für die Höflinge, den Tag mit Spazierengehen, Liebeleien, verkappten Hofnarren, Stadthistorien und Kleinigkeitskrämereien aller Art auszufüllen; aus solcher Geschäftslosigkeit des Königs gingen dann auch viele üble Launen hervor." Regierungsgeschäfte mit Montgelas seien nur alle Donnerstage vor der Tafel kurz abgemacht worden. Was sonst von lächerlichen Gewohnheiten des Königs und tollen Episoden, die sich bei Hof abgespielt hätten, erzählt wird, entzieht sich der Wiedergabe. Wie läßt sich aber nun mit diesem angeblichen far niente die Thatsache vereinbaren, daß selbst aus der Verwaltungsperiode des einflußreichen Montgelas Tausende und aber Tausende von eigenhändigen und oft sehr eingehenden und ausführlichen Signaten des Königs in sämmtlichen Ministerialacten sich finden? Dieses Argument allein genügt, die Nichtigkeit und Nichtswürdigkeit des Lang'schen Klatsches darzuthun.

Gelegentlich der Einquartierung bayerischer Truppen will Lang „durch eine bedeutende Hand" Mitteilung von einem Briefe Napoleon's an General Wrede, ddo. Schönbrunn 8. October 1809, erlangt haben, den er dem vollen Inhalte nach in die Memoiren aufnimmt. Es wird darin über die Demoralisirung der bayerischen Truppen bittere Klage geführt und namentlich die schlechte Kriegführung des bayerischen Kronprinzen Ludwig gebrandmarkt. Schon die ganze Fassung des Briefes ist dazu angethan, Zweifel über die Echtheit des Schriftstücks einzuflößen. Nun findet sich aber auch dieser Brief in der so sorgfältig gesammelten und herausgegebenen Correspondance de Napoléon I. nicht, und es ist doch kaum glaublich, daß von einem so wichtigen Briefe kein Concept zurückbehalten worden wäre. Es liegt daher die Vermutung weit näher, daß Lang durch ein apokryphes Schriftstück sich entweder hinter's Licht führen ließ oder sich selbst die Fiction erlaubte.

Ein anderes Beispiel! Der Tractat von Ried, wodurch Bayern sich der Sache der Verbündeten anschloß, „womit der kurze Glanz und die europäische Selbstständigkeit der bayerischen Monarchie" — o wer sieht nicht dabei eine Thräne über die Wangen des ehrlichen Bayern herabfließen! — „zu Grabe ging," sei nur das Werk des von Napoleon in seiner Ehrliebe verletzten Wrede gewesen. Weder politische noch militärische Gründe hätten den Schritt nötig gemacht, der für Lang einerseits nur ein „schmähliches Capituliren" mit dem Feinde, andrerseits ein unentschuldbarer Verrat an Napoleon ist. Sehen wir einmal dagegen, wie der beste Gewährsmann das Verhalten Bayerns in jener Zeit auffaßt. Der damalige französische Gesandte am Münchener Hofe, Graf Mercy-Argenteau, versichert in seinen vor einigen Jahren im „Correspondant" veröffentlichten Memoiren auf's Bestimmteste: er habe sich selbst — und nicht etwa auf Grund geheimer Informationen, sondern nur mit Berücksichtigung der offenen Sachlage — nicht verhehlen können, daß die Stellung des kleinen bayerischen Corps gegenüber der österreichischen Heeresmacht unhaltbar. Er selbst, wie Wrede, Montgelas und der König hätten wiederholt das französische Hauptquartier um Verstärkung angegangen, aber vergeblich. Der Abfall Bayerns von der Sache eines Beschützers, der ihn nicht mehr beschützte, sei durchaus begreiflich und verzeihlich gewesen. „Auf dem Punkte, wo einmal die Dinge angekommen waren, konnte Bayern nur sich verderben, ohne uns zu retten." So der Franzose, in dessen Aufzeichnungen man wahrlich eher den Vorwurf bayerischer Treulosigkeit zu finden vermuten sollte, als in denjenigen eines deutschen „Ritters".

Eben so falsch und wertlos ist, was Lang über das Zustandekommen des bayerischen Concordats erzählt, das nach seiner Angabe von dem nachmaligen Bischof Streber aufgesetzt, dem Minister Montgelas vorgelegt, von diesem aber bei Seite geschoben worden sei, bis das Papier dem Kronprinzen in die Hände geriet und dann der Entwurf ohne alles weitere Untersuchen vollzogen wurde. Nun stehen wir aber gerade bezüglich der Geschichte des bayerischen Concordats schon heute auf festem, sicherem Boden. In seinem vortrefflichen Werk „Kirche und Staat in Bayern 1799—1821" hat

Sicherer mit Benützung des authentischen Actenmaterials bezüglich jener Verhandlungen über den Pact zwischen Staat und Kirche die ausführlichsten und zuverlässigsten Aufschlüsse gegeben, die gar keinen Zweifel darüber zulassen: Von Lang's Darstellung, mag man an böswillige Fiction glauben oder nur ein leichtfertiges Nacherzählen von Gerüchten annehmen, stimmt kein Satz und fast kein Wort mit der geschichtlichen Wahrheit überein.

Als der wegen bedeutender Unterschlagungen in Bayern in Untersuchung gezogene und überraschender Weise von Stein in Schutz genommene Graf Raisach eine Schmähschrift erscheinen ließ, betitelt: „Bayern unter der Regierung des Ministers Montgelas", schrieb Lang auf Veranlassung des bayerischen Ministers eine (anonym veröffentlichte) Entgegnung: „Der Minister Graf von Montgelas unter der Regierung König Maximilians von Bayern." Nach einer durchaus in apologetischem Ton gehaltenen Aufzählung der Verdienste der bayerischen Regierung seit Beginn der neuen Aera schließt er: „Plato weigerte sich, den Cyrenäern Gesetze zu geben, weil es gar zu schwer sei, ein Volk zu regieren, das sich glücklich fühle. Glücklich auf alle Fälle ist wohl auch der Bayer zu nennen, dem unverändert der alte Name seines Vaterlandes geblieben, aus seinem alten Wittelsbacher Herrscherhaus ein König, der als glücklicher Gatte und Vater liebend und geliebt regiert, ein Kronprinz, der, den Geschäften schon lange nicht mehr fremd, das Wohl des Staates, das Edle und das Hohe in seinem Busen trägt, ein dankbarer Boden frommer Bewohner, vom Schauplatz des Krieges unberührt und ein tapferes Heer, das, jenseit der Grenzen fechtend, sich unsterblichen Ruhm und uns den Frieden gebracht." Wenn man solche Worte mit den Urteilen vergleicht, die in den Memoiren über König und Volk in Bayern gefällt werden, welcher Mangel an Consequenz und Rechtssinn tritt uns entgegen!

Nicht Mißbilligung, sondern entrüsteten Protest fordert das Verfahren heraus, in Memoiren, die der Verfasser erst nach seinem Tode veröffentlicht wünschte, die Ehre von Männern, deren Ruf sonst makellos, durch Anklagen der bedenklichsten Art herabzuwürdigen. So wirft er z. B. dem hochverdienten Utzschneider mit nackten

Worten vor, er habe ihn, eine Ministerialordre in der Hand, dazu verleiten wollen, falsche Urkunden zu legalisiren, wodurch die österreichische Regierung genötigt worden wäre, ihre Schuldobliegenheiten gegen fränkische Klöster trotz ihrer Säcularisirung noch nachträglich zu erfüllen. Natürlich läßt sich nach Lang's und Utzschneider's Tod mit absoluter Bestimmtheit nicht mehr feststellen, was Wahrheit, was Lüge; aber kann denn die Angabe eines Mannes überhaupt Glauben verdienen, der über eine derartige verbrecherische Zumutung schweigt, so lange dem Angeklagten noch die Möglichkeit zu Abwehr und Verteidigung geboten?

Und wie steht es mit der Ehrlichkeit des pflichtgetreuen Archivbeamten selbst in Wahrheit? Ich kann aus eigener Erfahrung ein erläuterndes Beispiel anführen, bei dem es sich zwar nicht um Geld oder Geldeswert handelt, durch das aber nichtsdestoweniger klar wird, daß Lang die erste Pflicht des Archivars nicht hoch und heilig achtete. Als Vorstand des Reichsarchivs hatte er die Herausgabe der Regesta Boica, Auszüge der in den bayerischen Archiven verwahrten ältesten Urkunden, zu leiten. Die Auszüge, welche sich ausser dem wesentlichen Inhalt der Urkunden auch auf die Namen der Zeugen erstreckten, wurden von den Archivbeamten auf einzelnen Blättern niedergeschrieben, Lang nahm die für den Druck erforderlich scheinenden Correcturen vor. Auf den Originalconcepten läßt sich nun genau verfolgen, daß Lang, so oft unter den Zeugen Ahnherren irgend eines ihm mißliebigen Edelgeschlechts genannt sind, eigenhändig diese Namen durchstrich, so daß sie beim Druck unberücksichtigt blieben und somit für die betreffende Familiengeschichte verloren gingen, — ein kleines Beispiel, das aber die Kleinlichkeit der Gesinnung des strengen Minos treffend charakterisirt!

Ueberhaupt erscheint der Allerweltstadler in Schriftstücken, die nicht für die Oeffentlichkeit bestimmt waren, in ganz anderem Lichte, als in seiner Autobiographie!

Während er z. B. über die anmaßende Bettelsucht der bayerischen Beamten sich weidlich ereifert, bewährt er sich selbst, wenn wir seine Personalacten durchblättern, durchaus nicht als zweiter Cincinnatus. Wie häßlich prägen sich Selbstüberhebung und Geldgier in einem

Immediatgesuch an den König vom 22. November 1810 aus: „Erwägt man," heißt es darin, „daß bei einem Vorstand der Archive die Geschäftsführung selbst, in Absicht deren er allein zu den Beamten gehört, die mindere Erforderniß, sein historisches, ethisches Talent aber die höhere Fähigkeit ist, womit er sich den Künstlern anschließt, so wird man auch an diesem mehr einen eigenen Sinn, als den bloßen Beamten gewahren müssen, weil ohne diesen kein Kunstsinn besteht und so, wie man die Belohnung eines seltenen Schauspielers, Musikers, Malers ꝛc. nicht nach gewissen Besoldungstarifen fixiren kann, so glaube ich auch, daß ein Archivar mit historischem Kunsttalent, wenn sich je zuweilen ein solcher findet, billig mit der Gunst eines Künstlers behandelt und belohnt werden dürfte, und daß er als solcher Erwartungen hegen darf, die für einen bloßen Geschäftsmann derselben Kategorie Anmaßungen wären. Soll ich das Glück haben, Vorstand oder Director Ew. kgl. Majestät Archive werden zu sollen, so weiß ich mäßiger und bescheidener nichts zu bitten, als daß mir mit einem Gehalt von 4000 Gulden die gleiche Kategorie mit einem geheimen Referendär bewilligt werde. . . . Der Ruhm, Männer von Kunst befördert und belohnt zu haben, ist noch jederzeit auf die Regierungen und ihre Leiter übergegangen, und es verursacht im Gegentheile der Geschichtsmuse der Nachwelt trübe Blicke, wo sie melden muß, daß Männer von Fähigkeit ihr Vaterland verlassen mußten. . . ."

Wie malerisch drapirt sich der Autor, wenn er von seinem Austritt aus dem bayerischen Staatsdienste spricht. Nur ethische Gründe haben ihn vermocht, „den elenden Mückentanz eines erbärmlichen Geschäftslebens" aufzugeben. Edles Faust'sches Streben, so will der stets verneinende Schalk uns glauben machen, habe ihn beseelt, seitdem er in Ruhestand getreten. Nur den Wissenschaften und der Landwirtschaft habe er noch gelebt; anmutig weiß er zu erzählen, wie er einen ganz wüsten Bezirk in der Nähe von Ansbach mit Bäumen bepflanzt und zur stattlichen Anlage umgeschaffen habe. Diese stille Thätigkeit habe ihm mehr süße Früchte ergeben, als all das vorwitzige Kanzleigeschreibsel; auch sonst habe sich manche Gelegenheit geboten, im Stillen Gutes zu wirken, Ehrgeiz habe ihn nie verlockt, nochmals öffentliche Auszeichnung oder Thätigkeit zu suchen.

Schlagen wir doch noch einmal seine Personalacten auf! Am 10. April 1817 wurde er, ohne daß eine weitere Andeutung über die Motive gegeben wäre, in Ruhestand versetzt. Im November 1819 schon richtet er von Wien aus, „weil das Leben im Rezatkreis zu drückend wird," an das vielgeschmähte Ministerium Rechberg das Ansuchen, man möge ihn doch als bayerischen Agenten in Wien anstellen. „Daß bei der jetzigen Lage der deutschen Angelegenheiten ein Mann von publicistischem Fach nicht ganz am unrechten Orte wäre, scheint mir außer Zweifel und ich glaube nicht, daß ich in diesem Bezug dem Herrn Fürsten von Metternich eine persona ingrata wäre . . ." Man wird vergeblich in den Memoiren nach einer Andeutung dieses Gesuches fahnden. Bundesgenosse Metternich's und zugleich eventuell heimlich gegen ihn operirender Verräter — dies wäre eine Rolle nach seinem Geschmack gewesen!

Es wäre ein Leichtes, noch Vieles, was er gegen Montgelas und Wrede, Utzschneider und Ringel, Lerchenfeld und Thürheim, Rechberg und Zentner vorbringt, in Anklagen gegen den Ankläger umzuwandeln, doch hoffe ich genugsam dargethan zu haben, daß Lang — von seinen Verdiensten als Forscher abgesehen — zwar Hang und Talent zur Satire besaß, aber nichts von dem heiligen Zorn, der einen Juvenal Satiren zu schreiben zwang. Hinter seinem Schreibsessel stand ein Faun! Seine „Enthüllungen" sind keine geschichtlichen Charakterzeichnungen, denn abgesehen von den eigentlichen Fälschungen wiegt auch eine halbe Wahrheit nicht mehr wie eine Lüge.

Nur unser Mitleid können wir ihm schenken. „Einsam an dem Fensterpfeiler meines Landhauses lehnend," so lauten die Worte, womit er seine Aufzeichnungen einleitet, „schau' ich hinein in die traurigen Schneegestöber und die pfeifenden Winde, als in ein Bild meines jetzigen Lebens, das auch einmal ein Frühling und auch einmal ein Sommer gewesen —"

Ja, einsam stand der Mann in den letzten Lebenstagen, er, der dreimal das Loos einer Gattin mit dem seinigen verknüpfte, der Kinder auf seinen Knieen gewiegt, — alle hatte er verloren, denen er seine Liebe zugewandt, soweit ihm möglich war, zu lieben. Seine stolzen, weitsehenden Pläne für eine Thätigkeit als Staatsmann und Gelehrter waren gescheitert, er war kein „öffentlicher Charakter", nur ein Sonderling. Und was er hinterlassen, — wenn wir Deutschen ehrlich ein einiges Volk von Brüdern sein wollen, verschmähend, mit geheimer Freude auf Makel und Schaden des anderen zu blicken, und wenn wir ehrlich die Wahrheit lieben wollen, treten wir diese Erbschaft nicht an.

Paul Anselm von Feuerbach.

Im November 1875 feierte die Gelehrtenwelt den hundertjährigen Gedächtnißtag Paul Johann Anselm Feuerbach's. Beim Festact der Münchener Hochschule weihte ein Redner, wie Wenige dazu berufen, dem großen Vorgänger einen inhaltreichen Nachruf. Auch sonst fehlte es den Manen Feuerbach's an würdigen Huldigungen nicht; Männer wie Mittermaier, Glaser, Marquardsen setzten seine wissenschaftliche, wie rein menschliche Bedeutung in helles Licht. Daß ich nach diesen Auserwählten das Leben und Wirken des Verewigten zum Gegenstand meines Vortrages wähle, ist allerdings ein Wagniß. Aber von wahrhaft großen Menschen ist des Redens nie zu viel. Auch unternehme ich keinen kritischen Streifzug auf das mir fremde Gebiet, nicht den Juristen will ich schildern, sondern will nur versuchen, Ihnen in die innere Gerechtigkeit dieses Mannes des Rechts Einsicht zu geben, Ihnen das Charakterbild eines deutschen Gelehrten zu entwerfen — freilich nur skizzenhaft, wie es bei der Inhaltsfülle dieses Lebens und der mir gewährten Spanne Zeit nicht anders sein kann. Ihrer Teilnahme bin ich um so gewisser, als der Gelehrte durch seine Nachkommen auch im engeren Sinne des Wortes noch unser ist und durch drei Menschenalter hindurch bis in die jüngste Zeit die Tagesgeschichte Friedensthaten und unverlierbare Errungenschaften zu verzeichnen hat, die sich an den Namen Feuerbach knüpfen. Von den fünf Söhnen des berühmten Juristen und Staatsmannes errang Jeder, wie Ludwig

Feuerbach sich bitter ausdrückt, „den Fluch der Celebrität und Publicität". Anselm als der Verfasser des klassischen Werkes über den vaticanischen Apollon, Karl Wilhelm durch seine Analyse der dreieckigen Pyramide, Eduard August durch seine kritische Untersuchung der Lex Salica, Ludwig als Denker von Prometheischer Kühnheit und Bedeutung, Friedrich als sein Apologet. Und schon kann auch der Enkel, der Maler des „Symposion", von sich rühmen, daß er genannt werde, wenn man die Besten nennt. Wahrlich, solcher Fluch bedeutet der Nation Segen.

Ich verspreche Ihnen ein Charakterbild, keinen Panegyrikus. Ich werde die Schwächen des Starken nicht bemänteln. „Wer des Feuers genießen will, muß sich den Rauch gefallen lassen." Sehr möglich, daß ich dabei mit diesem und jenem der Biographen Feuerbach's in Widerspruch gerate, denn die Biographen eines und desselben Mannes haben nicht immer eine und dieselbe Tendenz. Von manchen wurden Feuerbach's Memoiren förmlich als Rüstkammer zum Angriff gegen Bayern ausgebeutet. „Daß in dem Lande," heißt es in einem Nekrolog, „in welchem Anselm von Feuerbach lebte, die dicke Finsterniß des Jesuitismus und Papismus seinen Geist nicht durchdringen ließ, das wird man ebensowenig ihm zur Last legen, als man die Sonne anklagt, wenn sich Wolken vor dieselbe legen, die ihre Strahlen nicht durchlassen." Dagegen findet ein Referent der „Allgemeinen Zeitung" vom 15. April 1852, daß „Feuerbach's Liebe zum bayerischen Vaterland immer die höchste Anerkennung und eifrige Nachahmung verdiene".

Die reichste Quelle für die Geschichte seiner geistigen Entwicklung und seiner Schicksale fließt in seinen eigenen, von Ludwig Feuerbach veröffentlichten Tagebuchblättern und Briefen. Dieselben sind zugleich ein Spiegelbild seiner Zeit und ein Schatzkästlein von Erfahrungssätzen für unsere Zeit; denn gewisse Elemente des Parteiwesens in Staats- und Kirchensachen kommen eben, weil sie Elemente sind, alle Tage zum Vorschein.

Paul Johann Anselm Feuerbach wurde am 14. November 1775 zu Hainichen bei Jena, dem Heimatsort seiner Mutter, geboren; er verlebte aber seine Kindheit in Frankfurt und betonte jederzeit mit Stolz, daß er sich als Frankfurter Stadtkind betrachte. Sein Vater war Jurist, ein eiserner Spartaner, der sogar, wie sein Enkel Ludwig erzählt, gegen den widerspänstigen Sohn das alte reichs=städtische Privilegium geltend machen wollte, das die väterliche Disciplinargewalt bis auf Zuchthausstrafe ausdehnte. Er verhielt sich den großen Anlagen des Knaben gegenüber durchaus skeptisch und war für sein ehrgeiziges Streben ohne Verständniß.

Schon der erste Brief Anselm's in der von seinem Sohne ver=öffentlichten Sammlung, an einen Universitätsfreund von Jena aus geschrieben, zeigt uns eine überschäumende Phantasie, einen jähen Wandel der Stimmungen, einen Hang zu Hyperbeln und Super=lativen. Der Schmerz um eine geliebte Marianne, die ihn verschmäht, weckt in ihm „rabenschwarze, schreckliche, schauervolle Gedanken", läßt Thränen in Bächen über seine Wangen fließen, führt ihm den Platz, der mit seinem Blute besprißt sein wird, auf's Lebhafteste vor Augen. In seinen Tagebuchblättern schließt er heute mit dem Freund, dem beim ersten Anblick in schaurig heiliger Empfindung sein Herz entgegenschlägt, einen schwärmerischen Liebesbund; wenige Tage später unterzieht er die Mängel und Schwächen desselben einer schneidenden Kritik. Namentlich von Interesse ist sein im Jahre 1795 niedergeschriebenes Selbstbekenntniß. Es war ihm eine Art süßer Busse, das Wirrsal seines Herzens bloßzulegen, es verschaffte ihm Erleichterung, seine moralischen Conflicte auch mit der Feder aus=zukämpfen. „Ehrgeiz und Ruhmbegierde machen einen hervorstechenden Zug in meinem Charakter aus. Von Welt und Nachwelt gepriesen zu werden, dünkt mir das größte Erdenglück. Oft wünsche ich Gelegenheit zu haben, mein Leben im Vollbringen großer Thaten, selbst unter qualvollen Martern, hinzugeben, um nur in den Jahr=büchern der Menschheit als großer Mann zu glänzen. . . . Mein Blick ist auf das Ganze, auf die Welt gerichtet. Von daher muß das Lob kommen, wenn meine Ehrbegierde gesättigt werden soll. Im Tempel der Unsterblichkeit will ich prangen, dieß ist mein höchster Wunsch, dieß ist das einzige Ziel all' meines Bestrebens."

Dem ruhmliebenden Jüngling schien nur das Studium der Weltweisheit des Menschen wert, Jean Jaques, „der große Freund der Menschheit und der Tugend", ist sein Ideal. „Ich habe mehr Talent für den Katheder, als für die Schranken des Gerichts, mehr Talent dazu, die Wissenschaften weiter zu bringen, als sie anzuwenden." Unter den Einfällen, die er zu Papier brachte, blitzen bereits überraschend originelle Gedanken auf; der reife Feuerbach zeigt sich schon in der Antwort auf eine von ihm selbst aufgeworfene Frage: „Nach welchen Grundsätzen soll man politische Meinungen und Handlungen der Privatpersonen beurtheilen?" „Der Staat hat nie das Recht, einen Anderen wegen seiner bloßen speculativen Meinungen und deren Aeußerungen zu strafen, oder auf irgend eine Art Gewalt gegen ihn zu brauchen. Politische Gesinnungen, welche der Denkungsart des Staates zwar widersprechen, aber doch keinen moralischen Grund rechtswidriger Handlungen in sich schließen, können den Staat nie zur Gewalt gegen sie berechtigen."

Die wichtigste Periode seiner Geistesentwicklung fällt in die sturm- und drangvolle Zeit der französischen Revolution. Wie gewaltig der Umsturz des alten Staatswesens seine Seele ergriff, zeigt sich in seinen ersten schriftstellerischen Versuchen. Er tritt darin als Verteidiger der Menschenrechte auf, und auch in den späteren Schriften „Antihobbes" und der philosophisch-juristischen Untersuchung über das Verbrechen des Hochverrats weht noch der Gluthauch aus jenen Tagen. „Ich gehe dadurch großen Gefahren entgegen," ruft er sich bei Veröffentlichung des Antihobbes etwas theatralisch zu, „die politische Inquisition wird ihre Klauen gegen mich ausstrecken, aber ich will trotzen! Muth, Feuerbach, Muth, Heldenmuth!"

Die ersten Früchte, die aus dem Studium der kritischen Philosophie für ihn und uns erwuchsen, lassen bedauern, daß sein Vater ihn zwang, seiner Lieblingsneigung zu entsagen und ein sicheres brotspendendes Studium zu wählen. Für Jeden, der durch die Macht der Verhältnisse genötigt ist, sich einem Beruf zuzuwenden, der seiner Neigung widerstrebt, sind es goldene Worte, womit Feuerbach 24 Jahre später seinem Sohn Anselm in ähnlicher Lage das eigene Beispiel vor Augen führt: „Die Jurisprudenz war mir von meiner frühesten Jugend an in der Seele zuwider . . . Da wandte ich mich mit raschem, aber festem Entschluß von meiner geliebten

Philosophie zur abstoßenden Jurisprudenz, sie wurde mir bald minder unangenehm, weil ich einmal wußte, daß ich sie liebgewinnen müsse, und so gelang es meiner Unverdrossenheit, meinem durch die bloße Pflicht begeisterten Muth, daß ich schon nach zwei Jahren den Lehrstuhl besteigen konnte." Bald konnte er dem Vater von raschen Fortschritten seines Studiums berichten, dem er sich mit männlicher Resignation hingab und mit jugendlicher Elasticität sofort die ideale Seite abgewann. „Ich sehe im corpus juris nicht mehr ein confusum chaos von Verordnungen, die nur in der Laune oder Willkür des Herrn der römischen Welt ihre Quelle haben, sondern ein Product der tiefsten Weisheit, der innigsten Kenntniß des Menschen und seines Geistes und der feinsten Politik, die allen Gesetzgebern künftiger Jahrhunderte zum unsterblichen Muster dienen wird." Dessenungeachtet bleibt der Vater mit dem philosophirenden Sohn unzufrieden, er glaubt nicht an den Genius desselben. Es kann uns daher nicht Wunder nehmen, wenn uns in den Briefen an den Vater eine offenbar nur erkünstelte Herzlichkeit und Kindlichkeit entgegentritt und wenn gegenüber der Tadel- und Zweifelsucht des Vaters ein Selbstbewußtsein zur Schau getragen wird, das nicht mehr ganz als berechtigtes Vertrauen auf die eigenen Kräfte gelten kann.

Am 15. Jänner 1799 erlangte Anselm die juristische Doctorwürde. Der nächste Sommer brachte ihm die Freuden des „Privatdocenten", der, wenn er überhaupt dociren will, publice lesen muß. Es wäre nicht das Leben eines deutschen Gelehrten, das wir zu schildern hätten, wenn nicht auch zu berichten wäre, daß er lange Jahre mit der bittersten Not zu kämpfen hatte. Von seinem Vater fast ohne Unterstützung gelassen, mußte er früh die Erfahrung machen, daß der Dienst der Wissenschaft mit Entbehrung verknüpft und der Sehnsucht nach Wahrheit einzige Gefährtin und hilfreiche Freundin die — Geduld ist. Nicht vergessen soll aber der Act von Großmut eines deutschen Buchhändlers sein, der ihm empfahl, bei seinen Vorlesungen einen von ihm verlegten Proceßcommentar zu Grunde zu legen, wofür er eine jährliche Sendung von einigen Göttinger Mettwürsten zusicherte. Für die Vorlesungen des jungen Docenten in Jena fanden sich zwar Zuhörer, aber welche! „Nur für einige", schreibt er, „war es der Mühe werth zu lesen, alle anderen rohe Menschen oder Körper, auf denen das Siegel der Dummheit stand." Ein Schnarcher in seiner ersten Vorlesung macht ihm nicht wenig Aerger. Das Kneipenleben der Studenten und noch mehr die Händel der Professoren widern ihn an. „Jena ist ein Nest voll Intriguen!" schreibt er an den Vater.

Der Beifall, den sein 1801 veröffentlichtes Lehrbuch des gemeinen peinlichen Privatrechts fand, erlöste ihn aus den beengenden Schranken, indem er ihm innerhalb eines Monats Einladungen an vier auswärtige Universitäten verschaffte. Er wählte Kiel. In den Briefen aus der buntbewegten Hafenstadt gibt er sich anfangs nicht wenig Mühe, die Reize der von seinem Vater gering geachteten Kilonia in's Licht zu setzen. „In Jena war ich bloß Gelehrter, hier bin ich erst Mensch geworden." Er hatte sich — allerdings gegen den Willen seines Vaters — vermählt und glücklich gewählt. Mit offenem Sinn für die stillen häuslichen Freuden fand er im Familienleben ein immer neu belebendes Element. Aber dessenungeachtet war ihm bald auch die neue Heimat verleidet. Er überzeugte sich allmälig, daß die Universität Kiel nicht ein Wacht- und Leuchtthurm der Wissenschaft war. Zwar kann er die Biederkeit und Offenheit seiner Collegen nur loben, aber „gar zu viel Phlegma, wissenschaftliche Kälte und Trägheit! . . . Ich hatte immer dann die fleißigsten Zuhörer, wenn ich am seichtesten las." Er klagt über den Nationalcharakter, „der zu sehr in den Körper treibt, die viele Grütze und das häufige fette Rindfleisch muß sich endlich auch den Köpfen mittheilen".

Da kam im October 1803 eine Anfrage des bayerischen Justizministers Zentner, ob er geneigt wäre, nach Bayern überzusiedeln. „Wenn ich an das liebliche Klima des südlichen Bayerns, die schöne Gegend von Landshut, die Wohlfeilheit der dortigen Lebensmittel, die große Frequenz dieser Universität und vor allem an die hohe Liberalität der Regierung denke, so bin ich keinen Augenblick über meine Wahl zwischen Halle und Landshut zweifelhaft." Er entschloß sich, dem freundlichen Wink des Schicksals zu folgen. „Dieß ist das Loos der akademischen Docenten von unruhigem

Geist, wie ich," schreibt er (2. October 1803) an seinen Vater, "sie haben kein Vaterland und schlagen nomadisch bald da, bald dort ihre bretterne Bude auf!" Leider ein prophetisches Wort, ein Vaterland hat Feuerbach nie gefunden. Nicht bloß wirklich kleinliche Verhältnisse lassen seine echte Hamlet= und Faustnatur, die in den besten Deutschen steckt, nicht zu Ruhe und Befriedigung kommen, er kann sich überhaupt nicht in Zeit und Menschen finden und knüpft immer wieder sein Hoffen an die Fremde, sieht anderswo das Feld für seine Arbeit und seine Zukunft.

Nach seiner Uebersiedlung nach Bayern tritt diese Schwäche besonders grell hervor.

Kaum am Ort seiner neuen Bestimmung angelangt, berichtet er an den Vater: "Die Stadt und die Gegend ist himmlisch; die Verhältnisse der Professoren sind Verhältnisse von Teufeln, beinahe möchte ich sagen, im eigentlichen Verstande. Die Rohheit, Sitten= losigkeit, höllische Bosheit, Abgefeimtheit, Niederträchtigkeit, Gemein= heit unter den meisten, die als Jugendlehrer dastehen, geht über alle Gränzen." Schon im nächsten Briefe muß er aber gestehen: "Meine Schilderung, die ich von Landshut entwarf, müssen Sie zum Theil auf meine hypochondrische Laune schieben," nur sein erstes Urteil über Hofrath Gönner, diesen "höchst schlechten Menschen," hält er aufrecht. Der Zwist und Zank zwischen den beiden bedeutendsten Rechtslehrern der Hochschule nahm denn auch kein Ende. Alle Kränkungen, alle Unannehmlichkeiten, die ihm widerfuhren, führte Feuerbach auf die Ränke des in der That sitten= und charakterlosen Feindes zurück. Leider kam er seinen Widersachern, so zu sagen, auf halbem Wege entgegen, indem er gemäß seinem leidenschaftlichen Temperament das Leichte schwer nahm, in der Hoffnung ausschweifte, in der Enttäuschung verzweifelte.

Für's erste schreibt er über seine Aufnahme in Landshut einen enthusiastischen Bericht. Von seinen Verehrern wird ihm ein glänzendes Fest veranstaltet, seine Antrittsrede findet stürmischen Beifall. Er warf darin sowohl den allzu genügsamen Praktikern, die immer "in behaglicher Entfernung von dem Reiche des höheren Wissens ihr Fleckchen in der Jurisprudenz zu bebauen suchen," wie jenen

Rechtsphilosophen den Fehdehandschuh hin, „die durch Ueberschreiten der Schranken des Positiven ihre wissenschaftliche Erhabenheit zu beglaubigen vermeinen." Die Vereinigung beider Gebiete müsse der Jurist anstreben: das empirische Wissen gibt der Jurisprudenz den Körper, das philosophische den Geist, ohne jenes ist sie ein Gespenst, ohne dieses ein Leichnam.

Feuerbach's Wirken war jedoch nicht bloß auf das akademische Lehramt beschränkt; das Hauptwerk, wozu er nach Bayern berufen worden, sollte eine gründliche Reform der Criminal-Gesetzgebung sein. Es mußte hohen Reiz für einen unternehmenden Geist gewähren, in dem damals jugendstark aufstrebenden Reich eine Stelle zu finden, wo jeder frischen Kraft ein weites Feld der Entfaltung vergönnt war. Wenn auch das bayerische Volk im Laufe der Jahrhunderte an geistiger Rührigkeit hinter anderen deutschen Stämmen zurückgeblieben war, so kam jetzt durch Montgelas unter Napoleonischem Einfluß ein Zug militärischer Strammheit in das ganze Staatswesen. Die Energie des neuen Frankreich rüttelte auch hier am Wust des politischen und gesellschaftlichen Lebens, und die Regierung erkannte, daß nur durch fortschrittliche, freiheitliche Institutionen die Vereinigung der neu erworbenen Territorien mit dem alten Stammlande zum einheitlichen Staatskörper gelingen könne.

Es kann hier nicht näher auf die Bemühungen Feuerbach's eingegangen werden, die Rechtspflege auf philosophischer Grundlage zu reformiren, die Gerechtigkeit aus dem Tintenpfuhl der heimlichen Gerichtsbarkeit zu erlösen und an Stelle der amtlichen Willkür dem Gesetz die Autorität zu verschaffen. Nur an einem Beispiel, zu dem uns die hochinteressanten Actenbelege zur Verfügung standen, sei erlaubt, seinen wohlthätigen Einfluß auf die Umgestaltung Bayerns zum modernen Staate nachzuweisen.

Während in den meisten europäischen Staaten die Folter abgeschafft war, wurde noch in Bayern mit furchtbarer Beharrlichkeit an diesem ebenso grausamen als unzuverlässigen Behelf zur Erforschung der Wahrheit festgehalten. „Die Folter," sagt Kreittmayr in seinen Anmerkungen zum Criminalcodex, „hat in Bayern seit mehr als 1000 Jahren rühmlichst bestanden und kann der Nutzen

von solch einem guten Mittel aus der Erfahrung nicht geleugnet werden." Vergebens versuchten aufgeklärte Juristen, wie Stichaner, Stengel u. A., die Abschaffung durchzusetzen. Die von den verschiedenen Gerichten eingeforderten Gutachten sprachen sich keineswegs mit gleicher Energie gegen die „altererbte" peinliche Frage aus; es wurden Befürchtungen laut, daß durch Einführung eines neuen Beweis=
verfahrens die Justizpflege gefährdet sei, und so laut und vielstimmig war der Widerspruch, daß sogar der mildgesinnte Max Joseph bewogen ward, dem Gesetzentwurf, welcher die Abschaffung der Tortur aussprach, seine Unterschrift zu versagen und ein Signat niederzuschreiben, wonach die Tortur bis auf weiteres beizubehalten sei (22. September 1804). Da spielte der Justizminister die letzte Karte aus, er unterbreitete dem Kurfürsten einen Vortrag Feuer=
bach's über die Nachteile der peinlichen Frage. Es waren die gleichen Anträge aus den gleichen Motiven, wie sie vorher vom Justizministerium gestellt worden, aber von einer überzeugenden Kraft und zwingenden Beredsamkeit ohne gleichen unterstützt! Eine geläuterte ethische Weltanschauung ergreift hier das Wort, volltönig, daß es die Zagenden aufrichtete, zornmutig, daß sich die Lüge ver=
kroch, weise, daß es unwiderstehlich war. Der Anwalt der Humanität siegte, die Ausübung der Folter wurde sofort sistirt und eine Ver=
ordnung vom 7. Juli 1808 sprach endlich die Aufhebung des unheim=
lichen Ueberrestes der alten Ordalien in Bayern aus.

Die Thätigkeit Feuerbach's an der Universität Landshut sollte jedoch von noch kürzerer Dauer sein als in Kiel. Gönner — so klagt Feuerbach in allen Briefen — fuhr fort, heimlich und öffentlich gegen die Ehre des Collegen zu wühlen; im September 1805 kam es zur Katastrophe. Als ein Studierender, von Gönner aufgereizt, bei einem öffentlichen Promotionsact der Opposition Feuerbach's kecken Hohn entgegensetzte, trat dieser plötzlich in die Mitte des Saales und rief: „Hier steht ein Frecher, ein unedles Werkzeug in einer schlechteren Hand!" Darauf verließ er den Saal und die Stadt und begab sich nach Frankfurt. Hier aber traf ihn ein Brief seines Freundes, des bayerischen Akademie=Präsidenten Friedrich Heinrich Jakobi, der die Flucht, als eines Gelehrten, eines Mannes unwürdig, streng tadelte. „Auch ich weiß, daß in Bayern mancherlei nicht gut und der Weg zum Besseren schwer zu finden oder zu bahnen ist. Dagegen weiß ich aber auch, daß anderes in Bayern sehr gut ist, und daß man, solange dieses sich erhält, den Muth nicht sinken lassen darf.... Die Sache Bayerns ist bei dem gegenwärtigen Zustande von Europa die Sache der Menschheit!" Das Mahnwort des Freundes bewog den Flüchtling zur Rückkehr, doch in seinem Entschluß, auf eine akademische Thätigkeit zu verzichten, blieb er unerschütterlich.

Als ihm eine Stellung im praktischen Staatsdienst als geheimer Referendär im Justizdepartement angewiesen wurde, pries er die Fügung, die „seinen Geist vom intellectuellen Tod und sein Herz vom moralischen Verderben gerettet," denn mit Angst habe ihn schon lange erfüllt, daß sein Geist Siegesfeste feierte, wenn er im Ulpian oder Papinian einem Punctum oder Komma den rechten Platz angewiesen, — mit Mühe sei er noch rechtzeitig der Gefahr entgangen, „über dem Buchstaben den Geist, über Bruchstücken den Sinn für die Einheit, die Harmonie und den Zusammenhang des Ganzen und über dem ewigen Nachgrübeln in fremden Gedanken die Fähigkeit eigener Gedanken zu verlieren."

Nun stand er in unmittelbarer Berührung mit den Männern, die das Staatsschiff in neue Bahnen steuern sollten. „Von Criminalibus bin ich weg," schreibt er (10. April 1808) an den Vater, „ich lebe ganz im Politischen und Civilistischen und weiß kaum die ungeheuren Lasten, die auf mir liegen, zu ertragen. Unser Staat ist in einer völligen, obwohl unblutigen Revolution begriffen: alles Alte wird eingerissen und eine neue Ordnung der Dinge wird begründet. Aufhebung des Feudalismus, Aufhebung aller Fundamente, Rechte und Privilegien des Erbadels, eine neue Volksrepräsentation, eine neue Constitution — das sind die politischen Gegenstände, woran ich mitarbeite und wobei ich mich beinahe Hauptperson nennen kann." Vor allem sei ihm ein Werk übertragen, nach dessen Gelingen er bald einen silbernen Stern auf der Brust und ein blauweißes Band über die Schultern tragen werde, — die den Landesbedürfnissen entsprechende Umänderung des Code Napoleon, durch dessen Einführung man Bayern am raschesten und vollkommensten dem französischen Musterstaate ebenbürtig zu machen hoffte.

In dem Vortrag, den er über die Wichtigkeit dieser Errungenschaft im geheimen Rat hielt, zeigt er sich noch durchaus als kosmopolitischer Verächter des Deutschnationalen, als Verehrer jener hochmütigen Universalität der Rheinbund-Politiker. Er sieht im Napoleonischen Weltregiment nichts Unsittliches und hat nur Worte der Bewunderung für das merkwürdige Staatensystem, in welchem Frankreich als der durch physische und geistige Macht überwiegende Staat den Schlußstein bilde. Erst der Kanonendonner des Befreiungskrieges weckte sein germanisches Gewissen, er war nicht der unerschütterlich deutsche Patriot, wie vielleicht in Bayern einzig Kronprinz Ludwig es war, auch er hielt den Titanen für einen Olympier.

Um so nichtiger und niederträchtiger erscheinen die Verdächtigungen, die Baron Christoph Aretin und seine Sippe gegen Feuerbach, wie gegen Jakobi und Thiersch und andere nach Bayern berufene Gelehrte ausstreute. Und zwar genügte jenen Dunkelmännern die simple Verläumdung „unter vier Augen" nicht, sie denuncirten die Unbequemen den Gerichten als Hochverräter, Anhänger des Tugendbundes, „ja sogar vielleicht des Schill'schen Mordbrenner-Corps", Todfeinde ihres bayerischen Souveräns. Man lese in den Acten die schmählichen Briefe Aretin's und daneben die rührend schlichten Verteidigungsworte des Hauptangeklagten Jakobi, man verfolge die Kabalen, in welche Feuerbach verwickelt wurde, und man wird sich der Scham und Entrüstung nicht erwehren können. Aber wenn seine Feinde gehofft hatten, an ihm ein geduldiges Opfer zu finden, sahen sie sich getäuscht. Wie er selbst sagt, legte er durchaus nicht die Hände in den Schoß, sondern begegnete den Minen mit Gegenminen. Vielleicht ging er sogar in seiner Notwehr zu weit; jedenfalls nahm er die Menschen und Verhältnisse zu pathetisch, wenn er in Aretin einen „zweiten Catilina" sah, der ein großes Complott geschmiedet habe, alle Protestanten in Bayern aus dem Wege zu räumen, nötigenfalls mittelst Henker und Banditen! Die Verachtung der Lüge und der Lügner muß immer kalt bleiben. Die Verläumdungen jener Lichtscheuen befestigten ihn übrigens nur in der Gunst des Königs, der ihm in einer Audienz so viel Güte und Gnade erwies, daß Feuerbach, wie er selbst begeistert an Röschlaub schreibt, vor dem göttlich guten Menschen unwillkürlich in die Knie sank.

Freilich hinderte diese Gunst nicht, daß Feuerbach, der bisher fast allein den Entwurf des neuen Criminalgesetzbuches gefördert hatte, 1811 in seinem erbittertsten Gegner Gönner einen unwillkommenen Mitarbeiter erhielt. Weitaus der Hauptanteil aber an dem großen Werke, das 1813 vollendet war, gebührt Feuerbach. Ueber die Tendenzen dieses epochemachenden Unternehmens unterrichtet er selbst in seinem, im geheimen Rat gehaltenen Vortrag: „Ueber den Geist des neuen Strafgesetzbuches." Nur einige Worte seien darüber gestattet. Wenn Mittermaier rügt, daß Feuerbach die Grundlagen des Rechts überhaupt, das Volksbewußtsein und seine Entwicklung aus der Gewohnheit verkannt und zu einseitig alles Heil von den Regierungen und den von ihnen erlassenen Gesetzen erwartet habe, so darf nicht vergessen werden, daß das Gesetzbuch unter Montgelas' Aegide entstand, dessen Maximen auf Inhalt und Richtung des Werkes von entscheidendem Einfluß sein mußten. Feuerbach sprach sich auch gegen Geschworenen-Gerichte aus, obwohl er, wie ein Brief an Villers zeigt, ein Anhänger des Jury-Verfahrens; er glaubte aber, daß Einrichtungen dieser Art einem Staate nicht künstlich eingeimpft werden sollen. Dagegen trat er mit aller Kraft und Entschiedenheit für die Oeffentlichkeit des Verfahrens bei Capitalverbrechen ein, da durch Nichts entschiedener die Gefahr einer in seelenlosen Mechanismus ausartenden Justizmanipulation abgewendet werde. Bezüglich der Todesstrafe sprach er sich für vorläufige Beibehaltung aus; in seinen späteren Lebensjahren soll er sich jedoch, wie Grohmann mitteilt, von der Verwerflichkeit dieses Strafmittels überzeugt haben.

Ueber viele seiner Theorieen ist die Zeit hinweggeschritten, sei es, weil sie auf irrigen Voraussetzungen beruhten, sei es, weil veränderte Umstände eine veränderte Behandlung der Seelenkrankheiten des Individuums und des Volkes rätlich erscheinen ließen. Dessenungeachtet sind seine rechtswissenschaftlichen Schriften ein kostbarer Schatz der deutschen Literatur für alle Zeiten. Mit ausgebreitetem

Wissen verbindet er psychologische Einsicht, dialectische Schärfe und idealen Schwung. Da er den Stoff vollständig beherrscht, ist seine Darstellung immer klar, seine Ausdrucksweise charakteristisch. In ihm decken sich Wissen und Können. Stets sachlich, vernachlässigt er doch niemals die Form, so daß auch der Laie, der trockene Paragraphen zu finden fürchtet, von Blatt zu Blatt mehr und mehr ebenso den Autor, wie die Disciplin schätzen und lieben lernt.

Unmittelbar nach Vollendung seines Hauptwerkes trat eine entscheidende Wendung in seinem Leben und Wirken ein. Sie wird eingeleitet durch seinen Brief an General Raglovich vom 20. November 1813, worin er sich um eine Stellung im Dienste des Heeres bewirbt, die ihm gestatte, die Waffen des Geistes im heiligen Kriege für Deutschlands Rettung und Freiheit zu führen. Wenn uns auch die eingeflochtene Bedingung: der Dienst dürfe nicht unter dem Rang stehen, den seine bürgerliche Amtswürde ihm anweise, ebenso zum Anstoß gereicht, wie ehedem das Zöpflein, das Feuerbach durchaus nicht der freieren Mode opfern wollte, seinen Collegen in Kiel — so dürfen wir doch nicht am Ernst seiner Empfindung, an der Ehrlichkeit des Vorsatzes zweifeln, mit allen zu Gebot stehenden Kräften der deutschnationalen Sache in Bayern zum Siege zu verhelfen.

Der Rieder Vertrag war abgeschlossen, Bayern auf Seite der gegen Napoleon verbündeten Mächte getreten. Mehrere Monate lang war es dem Minister Montgelas gelungen, die Verhandlungen des bayerischen Bevollmächtigten Wrede mit Oesterreich durch allerlei Hindernisse zu verschleppen. Daß sie endlich doch zum Abschluß gelangten, war nicht einem plötzlichen Durchbruch deutsch-patriotischer Gesinnung zu verdanken, nur ein kühles Abwägen von Vorteil und Gefahr bewog die französisch gesinnte Regierung zum Systemwechsel. Von Enthusiasmus war in den leitenden Kreisen kein Hauch; wir haben mehr als ein Zeugniß dafür, daß im Hause des allmächtigen Ministers die neu auftauchende „fatale Deutschheit" nur zum Spotte diente, man fühlte sich hier erhaben über eine spießbürgerliche Politik, die an geschichtliche Ueberlieferungen des dumpfen Mittelalters, an die dunkle Sage von ehemaliger deutscher Größe und Herrlichkeit anknüpfte. Nur glaube man nicht, daß diese in Montgelas' Hôtel herrschende Stimmung für das ganze Land maßgebend gewesen sei, daß jenes frivole Gelächter im Volke Wiederhall gefunden habe. Allerorten regte und rührte sich und wuchs die Gemeinde, der mit dem Bewußtsein, nur mit den übrigen Stämmen eine Nation zu sein, auch das Gefühl der gemeinsamen Pflicht erwachte, das unwürdige Joch eines Fremden abzuschütteln.

Dieser Ueberzeugung lieh nun vor Allen Feuerbach die beredte Stimme; wie im Norden, so erstand auch im Süden eine neue Macht, weil sie Ideen säete, die Schöpferin des „Volkes in Waffen", das freie, deutsche Wort. Zur nämlichen Zeit, als der urwüchsige Arndt und der begeisterungstrunkene Görres dem deutschen Volke ein deutsches Sprachthum wiedergaben, erschienen auch in rascher Folge die politischen Schriften Feuerbach's, im weiteren Sinne zwar für alle gebildeten Geister berechnet, zunächst aber als Mahnworte für die Bayern.

Die Erste: „Ueber die Unterdrückung und Wiederbefreiung Europa's", wurde zu München in der ersten Woche nach der Leipziger Völkerschlacht, die in Bayern so gut wie gar nicht officiell gefeiert ward, herausgegeben. Mit edlem Pathos wird das Wiederaufleben der Selbständigkeit der Völker nach langer, entwürdigender Unterdrückung begrüßt. „Was die Throne befestigt und aus großen Gefahren rettet, ist Gemeinsinn aller Bürger, Liebe und Begeisterung für ihren Staat; was die Staaten zum Untergang führt, ist, wenn sie den Geist der Zeit nicht erkennen und verstehen; die Gegenwart mit ihren Erscheinungen verkündet aber nicht eine Rückkehr zur alten Zeit, sondern nur die Fortsetzung und Entwicklung einer schon lange begonnenen neuen Zeit."

Den besten Beweis für die Wirkung des Aufrufs gab Montgelas selbst, indem er seit jener Zeit dem Verfasser auf's Feindseligste entgegentrat und unausgesetzt seine Entfernung aus München betrieb. Feuerbach ließ sich aber durch die schiefen Gesichter des Ministers und seiner Gesinnungsgenossen nicht schrecken. Unmittelbar auf die erste Schrift folgte eine zweite, in populärem Tone gehaltene: „Was sollen wir?" An Bayern sei es jetzt, eine große Schuld abzutragen, nach der Rückkehr aus einer durch die eiserne Not aufgezwungenen undeutschen Politik müsse jetzt jeder bayerische Mann für die gemeinsame deutsche Aufgabe wirken, jeder nach seinen Kräften für die heilige Sache mitkämpfen. Die beiden patriotischen Schriften widmete Feuerbach dem deutschgesinnten Kronprinzen Ludwig. Aus dem Widmungsschreiben läßt sich erkennen, wie erregt und entschlossen der Rufer zum Streit. „Die Gelehrsamkeit hat keinen Werth, wenn sie nicht auch dem Vaterland zu Hilfe kommt, wenn sie nicht Feuer in die Seelen gießt, wenn sie nicht die Herzen begeistert. Thue jeder an seiner Stelle das Seinige, so wird das Große vollbracht. Ich für meinen Theil bin des festen Entschlusses, für die Sache des Vaterlandes zu leben und zu sterben. Wenn die Gefahr herannaht — welche Gott abwende! — dann finden Euer königliche Hoheit auch mich unter der Fahne. Die Stunden, in welchen ich sonst von geistiger Arbeit bei den Meinigen ausruhte, finden mich jetzt auf dem Waffenplatz in militärischen Uebungen. Zwar ist mein Arm nur gewöhnt, die Waffen des Geistes zu handhaben, aber nichts ist dem unmöglich, der das Ernste ernstlich will!"

Feuerbach selbst schildert in seinen Tagebuchblättern die Wirkung, welche die zweite Schrift wie ein Wetterschlag inmitten der bangen Stille in Bayern hervorrief. Wenn er vor sich selbst sich selbst in den Vordergrund stellt, müssen wir der aufgeregten Stimmung Rechnung tragen. „Besondere Aufforderung der Bayern in mehr populärer Sprache zur allgemeinen Theilnahme an der großen Sache durch die Schrift: Was sollen wir? In München sucht man ihre Verbreitung zu hindern; sie darf nicht in den Zeitungen angekündigt werden. Gleichwohl durchflog sie in vielen tausend Ab- und Nachdrücken alle Provinzen, alle Stände. Noch größere Sensation: Begeisterung in jungen Gemüthern, sichtbarer Einfluß auf den Fortgang der Bewaffnung. Ich selbst ergreife das Gewehr. Je rühriger ich, desto erbitterter die Feinde. Ein Ministerialrescript beschuldigt mich ziemlich unzweideutig wegen meiner Schriften des Verbrechens der in der Person des feindlichen Souveräns beleidigten Majestät, und das Schreiben wird mir untersagt, außer unter Censur des auswärtigen Departements. Ich zeige das Rescript umher; Unter redung mit dem Grafen S., dem Freunde des Ministers Montgelas. Der Kronprinz ermuntert mich, ich möge mich nicht irre machen lassen."

Und Feuerbach säumte auch nicht, auf's Neue seine Stimme zu erheben. Zwar standen bayerische Truppen im Heerlager der Verbündeten, die endlich, den Wink Voltaire's beachtend: „Le Français, qu'on attaque, est à demi vaincu," den Feind im eigenen Lande zu Paaren trieben; trotzdem hatte das Franzosenthum in Bayern selbst noch immer heimliche Freunde und Bundesgenossen, so daß der „Moniteur" sich zu brüsten wagte: „Die bayerische Nation ist in Hinsicht auf Frankreich sehr gemäßigt und verhält sich eher leidend als thätig." Gegen diese seltsamen Schwärmer, die fort und fort auf die Wiederherstellung der Napoleonischen Universalmonarchie harrten und von deutschem Bewußtsein wie von einer Farce sprachen, wandte sich die Flugschrift: „Die Weltherrschaft das Grab der Menschheit!" Auf geschichtlicher Grundlage führt Feuerbach darin aus, wie es die Absicht der Natur sei, daß die Menschheit in mannigfaltigen Volksgeschlechtern blühe, jedes Volk nach seiner Eigenthümlichkeit und originellen Verschiedenheit sich zu allem dem entwickle und ausbilde, was es nach seinen ihm besonderen Anlagen und Kräften werden kann und darum auch werden soll. Bei den Deutschen aber insbesondere, die seither den Vorwurf verdienten, ihr Charakter bestehe bloß darin, keinen Charakter zu haben, sei es jetzt ein Verbrechen, wenn sie sich ihrer Selbstheit schämten und Geist, Herz und Zunge länger Frankreich leibeigen machten.

Der Speer, den Deutschlands Heer in den Boden des feindlichen Landes stieß, trieb eine köstliche Blüthe: die deutsche Ehre! Und das Volk selbst hatte den herrlichen Triumph errungen! Es war also nur eine gerechte Forderung, daß sein Interesse besser berücksichtigt, daß namentlich die Lage des dritten Standes, dem nicht bloß der militärische Erfolg, sondern überhaupt der ganze Aufschwung des geistigen Lebens zu verdanken war, verbessert werde. Volksvertretung als Regierungsfactor! Unter dieser Parole schaarten sich nunmehr diejenigen zusammen, deren Brust sich hob bei dem Namen: Deutsche Freiheit!

Da war wieder Feuerbach einer der ersten, die den Fürsten zuriefen: „Höret auf, die Herren eines willenlosen Maschinenwerkes, genannt absoluter Staat, sein zu wollen; ziehet es vor, geliebte Regenten dankbarer, weil denkender Völker zu sein!" Feuerbach ließ sich durch den während des Wiener Congresses täglich fühlbarer lastenden Druck der Censur nicht abhalten, an die in der Kaiserstadt über Deutschlands künftige Gestaltung zu Rate Sitzenden eine Mahnung zu richten: „Ueber deutsche Freiheit und Vertretung deutscher Völker durch Landstände."

Diese freimütigen Worte machten aber nun auch den Sturm gegen Feuerbach losbrechen. Bayern stand bei den Congreßverhandlungen an der Spitze der Opposition gegen Preußen. Es gelang also, wenn auch nicht ohne Mühe, den König zu überreden: Feuerbach suche im preußischen Interesse die Selbständigkeit Bayerns zu untergraben. Max Joseph willigte in die Versetzung des staatsgefährlichen Schriftstellers, doch mit der ausdrücklichen Bedingung, daß er weder an Rang noch Gehalt einbüße. Er wurde zum zweiten Appellationsgerichts-Präsidenten in Bamberg ernannt. Von seinem Standpunkt aus hatte Montgelas natürlich nicht Unrecht, wenn er einen unaufhörlich gegen die Regierung agitirenden Beamten möglichst unschädlich zu machen suchte, und Feuerbach konnte die Strafe nicht unglimpflich nennen. Er ist denn auch anfangs des Lobes voll über „die schönste Stadt des Königreichs", aber bald wiederholt sich das Spiel wie in Landshut. Den ersten Präsidenten Freiherrn von Seckendorff nennt er heut „einen liebenswürdigen Mann und alten Freund," morgen schon führt er Klage bei dem Minister über den Störenfried, der sich von allen Gesetzen collegialischer Achtung, ja sogar der äußeren Sitte entbunden glaube. Jeder Brief verrät seine Gereiztheit, seinen Unmut. „Wie ein abgeschiedener Geist wandle ich hier unter den Lebenden; ich suche die Seele, welche ich mein nennen möchte und ich finde sie nicht. Wie mich die Larven höhnisch freundlich angrinsen! Jeder Gruß des Willkomms geht mir wie ein Dolchstich durch die Brust!" Dann wütet er gegen sich selbst als den Schuldigen: „Wenn ich recht aufrichtig und recht galant gegen mich selbst bin, so sage ich mir, daß mir eine doppelte Seele gegeben ist, eine gute und eine böse, jene Lamm, Taube, Engel — diese Tiger, Geier, Satan!" Immer mehr zog er sich aus der Gesellschaft zurück; auch im persönlichen Verkehr mit seinen untergebenen Beamten war er bald der liebenswürdige Lebemann, bald ein grollender Jupiter. Funk schildert seine Erscheinung während des Bamberger Aufenthalts: Er war eher klein als groß, vor allem zogen sofort Aufmerksamkeit auf sich die ausdrucksvollen Gesichtszüge und die scharf blitzenden, beweglichen Augen. Sein Mienen- und Gebärdenspiel, wenn er Aufregendes hörte oder sprach, war ungemein lebhaft. Funk will eine auffallende Aehnlichkeit mit Callot Hoffmann entdecken, dem Lieblingsautor Feuerbach's.

Ein günstiges Geschick führte ihm gerade damals warm fühlende Freunde zu, an deren Liebe immer wieder sein Gemüt sich aufrichtete. In Karlsbad lernte er 1815 den Sänger der „Urania", Canonikus Tiedge, kennen. „Mit ihm fühlte ich mich zuerst wieder als Mensch zum Menschen. Offen, herzlich, liebenswürdig. Seine Seele verklärt seinen mißgestalteten Körper." Zugleich wurde er bekannt und befreundet mit der Freundin Tiedge's, Elise Gräfin von der Recke, „einem Ideal weiblicher Güte, Hoheit und Demuth".

Die neuen Freunde nährten in ihm den Entschluß, nach Preußen überzusiedeln, wo ihm ein größerer Wirkungskreis eröffnet wäre. Der preußische Minister Schuckmann stellte ihm eine ehrenvolle Stellung in Aussicht. Sofort ergriff Feuerbach den Plan mit ganzer Seele, fest entschlossen, das Land zu verlassen, wo er „zum unwürdigen Schlaf auf weichen Polstern bei dem wachen Gefühle der besten Kraft verdammt", das Land, „in dessen Boden er als fremde exotische Pflanze nimmer fest wurzeln noch gedeihen könne". Er sieht nur das „wiedergeborene Preußen", obwohl das Berliner Cabinet gerade damals für die schmähliche Anklage Schmalz' gegen die edelsten Patrioten Partei nahm.

Seinen Feinden blieb nicht verborgen, daß er mit der preußischen Regierung und ihrem Münchener Gesandten Beziehungen angeknüpft habe; dadurch erhielt der Verdacht neue Nahrung, daß er heimlich für das preußische Interesse wirke. Man wollte ihn unter dem Vorwand, seine Verdienste zu ehren und zu belohnen, ganz aus dem

Land zu entfernen. Mit den Worten: „Die Hölle siegt, doch nur über mein Schicksal, nicht über mich!" zeigt er seinen Freunden an, daß er zum Generalcommissär der an Oesterreich abzutretenden Provinzen ernannt sei, was nichts anderes als Auslieferung an Oesterreich bedeute. Seine Berliner Freunde sollen nunmehr an Schuckmann die ernstliche Frage stellen, „ob es denn in dem edlen Preußen für einen verfolgten deutschen Mann, der nützliche Kenntnisse und Talente besitze, gar kein Plätzchen gebe?" Aber gerade Schuckmann war es, der jetzt seine Berufung nach Berlin hintertrieb, wo die Regierung durchaus nicht Willens war, einen Mann von freisinnigen politischen Grundsätzen und stürmischem Temperament sich aufzubürden.

Der Eindruck dieser Enttäuschung zeigt sich denn auch sofort in den Briefen Feuerbach's, er findet sich bald veranlaßt, die Politik des Berliner Cabinets streng zu verurteilen. „Im ganzen Deutschland wird keine einzige Regierung jetzt so sehr verabscheut und so entsetzlich verachtet, als die preußische." Ja noch mehr, wenige Monate, nachdem er den feierlichen Schwur abgelegt, unter allen Umständen „das Land der Finsterniß und des verfolgenden Hasses" zu verlassen, legte er dem Minister Rechberg ein politisches Memorandum: „Ueber die Nothwendigkeit eines zu errichtenden deutschen Fürstenbundes" vor, eine Empfehlung der Trias-Idee: Bayern müsse alle Mittel- und Kleinstaaten um sich sammeln, müsse der schützende Wall deutscher Freiheit gegen Preußen und Oesterreich werden.

Das überraschende Geständniß einer so gründlichen Aenderung der politischen Gesinnung blieb nicht unbelohnt. Am 24. März 1817 kann Feuerbach an Tiedge die frohe Nachricht senden, daß er zum ersten Präsidenten des Appellationsgerichts in Ansbach befördert sei. Nun athmen eine Zeit lang seine Briefe nur Freude und Zufriedenheit. Er schätzt sich glücklich, aus dem Meere der Kabalen in einen Hafen des Friedens eingelaufen zu sein. „Hier bin ich Herr meiner Thaten!" Er ist wieder der wärmste Verehrer der bayerischen Politik. Als die Regierung zögerte, die Feier des Reformationsfestes in den protestantischen Provinzen zu gestatten, entschuldigt er dies: „Die liberalen Ideen sind bei uns so herrschend und haben alle Theile der Regierungsorgane so kräftig durchdrungen, daß auch das Zurückhalten der äußerlichen Erscheinungen des Protestantismus nur aus diesen liberalen Ideen erklärt werden darf... Es ist eine wahre Freude, unter den Strahlen dieser Sonne zu wandeln!"

Da war es der Abschluß des Concordats, der ihm plötzlich Furcht und Schrecken einflößte, ja die vorgefaßte Meinung, dieser Act sei nur der Vorbote einer rücksichtslosen Durchführung katholisirender Principien, raubt ihm alle Fassung.

Auf die rationalistisch radicale Franzosenzeit waren in Deutschland die Tage der Romantik gefolgt, und die Regierungen suchten gegenüber den stürmischen Aeußerungen der Volkswünsche Halt und Festigung durch Wiederaufrichtung des kirchlichen Regiments. Auch in Bayern strebte man den durch die Tendenzen des Ministeriums Montgelas gestörten Frieden mit der Kirche wiederherzustellen. Daß man um diesen Preis ohne alle Vorsicht handelte, die wichtigsten Kronrechte erst opferte und dann durch das sogenannte Religionsedict, das mit dem Concordat in directem Widerspruch stand, nur mit Schimpf und Glimpf restituirte, steht außer Frage, aber ein feindseliges Vorgehen gegen die bayerischen Protestanten war mit jenem Compromiß nicht beabsichtigt. So aber faßte ihn Feuerbach auf, der schon im Geiste alle Protestanten, wie es in der Apokalypse heißt, als Erwürgte unter dem Altar rufen hörte. Mit heftigster Erbitterung nahm er den Kampf dawider auf. „Was aus den Elementen der Hexensuppe, welche Thorheit und Schlechtigkeit zusammengerührt und an das Feuer gestellt, herauskochen wird, weiß Gott besser, als eine sterbliche Seele!" So schreibt er am 12. Februar 1818 an Elise von der Recke, und im nämlichen Briefe spricht er sich, nebenbei bemerkt, gegen Einräumung der gleichen bürgerlichen Rechte an die Juden aus, da sie nur „eine fremde, einem christlichen Gemeinwesen feindselige, in geistiger Rohheit hinbrütende Masse."

Kann er hier seinen Widerwillen gegen die sichtsche Regierung nicht grell genug ausdrücken, so electrisirt seinen leicht entzündlichen Geist das Geschenk des Königs, das Frieden zwischen Fürst und Volk besiegelnde Verfassungswerk, zu feurigen ausschweifenden Hoffnungen. „Es ist in sehr vieler Beziehung jetzt eine große Freude, Bayern anzugehören," schreibt er am 27. März 1819 an Tiedge, „der Himmel ist heiter, die Lüfte wehen frisch, die Sümpfe sind bewegt und die Nachteulen fliehen in die Finsterniß. Kein Land ist wohl jetzt in Europa, England allein ausgenommen, wo freier gesprochen, freier geschrieben, offener gehandelt würde, als hier in Bayern. Man sollte nicht glauben, was ein großes Königswort, wie unsere Verfassung, in kurzer Zeit für Dinge thun kann. Erst mit dieser Verfassung hat sich unser König Ansbach und Bayreuth, Würzburg und Bamberg erobert. Jetzt sollte man einmal kommen und uns zumuthen, eine andere Farbe als blau und weiß zu tragen..." So hochgeschraubte Erwartungen konnten nun freilich durch die erste Probeleistung des Constitutionalismus in Bayern, den ersten Landtag von 1819, schlecht befriedigt werden. „Unsere Ständeversammlung," klagt er bald darauf, „nimmt ein erbärmliches Ende.... Die letzte Stütze der Hoffnung auf bessere Zeiten durch friedliche Reformen ist gefallen und mag wohl schwerlich wieder aufgerichtet werden!..." Dazu noch das immer dichter sich niedersenkende finstere Gewölk der Reaction über allen deutschen Landen, die Karlsbader Beschlüsse, das Vorgehen gegen die Burschenschaften — „Du armes deutsches Vaterland," ruft er schmerzbewegt aus, „die Zeit ist vielleicht nicht fern, wo auf deinen Feldern die Rosse der Asiaten weiden."

Fort und fort leiht er der Sache des nationalen Wohls gegen die staatsgefährlichen Tendenzen der Obscuranten seine glühende Beredsamkeit. Unter seiner Geißel stöhnen die Friedrich Schlegel und Adam Müller, die den Geist mit der Dummheit ein Compromiß schließen ließen, „um wo möglich durch Verstand die Menschen um den Verstand zu betrügen". Einseitigen, sogar ungerechten Urteilen begegnen wir, aber ein so scharfer Beobachter kehrt rasch zur richtigen Anschauung zurück. Mißtrauen gegen den „Vater des Concordats" und Abneigung gegen den Convertiten Schenk lassen ihn über die Anfänge der Regierung Ludwig's I. manches bittere Wort sprechen, aber auf die Dauer versagt er auch dem wirklich Guten und Großen dieser Periode seine Anerkennung nicht.

Wie immer man vom Politiker Feuerbach denken möge, von der Thätigkeit des Gelehrten in der Mittags- und Abendzeit seines Schaffens ist nur das Beste und Höchste zu sagen. Von den Früchten, die sein Aufenthalt in Ansbach zeitigte, nenne ich seine „Betrachtungen über die Oeffentlichkeit und Mündlichkeit des Gerichtsverfahrens" und vor allem die 1828 in zwei Bänden erschienene „Actenmäßige Darstellung merkwürdiger Verbrechen". Dem letztgenannten Werke hat Feuerbach insbesondere seine Popularität in weitesten Kreisen bis auf den heutigen Tag zu verdanken. Viele Jahre hindurch an die Spitze eines Gerichtshofes gestellt, gebot er nicht nur über einen Schatz theoretischen Wissens, sondern auch über eine Fülle von Rechtserfahrungen. Ihm war der Gerichtssaal ein Hörsaal, wo ihn das Leben selbst das Wesen des Rechts und die Natur der Schuld erkennen lehrte. Indem er aus der dort gesammelten Ausbeute einige besondere Fälle herausgreift und in ihrem Anfang und Ende mit sachlicher Methodik und dramatischer Lebendigkeit vor uns entwickelt, bereichert er unsere allgemeinen Kenntnisse, er belehrt und unterhält, erschüttert und läutert. Scharf und bestimmt, ohne Pedanterie vorgetragen, fesseln diese Bilder das Interesse des Lesers durch den Stoff an sich, die Behandlung und die daran sich knüpfenden Urteile und Erfahrungen über Menschen und die menschliche Gesellschaft.

Auch von den eingeweihten Zeit- und Fachgenossen wurde meines Wissens niemals der Vorwurf erhoben, daß Feuerbach im Referat über diese Rechtsfälle vergessen hätte, daß der Criminalist nicht Abstraction, sondern nur Geschichte zu Grund legen dürfe. Bei einem Proceß aber, dessen verschlungene Fäden er noch als hochbetagter Greis mit jugendlichem Eifer zu entwirren suchte, läßt sich fast mit Bestimmtheit behaupten, daß ihn sein Hang, geheimnißvoll waltende Naturkräfte in der Menschenseele aufzudecken, verleitete, Schein für Wahrheit zu halten.

Ich darf nicht wagen, Sie mit der Geschichte Kaspar Hauser's, die in der Literatur eine ähnliche Rolle spielt, wie in der Tagespresse die Seeschlangen-Mythe, zu ermüden. Ich kann mich nicht, wie Julius Meyer, der Herausgeber des Actenmaterials des berüchtigten Processes, zur Ansicht verstehen, daß der ganzen Geschichte von Anfang an nur ein Betrug zu Grunde liege. Daß aber Feuerbach in seinem Eifer für das „Kind von Europa" zu weit ging, in den Conjecturen über seine Abstammung alle Vorsicht außer Acht ließ, die Schicksale seines Günstlings nicht sowohl mit der vollen Objectivität, Ueberlegung, Gelassenheit eines Untersuchungsrichters, als vielmehr mit der Hast und Hitze eines Mitleidenden erwog und auslegte, scheint mir ebenso unzweifelhaft. Niemand verläßt ungestraft den realen Boden. Wenn ein zum Rationalismus neigender Protestant, ein erbitterter Widersacher des Heiligencults, wie Feuerbach), plötzlich mit einem „Jünglingskind" mesmerische Versuche anstellt und dabei zu Resultaten gelangt, die an die Legenden des Mittelalters erinnern, wird mir auch für den Juristen Feuerbach bang. Seine Aufrichtigkeit und ehrlich wohlwollenden Absichten stehen aber dabei über jeden Angriff erhaben, und es war — nach meiner Empfindung — kein scherzhaftes, sondern tief schmerzhaftes Wort, das er, wie Graf Stanhope mitteilt, kurz vor dem Tode bezüglich seines Essay über Hauser geäußert haben soll: „Vielleicht hat Feuerbach in seinen alten Tagen einen Roman geschrieben!"

Leider werden zwar die hierauf bezüglichen Schriftstücke in der von seinem Sohne veröffentlichten Sammlung ausführlich mitgeteilt, dagegen aus seinem letzten Werk, einer vergleichenden Gesetzgebung aller Nationen, woran er Jahre lang mit fieberhaftem Eifer gearbeitet hatte, nur ein kurzes Fragment: „Idee und Nothwendigkeit einer Universal-Jurisprudenz." Es läßt bedauern, daß gerade diese Schöpfung ein Torso blieb. Wäre die originelle Entwicklungsgeschichte der Gesetze und Rechtsverhältnisse aller Nationen und Zeiten zur Vollendung gediehen, hätte ohne Zweifel Deutschland dem epochemachenden Werk Montesquieu's ein ebenbürtiges an die Seite zu stellen.

Das veröffentlichte Fragment beweist auch, wie sich Feuerbach eine merkwürdige jugendliche Kraft bis in's Greisenalter bewahrte. Erst kurz vor seinem Lebensende machte sich ihm ein Nachlassen seiner Sinnesthätigkeit fühlbar. Seine letzten Lebenstage wurden noch erhellt durch die Versöhnung mit seiner Schwester, von der er seit der Jugendzeit durch Mißverständnisse und Empfindlichkeit getrennt gewesen war. Es berührt wohlthuend, daß aus den letzten Briefen an die Wiedergewonnene ein Geist milder Versöhnlichkeit, ruhiger Ergebung spricht. „So ganz und gar bin ich ein anderer geworden."

Schon seit längerer Zeit leidend, begab er sich im Frühjahr 1833 nach Frankfurt. Hier machte am 29. Mai ein Schlagfluß seinem Leben ein Ende. Sein Sohn Ludwig bemerkt dazu: das Scipio'sche Gefühl: „Nicht einmal meine Gebeine soll das undankbare Vaterland besitzen!" habe den die baldige Auflösung Ahnenden gedrängt, die Grenzmark Bayerns zu verlassen.

Nachdem ich Ihnen in kurzen Zügen den Lebenslauf dieses Mannes, der zugleich so reich und arm, beglückt und unglücklich gewesen, entwickelt habe, frage ich mich selbst: ob ich nicht die Pietät gegen einen der verdienstvollsten Männer Deutschlands verletzte, wenn ich die Widersprüche in seinem Charakter offenlegte? Nein. Hat doch der Sohn selbst das Tageslicht für die geheime Werkstatt dieser Seele nicht gefürchtet. „Mensch sein heißt ein Kämpfer sein." Wir Bayern, die er in vielen Punkten ungerecht beurteilte, müssen den Freimut haben, einzugestehen, daß auch er wegen seines besten Strebens in unserem Lande zu leiden hatte. Zwar glaube ich nicht, daß er im Norden glücklicher geworden wäre. Zum Glück gelangen nur die ehernen Charaktere und die Charakterlosen. Er war nicht das eine, noch das andere. Ihn ließ sein leidenschaftliches Herz nirgend und niemals ruhen. Doch, von Wind und Welle geschaukelt, schafft er Werke, die Wind und Wellen dauernd widerstehen! In seinen Briefen und Memoiren ist der Wirbel und Wechsel des Kampfes, in seinen Büchern aber der Sieg; denn der Sieg, das heißt, die Zukunft, ist nur bei seiner Fahne: Recht und Licht!

Ludwig I., König von Bayern, und Thorwaldsen.

Die Urteile, welche im Ständehaus, in Literatur und Tagespresse über König Ludwig's I. Kunstschöpfungen laut geworden, würden gesammelt und chronologisch oder nach Analogien oder sonstwie zusammengestellt einen artigen Beitrag zu einer Kritik der öffentlichen Meinung liefern. Noch nicht zwei Menschenalter sind seit dem Beginn der königlichen Thätigkeit verflossen, und schon erscheint so mancher Ausspruch, der seinerzeit die Geltung eines Axioms beanspruchte und erhielt, unbegreiflich. In der Kammer hören wir die nimmer verstummenden Klagen der Gewissenhaften über die Unnötigkeit und sündhafte Kostspieligkeit der Kunstunternehmungen, über die Ungerechtigkeit, um verstümmelter Götzenmale oder bemalter Leinwand willen „des armen Mannes Pfeifchen" zu vertheuern, d. h. die luxuriöse Laune eines Einzelnen die steuerzahlenden Bürger büßen zu lassen, die Klagen über Beeinträchtigung der Provinzstädte gegenüber der Residenz, — und dabei handelte es sich, wohl bemerkt, nur um Ausgaben aus der Privatschatulle des Königs oder doch nur aus Erübrigungen der Staatskassen. Doch still! jetzt spricht ein Gervinus! Das klingt oder klang doch für uns Deutsche ebenso, wie weiland für die Römer: „Cicero spricht." Leider ergeht es mir bezüglich dessen, was Gervinus über das „kommandirte" Kunstleben in Bayern geredet, wie dem Casca in Shakespeare's „Julius Cäsar" mit der Rede Cicero's. „Hat Cicero etwas gesagt?" „Ja, er sprach Griechisch." — „Was wollte er denn?" — „Ja, wenn ich euch das sage, so will ich euch niemals wieder vor die Augen kommen. Aber die ihn verstanden, lächelten einander zu und schüttelten die Köpfe, doch was mich anlangt, mir war es Griechisch." Die Münchener Glyptothek ist nach Gervinus ohne alle Rücksicht auf Kunstwert und Bedeutung des Erworbenen completirt. Dem königlichen Sammler gebreche es ebenso an Sinn wie Verständniß für die Kunst, und all' sein Impetus sei auf kleinliche, persönliche Eitelkeit zurückzuführen! Nicht viel Tröstlicheres vernehmen wir von der Kunstkritik. „Einsam und verlassen," sagt Hermann Riegel, „stehen die Pinakotheken auf freiem Felde, einsam und öde dehnt sich die Ludwigsstraße zum Siegesthor hinaus. Die Bevölkerung München's hat sich nicht dahin gezogen, wo ihr ein Machtwort neue Stadttheile anweisen wollte, und geht man gar etwas tiefer, so findet man im Verständniß der Kunstwerke durch die Masse der Einwohner nur einen geringen Zusammenhang zwischen beiden; man überzeugt sich, daß ein freier, künstlerischer Geist, ein lebendiger Antheil am künstlerischen Schaffen in München nicht von Natur heimisch ist, und sieht ein, daß ein Königswille wohl Kunstwerke hervorzaubern konnte, nicht aber zugleich auch dem Volke eine Kunst geben." Aber auch wohlwollende Beobachter wurden durch die „Willkür und Gemachtheit" der Ludwig'schen Aera erschreckt und prophezeiten den neuen Sternen raschen Niedergang. In einem Briefe A. Schreiber's an S. Boisserée heißt es: „Ich muß meinen Unglauben an unsere Zeit gestehen. Die Kunst ist für uns das Mädchen aus der Fremde und durch ein von Außen gekommenes Streben wieder entstanden. Die alten Meister kehren nicht wieder, weil ihre Zeit nicht wieder kehrt." Das klingt sanft wie eine Elegie unter dem Gejohle, das die Tagespresse, leider zuweilen auch die anständige, gegen die königlichen Unternehmungen anstimmte. Namentlich die Glyptothek erregte ihre Galle. Der eine Referent spricht von „hüpfender, tändelnder Pracht," der andere von kahlen Coulissen; alle aber waren über die Zwecklosigkeit des Ganzen einig, und der Mann, der ideale Güter nicht kennt und nur das wünscht, was ihm wägbaren Nutzen bringt, klatschte ihnen Beifall, und der heilige Volksmund nannte den Kunsttempel das „närrische Kron-

prinzenhaus." Friedrich der Große fand für solches Gebaren das
rechte Wort: „Einige Personen, welche für Kenner gelten, ent=
scheiden über das Schicksal der Stücke, und Ignoranten, die
unfähig sind, zu urteilen, wiederholen das, was Andere gesagt
haben. Solche Urteile beschränken sich nicht auf das Theater allein,
sie machen sich überall breit und bilden das, was man eines
Menschen Ruf nennt. Und auf dieser festen Grundlage beruht der
gute Name! O Eitelkeit der Eitelkeiten!"

Ein Glück, daß von all' diesem Tadel und Zweifel unberührt
blieben — der König selbst und seine Künstler. Allen Nergeleien
zum Trotz hielt der König an seinen „Thesen" und Walhalla's fest,
von der Ueberzeugung beseelt, daß die höchste Art von Kunst stets
an ideale, seien es religiöse oder nationale Anliegenheiten der Völker
anknüpfe. Freilich war er nur der Herr, nicht der Meister der
Kunstwerke, allein man darf auf ihn anwenden, was Döllinger von
Maximilian's II. Verdiensten um die Wissenschaft sagt: „Er besitzt
nicht die durchdringende Kenntniß des Einzelnen, aber er hat hin=
gegen, und das ist in seiner hohen Stellung wichtiger, den Maßstab
für ihren Werth als Ganzes." Und Goethe sagt einmal zu Ecker=
mann: „Man sage, was man will, das Gleiche kann nur vom
Gleichen erkannt werden, und nur ein Fürst, der selber große Fähig=
keiten besitzt, wird wiederum große Fähigkeiten in seinen Unterthanen
und Dienern gehörig erkennen und schätzen." Wenn je ein Fürst,
so darf Ludwig I. dieses Verdienst für sich beanspruchen. Ueberblicke
man nur einmal die Reihe jener Künstler, die er um sich schaarte,
die er entweder ganz an sich zu fesseln wußte oder doch zu ein=
zelnen großartigen Schöpfungen anregte. Kein Kaiser und kein Papst
hat einen so stolzen Heerbann aufzuweisen. Wenn dem Biographen
Ludwig's die Schilderung mancher Episode bange Stunden bereiten
wird, — die Beziehungen des Fürsten zur Künstlerwelt führen ihn
auf lichte, sonnige Halden, wo keine Schatten sich dauernd
behaupteten.

An vielen Königen schon hatte die Kunst wohlwollende Gönner
und Schutzherren gefunden, hier aber trat ein Freund in den
Künstlerkreis. Daraus erklärt sich die ungewöhnliche Verehrung, die

ihm von den Künstlern entgegengebracht wurde, die warme, uneigen=
nützige Hingebung, womit sie sich seinen Plänen anschlossen und
unterordneten. Selten nur führten Spottsucht und Härte des
Gönners oder Empfindlichkeit seiner Clienten zu Verstimmung und
Entfremdung. Wohl durfte sich Cornelius schwer gekränkt fühlen
durch das bittere Wort seines königlichen Freundes: „Ein Maler
soll vor Allem malen können!" Beleidigt schied denn auch der
Meister aus München, aber die Entfremdung währte nicht lange,
und 1855 brachte Cornelius auf den hohen Gast der römischen
Künstler den Trinkspruch: „Wenn die Phantasmagorien moderner
Ostentation und Geistesleere längst von der Erde verschwunden und
vergessen sein werden, dann werden die Schöpfungen König Ludwig's
noch lange die Gemüther und Seelen der Menschen erquicken,
erfreuen und erheben, — aber auch wir, die wir das Glück haben,
in feierlich schöner Stunde mit ihm vereint sein zu dürfen, auch
wir segnen ihn tausendmal!"

Wenn auf Cornelius das Wort kommt, so führt die natür=
lichste Ideenassociation auf den congenialen Meister der Plastik,
Thorwaldsen. Ist auch das Verhältniß dieses Künstlers zu Ludwig
nicht ein so wichtiges Glied in seiner Entwicklungsgeschichte, wie es
bei Cornelius der Fall war, so bietet es doch so viel Anmutiges
und Erfreuliches, daß ich Ihre Aufmerksamkeit gern auf ein paar
Augenblicke dafür gewinnen möchte.

In Rom, der geistigen Heimat des nordischen Meisters, wurden
persönliche Beziehungen zwischen Ludwig und Thorwaldsen erst
bei der Romfahrt des Königssohnes im Jahre 1818 angeknüpft.
Schon seit zehn Jahren aber war zwischen beiden ein — man
darf namentlich mit Rücksicht auf die Abneigung des Künstlers
gegen das Schreiben wohl sagen — lebhafter Briefwechsel gepflogen
worden. Schon 1808 hatte der Prinz, in dessen Brust in Italien
ein tiefbewegendes Liebesgefühl für das Schöne in Kunst und Leben
erwacht war, eine Adonisstatue bei dem Bildhauer bestellt, dessen
Studio seit einigen Jahren nicht leer wurde von Künstlern und
Touristen, welche die „Neuschöpfung der Kunst des griechischen Alter=
thums" kennen lernen wollten. War ja doch selbst der vielbewunderte

Canova beim Anblick des Jason in die Worte ausgebrochen: „Diese Bildsäule des jungen Dänen ist in einem neuen, und zwar in einem großen Styl!" Für den Adonis in Marmor wurde ein Preis von 2000 Scudi festgesetzt. Die Ausführung verzögerte sich indessen ungewöhnlich, und der Prinz entschädigte sich gewissermaßen für dieses seiner Geduld auferlegte Opfer dadurch, daß er den Rat Thorwaldsen's, der ja am Innigsten in den lebendigen Geist der griechischen Kunst eingedrungen war, also das sicherste Urteil über Echtheit und Wert antiker Kunstwerke abgeben konnte, bei seinen Kunsterwerbungen häufig einholte. Seit mehreren Jahren schon war es Ludwig's eifriges Bemühen, edle Schätze aus dem hellenischen Erbe in seinen Besitz zu bringen und ihnen in der Heimat eine würdige Stätte zu bereiten. Fast an jedes einzelne Stück der Sammlung, die heute der Stolz der Isarstadt, knüpft sich eine interessante Geschichte. Wie viel List und Schlauheit erforderte es schon, die Antiken trotz des Ausfuhrverbots aus der ewigen Stadt zu entführen! Die internationale Diplomatenstellung und die kirchliche Würde des bayerischen Gesandten, Cardinal Haeffelin, mußten nicht selten aufgeboten werden, um den Wünschen des Kronprinzen gerecht zu werden und den Bemühungen seiner Kunstagenten zu secundiren. Neben Martin Wagner und Eberhard war am meisten Thorwaldsen mit Aufträgen überhäuft; er war davon, wie aus privaten Aeusserungen erhellt, nicht immer angenehm berührt, allein der Wunsch, dem kunstsinnigen Prinzen gefällig zu sein, überwand alle anderen Regungen. Namentlich von Thorwaldsen's Freund, dem Maler und Kunsthändler Camuccini, wurden überaus wertvolle Antiken um Preise erworben, die nach heutigen Begriffen lächerlich gering erscheinen. Als Thorwaldsen vor Ankauf einer nicht unzweifelhaft echten- großen Vase abriet, dankte ihm Ludwig durch ein eigenhändiges Schreiben, das in der bekannten sprunghaften Manier gehalten ist, die eine nicht gerade anmutige Eigenthümlichkeit der sonst so geistvollen Briefe Ludwig's. „Persönlich habe ich nicht das Vergnügen, Sie zu kennen, doch glaube ich, Sie zu Rom flüchtig einmal gesehen zu haben, aber durch des Bildhauers Thorwaldsen's weit verbreiteten Ruhm, durch die Kunstwerke, welche ich gesehen, kenne ich denselben und durch den mir erwiesenen Dienst, gewarnt mich zu haben vor dem Ankauf der großen Vase." Und nun legt er dem Künstler eingehend seine Wünsche und Zweifel wegen einiger ihm angebotener Antiken dar und bittet ihn um sein sachverständiges Urteil. Wenn man die von Ludwig wegen Erwerbung der Glyptothekschätze gewechselten Briefe — die Correspondenz zwischen ihm und Martin Wagner umfaßt allein 909 Briefe des Letzteren und 554 des Fürsten — unparteiisch würdigt, wird man gern Urlichs Recht geben, der an ein Urteil Ludwig's über den Parthenonfries in London anknüpfend erklärt: „Wer diese Stellen liest, wird ermessen, ob König Ludwig wirklich keinen Kunstsinn oder Verstand besaß; wärmer und im Ganzen richtiger ist kein Urteil ausgesprochen, als dieser unmittelbare Eindruck veranlaßte." In dankbarer Anerkennung der bei solchen Geschäften geleisteten Dienste ließ hinwieder der am päpstlichen Hofe einflußreiche bayerische Gesandte dem als Protestanten in Rom von Manchen mit Mißgunst und Mißtrauen betrachteten Dänen seinen Schutz angedeihen und stellte ihm zu seiner persönlichen Sicherheit ein rühmendes Certificat aus.

Inzwischen ging der Adonis im Studio des Künstlers immer herrlicher der Vollendung entgegen, wiederholt stellte dieser baldige Ablieferung in Aussicht, aber — je vollkommener die Schönheit des werdenden Kunstwerkes hervortrat, desto mehr minderte sich für den Prinzen die Hoffnung, in wirklichen Besitz zu gelangen. Nur ein Künstler wird es voll und ganz nachempfinden können: Thorwaldsen wurde es mit jedem Tage schwerer, sich von seinem Werke zu trennen.

Ludwig bewies dem ebenso eigenwilligen, wie genialen Meister gegenüber ungewöhnliche Geduld, und dieser, wie sein Biograph Justi sich ausdrückt, übertraf sich selbst darin, daß er die fast monatlichen Schreiben des Prinzen wegen Ankaufs antiker Kunstwerke immer beantwortete oder doch beantworten ließ. Wenn er darin endlich erlahmte und wiederholt Briefe Ludwig's unbeantwortet ließ, so trugen daran nur die Verdrießlichkeiten Schuld, die ihm sein freimütiges Urteil namentlich von Seite des federgewandteren Friedrich Müller — bekannter unter dem Namen

Maler Müller — zuzog. „Ihre Briefe müssen verloren gegangen sein," klagt der Kronprinz am 10. Juli 1811, „da ich schon mehrmalen schrieb und keine Antwort empfangen habe!" und zwei Monate später: „Sind Sie noch immer taub? Oder Ihre Briefe verloren gegangen?" Auch der Wunsch des Prinzen, vom Künstler selbst ein authentisches Verzeichniß aller von ihm geschaffenen Werke zu erhalten, scheint unerfüllt geblieben zu sein. Es zeugt von seltener Würdigung der Eigenthümlichkeit einer Künstlernatur, daß der Prinz sich durch diese Zurückhaltung und Indolenz nicht abschrecken ließ, immer wieder an die Pforte des Studio zu pochen. Und sie ward ihm weit aufgethan, als er mit einer Frage kam, die den Ideengang Thorwaldsen's mächtig anregte und eine Hoffnung wachrief, die den schaffensfrohen Künstler wahrhaft beseligte. Der Kronprinz schloß nämlich einen Brief mit folgenden Worten: „Können Sie mir nicht sagen, wenn man allenfalls in Rom einen Basrelieffries von carrarischem Marmor im großen Styl von Ihnen machen lassen wollte, was die römische Quadratpalme kosten würde? Und was die Arbeit allein, wenn man dazu den Marmor liefert?" Damit, so folgerte der erfreute Künstler, könne nur der den Triumphzug Alexander's darstellende Fries gemeint sein. Er hatte nämlich in unglaublich kurzer Zeit dieses große Bildwerk geschaffen zur Ausschmückung des Kaiserpalastes auf dem Quirinal, der den neuen Alexander, Kaiser Napoleon, aufnehmen sollte. Die nächste Bestimmung konnte jedoch das großartige „Epos der Plastik" nicht erfüllen, denn Napoleon kam nicht nach Rom, und der Bildner harrte schon lange sehnsüchtig darauf, seine Lieblingsarbeit in Marmor bestellt zu sehen. Er antwortete deßhalb unverzüglich, er wolle bloß den Werth des Marmors und den Taglohn seiner Arbeiter anrechnen, und stellte zugleich, um den Prinzen willfähriger zu machen, baldige Ablieferung des Adonis in Aussicht. Ludwig erwiderte darauf, er habe eigentlich nicht an den Triumphzug in Babylon gedacht, sei jedoch nicht abgeneigt, auf das Anerbieten einzugehen. „Wenn mir nur die Kosten, da ich so beträchtliche Ausgaben habe, nicht zu hoch belaufen. Es wäre mir sehr leid, müßte ich darum verzichten, diese von dem herrlich großen Künstler selbst für sein bestes Werk gehal-

tene Arbeit zu besitzen!" Es war von Seite Ludwig's keine leere
Phrase, man erwäge nur die geringen Einkünfte des Prinzen und
die bedeutenden Kunstausgaben. Einige Jahre später sah er sich in
einem Briefe an seinen Hofsekretär Kreutzer zur Klage genötigt:
„Kreutzer, das scheint mir doch zu stark, daß nach Abzug der Marmor=
bearbeitung, soweit solche in Salzburg geschieht, und der Frachtkosten
nach München, alles nicht zu meiner Haushaltung verbraucht wer=
dende von meiner Appanage und dazu die großen Vorschüsse Eich=
thal's zu meinem Glyptothekbau gebraucht worden seit meiner Ankunft
und überdem noch 12.948 fl. 49½ kr. mehr!" Und an Wagner
schrieb er: „Des Geldes habe ich im Vergleich meiner großen
Unternehmungen so wenig, daß ich auf jeden Scudo schauen muß.
Auch um Billiges sind meiner Sammlung nicht notwendige Gegen=
stände mir zu theuer." Thorwaldsen verzichtet auch sofort auf alles
Markten, auf jeden persönlichen Gewinn. „Wenn Euer königliche
Hoheit finden, daß Sie Gebrauch von diesem Basrelief machen
können und Höchstdieselbe sich entschließen möchte, es zu besitzen,
würde es mir eine besondere Freude sein, diese meine Arbeit in
dem Besitz eines Fürsten zu wissen, der die Kunst so hochschätzt,
und mein eigenes Interesse würde es sein, ein solches Sujet von
dieser Natur, Mannigfaltigkeit und Ausdehnung der Nachwelt in
einer dauerhaften Materie zu überliefern. Was ich schon in meinem
vorigen Brief Euer Hoheit erklärt habe, wiederhole ich auch hier,
daß ich in diesem Falle durchaus keine Rücksicht auf pekuniären
Vortheil nehme, und daß das Basrelief auf die Art, wie ich es
Ihnen liefern werde, unmöglich hoch im Preise kommen kann."
Wenn dessenungeachtet der Prinz den Fries nicht erwarb, so wird
man wohl kaum irren, wenn man politische Gründe in Erwägung
zieht. Ludwig war der entschiedenste Gegner Napoleon's. Sollte er
für ein Werk Sympathien hegen, das zur Verherrlichung des Pro=
tektors des Rheinbunds geschaffen war? Glücklicher Weise ging
deßhalb Thorwaldsen's Lieblingswerk der Isarstadt nicht verloren;
es ist noch heute der schönste Schmuck des Speisesaales im Palast
der herzoglichen Familie Leuchtenberg, jetzt Seiner königlichen Hoheit
des Prinzen Luitpold.

Was der Kronprinz beabsichtigte, wurde erst durch ein Schreiben Klenze's an Thorwaldsen vom 14. Jänner 1817 enthüllt. Er hatte den Plan gefaßt, gerade gegenüber dem griechischen Tempel, der Glyptothek, eine christliche Kirche zu Ehren der Apostel zu bauen. Im Innern dieses Domes sollte ein Thorwaldsen'scher Fries von stattlichster Ausdehnung das Leben Jesu veranschaulichen. Wird Ausführung in Marmor garantirt? fragte Thorwaldsen, und als dies bejaht wurde, ging er sofort an's Werk und gestaltete eine Episode, die drei Marien am Grabe Christi darstellend. Der ganze Plan scheiterte jedoch am Widerspruch einflußreicher Freunde des Kronprinzen, die in der Gegenüberstellung von Griechen- und Christenthum eine Blasphemie erblickten; sogar der aufgeklärte Sailer konnte sich für die Idee nicht erwärmen, und somit unterblieb die Ausführung.

Dagegen knüpft sich der Name Thorwaldsen's an den wichtigsten Schatz, den die Glyptothek damals gewann, die Aegineten. Um die Giebelstatuen der Tempelruine des panhellenischen Zeus auf Aegina für Ludwig's Sammlung zu erwerben, hatte Meister Wagner eine wahre Odyssee durchgekämpft. Schrecken des Krieges und der Pest hatte er getrotzt und gegen Neid und Eifersucht der Menschen, wie gegen die stürmischen Elemente harten Streit gestritten, bis endlich diese für die Geschichte der ältesten hellenischen Plastik wichtigsten Fragmente vor Thorwaldsen aufgestellt werden konnten. Denn nur der erste Bildhauer der Gegenwart, so entschied Ludwig, sei würdig, die notwendigen Ergänzungen zu modelliren. Zögernd nur ging der Künstler an das schwierige Werk; sobald er aber einmal den Vorsatz gefaßt hatte, sich der Aufgabe zu widmen, war er mit solcher Freude bei der Arbeit, daß er sie leicht und rasch zu Ende führte. Die Restauration war ein unerreichtes Meisterwerk, wie das Original selbst. Sogar gewiegte Kenner konnten die Ergänzung nicht unterscheiden, und mit stolzem Gleichmut erwiderte der Künstler auf eine Anfrage: „Gemerkt habe ich mir die Stellen nicht und herausfinden kann ich sie nicht."

Persönlich bekannt wurde Prinz Ludwig mit Thorwaldsen erst bei jenem denkwürdigen Fest im Mai 1818, das die Künstler Rom's dem scheidenden Gönner und Freunde in der Villa Schultheiß vor der Porta del popolo veranstalteten, das sich durch glänzende Entfaltung der genialen Schöpferkraft eines Cornelius, eines Schnorr und Anderer zu einem Märchenfest von unvergleichlicher Pracht gestaltete. „Es wird," gesteht sogar Riegel, „so lange deutsche Kunstgeschichte dauert, als ein schönes Denkmal des großen Aufschwungs fortleben, den besonders die Malerei durch Ludwig's königlichen Schutz genommen; es war kein Fest, das Diener ihrem Herrn, das Hofleute ihrem Fürsten gaben! Nicht dem Prinzen galt es, es galt der Kunst, deren begeisterter Pflege ein begabter, thatkräftiger und reicher Fürst sich rückhaltlos gewidmet hatte." Mächtig fühlte sich der Prinz in jenem Zauberkreise der „guten Geister," insbesondere von unserem dänischen Künstler, dessen Erscheinung so schlicht und bescheiden und doch so imponirend war, angezogen. Damals wurde jene Büste des Kronprinzen modellirt, die heute den Saal der Neueren in der Glyptothek verherrlicht. Unmittelbar nach seiner Heimkehr schrieb Ludwig: „Den Wunsch, den lebhaften Wunsch will ich nicht zu unterdrücken versuchen, sondern Ihnen wohl an's Herz legen, daß ich doch dieses Jahr den Adonis, dieses Meisterwerk vollendet sehe, und daß Sie sich viel mit meinem Fries, das Leben Christi, beschäftigen möchten." Die ersten Schritte, als er im Herbst 1820 nach Rom wiederkehrte, lenkte er nach Thorwaldsen's Behausung. Glücklicher Weise wurde er auf der Straße aufgehalten. Dieser Zufall rettete ihm vielleicht das Leben, denn in der nämlichen Stunde stürzte der Fußboden des Ateliers ein. Viele Kunstwerke wurden vernichtet, die Adonisstatue verdankt ihre Rettung nur dem Umstand, daß sie wegen des angekündigten Besuchs in besseres Licht gerückt worden war. In jenen Tagen knüpfte sich ein inniges Freundschaftsverhältniß zwischen Fürst und Künstler an. „Es soll der Dichter mit dem König gehen," heißt es im Lied; damals sah man wirklich den bayerischen Thronfolger und Bertel Thorwaldsen Arm in Arm durch die Straßen Rom's wandern. Diesmal war es Thorwaldsen, der dem neugewonnenen Freunde ein Abschiedsfest veranstaltete. „Während die feine römische Welt," heißt es am 2. Mai 1821 in Brøndsted's Tagebuch, „verwichenen Sonntag bei Mr. le Comte de Blacas d'Aulps tanzte, that Seine königliche Hoheit der Kronprinz von Bayern desgleichen bei uns auf einem kleinen, vergnüglichen Künstlerball, welchen Thorwaldsen diesem liebenswürdigen Herrn zum Abschiede veranstaltet hatte." Seinen Dank sprach Ludwig mit warmen, aus dem Herzen strömenden Worten aus: „Herr Staatsrath, — nein, — nicht so! Lieber, guter, großer Thorwaldsen! Was dieser Name ausdrückt, vermögen keine Könige zu geben. Wenn blutiger Kriegsruhm längst verklungen, lebt rein und hehr noch segensvoll des großen Künstlers Name: erzeugend leben seine Werke fort. Das herzliche Fest, das mein herzlicher Thorwaldsen mir gab, verschönerte noch meine letzten Stunden in Rom, machten aber meinen Abschied schwer. Dite della mia parte molte belle cose alla brava famiglia Butti ed al Nano, e non dimenticamini presso la vera. la verissima romana, la Signora Girometti, neppure presso l'amabile Moretta. Daß Rom mir noch näher erscheine, reiste ich in zehn Tagen hierher, heimisch bin ich in ihm, und meinem Herzen nahe seid ihr lieben, guten Menschen. Da ich morgen nach Würzburg abgehe, wäre es möglich, daß mein Bildniß erst diesen Winter nach Rom komme; lieber so spät, als daß Sie kein gutes bekämen, der Sie in Marmor mich lebend dargestellt. Nun Lebewohl bis auf Wiedersehen. Nymphenburg, 15. Mai 1821. Meinen Thorwaldsen sehr schätzender Ludwig, Kronprinz." Im Herbst 1821 langte das von Stieler gemalte Porträt Ludwig's in Rom an. Das Dankschreiben Thorwaldsen's ist uns nicht erhalten, wohl aber die Antwort: „Lieber, herzlicher, großer Thorwaldsen! Daß Ihnen mein gemaltes Bildniß angenehm ist, gewährt mir große Freude; wenn Sie es ansehen, so denken Sie, daß es einen Mann vorstellt, der, obgleich durch Alpen und Apeninnen getrennt, dennoch im Geiste Ihnen stets nahe ist. Diesen Winter, nicht den nächsten aber werden mich diese Gebirge von Thorwaldsen trennen, den ich als Mensch und Künstler schätzen und lieben gelernt habe in Rom, der Kunstwelt ewigen Hauptstadt; würde mich mit ihm wieder vereinigen, der der unsrigen erste Zierde ist, dessen Ruhm Jahrtausende währt." Solche Worte ehren in gleichem Maß den Schreiber, wie den Empfänger des Briefes!

Durch die Thronbesteigung Ludwig's erlitt sein Verhältniß zur Künstlerwelt nicht die mindeste Störung. Nach wie vor sah er seinen Beruf darin, die Erstlinge der neu erwachten deutschen Kunst, die ihm in Rom vertraut geworden waren, mit treuer Sorgfalt zu pflegen. Nicht bloß die Meister sammelte er um sich, sondern ließ auch in richtiger Würdigung des Goethe'schen Wortes, das beste Uebungsmittel des Schülers bleibe immer die Teilnahme am Werke des Meisters, dem Nachwuchs, den Tironen, seinen Schutz angedeihen, zumal wenn sie Söhne des eigenen Landes. Als der Tüchtigsten einer, der gemütvolle Schwanthaler, mit königlicher Unterstützung in die ewige Stadt zog, rüstete ihn sein königlicher Gönner mit der besten Empfehlung aus, die einem Bildhauer zu Teil werden konnte. „Meinem lieben Thorwaldsen," so schreibt Ludwig, „wird Schwanthaler, ein vorzüglich Hoffnung gebender, der Bildhauer= kunst beflissener Münchener, diesen Brief übergeben. Sein heißer Wunsch ist: Thorwaldsen's würdiger Schüler zu werden; darum empfehle ich ihn nachdrücklich dem wenigstens seit achtzehn Jahr= hunderten größten Meister dieser herrlichen Kunst. Daß er wirklich Ihr Schüler werde, jetzt gleich oder doch nach einem Jahre, daran liegt mir viel, er hat, wie mir scheint, zum Plastischen aus= gezeichnete Anlage und gut ist seine Aufführung. Sie, meine lieben alten Bekannten und das ewige, einzige Rom wiederzusehen, wird ein hohes Fest sein dem Ihren Werth erkennenden, Sie zu schätzen wissenden Ludwig."

Als der König im geliebten Rom die Villa Malta, ein trau= liches deutsch=romantisches Asyl mitten im geräuschvollen Gewühl des städtischen Lebens, für sich erwarb, um „römischer Bürger" zu werden, war Thorwaldsen sein Nachbar, sowie auch fast täglich sein Gast. Früh Morgens schon rief der König, wenn er vom ersten Spaziergange zurückkehrte, dem in Casa Butti arbeitenden Künstler freundlichen Gruß durch's Fenster, und Abends gab es in Villa Malta jederzeit fröhliches Gelage, bei dem es oft gar toll herging. Auch in einer Kneipe am Hafenplatz, deren drolliger Wirth zu den Originalen der Stadt gehörte, waren il re Bavarese und Thorwaldsen häufige Gäste; ein in der Pinakothek verwahrtes

Genrebild Catel's vergegenwärtigt eine solche Scene in der Osteria des Dom Miguel, wo der Stammplatz des königlichen Gastes durch einen an den Tisch genagelten Bajocco kenntlich gemacht war. Wenn es dort hie und da so ausgelassen zuging, daß die Gäste mit gefüllten Bechern auf den Tischen standen, da mochte wohl mancher des Weges kommende Nobile die Nase rümpfen über das bacchantische Treiben der immer durstigen Germanen, nicht begreifend, daß sich auch hier die Extreme berühren, daß es gerade für denjenigen, dessen Brust des Gottes voll, ein unabweisbares Bedürfniß, durch fröhlichen Festlärm die Stunden der ernstesten Arbeit auf Augenblicke zu unterbrechen. Der königliche Mäcen ehrte seinen Orden, indem er an der Brust des Freundes das Commandeurkreuz der bayerischen Krone befestigte, und ehrte sich und den Freund durch das Königswort: „Den Soldaten zeichnet man auf dem Schlachtfelde aus, den Künstler unter seinen Werken."

Ein sehnlicher Wunsch des Königs ging in Erfüllung, als Thorwaldsen im Februar 1830 München besuchte. Leider lag jedoch, als er in's Schloß eilte, um seinen Gönner zu begrüßen, dieser krank zu Bette. Er ließ jedoch sofort den hochgeschätzten Gast zu sich rufen. „Träume ich oder wache ich?" rief er, als jener an sein Bett trat, „Thorwaldsen in München!" Nie wurde einem Fürsten so ehrfurchtsvolle Huldigung zu Teil, wie dem dänischen Künstler in der Residenz des kunstliebenden Monarchen. Auch die Bevölkerung ließ es an Beweisen der Bewunderung und Verehrung nicht fehlen und widerlegte damit den oft erhobenen Vorwurf, daß sie für den Kunstsinn ihres Königs gar kein Interesse hege. Wo immer der Mann mit dem langen, weißen Haar und den durchdringenden Feueraugen sich blicken ließ, zollte ihm Alt und Jung ehrerbietigen Gruß. Schon am Tage nach seiner Ankunft ließ ihm der König durch Klenze eröffnen, wie es sein liebster Wunsch, durch den größten lebenden Bildhauer ein Denkmal des Kurfürsten Maximilian's des Ersten, des bedeutendsten unter allen Wittelsbachischen Fürsten, zum Schmuck der Hauptstadt ausgeführt zu sehen. Der von Thorwaldsen geforderte Preis schien jedoch zu hoch gegriffen, der schöne Plan drohte zu scheitern. „Sie wissen," schrieb nun

Klenze an den Künstler, „daß alles Große, was Seine Majestät unser trefflicher König in der Kunst schon gethan hat und noch thun wird, nächst den geistigen Triebfedern auf der größten Sparsamkeit und Ordnung beruht, und daß sich derselbe auch das Liebste zu versagen weiß, wenn es gegen wohl überlegte Berechnung der Kräfte und Mittel geht." Thorwaldsen, der echte Künstler, sah sofort ein, daß auch ein König, wenn er Großes schaffen wolle, mit haushälterischem Sinn zu Werk gehen müsse, und stellte erheblich niedrigere Forderung. Er dachte nicht minder edel als Cornelius, der den König gegen den Tadel, als sei er den Künstlern gegenüber allzu karg, mit den Worten in Schutz nahm: „Unser Glück ist die Ausübung unseres Berufs und damit sind wir reicher und bevorzugter als die Reichsten." Ein Fest im Paradiesgarten versammelte die ganze Künstlerschaar um den Gefeierten. Cornelius selbst hatte die Ausschmückung des Saales übernommen und eine ganze Reihe von Zeichnungen dazu entworfen. Er sprach auch die Willkommrede, die von Thorwaldsen mit einem Trinkspruch auf das geistige Oberhaupt der Künstlergemeinde, Bayerns König, erwidert wurde. Wenn auch ein entschiedener Gegner aller Huldigungsfeste, konnte sich doch der Künstler endlos auf ihn sich ergießenden Einladungen nicht entziehen, so daß er mehrere Wochen lang jeden Abend in zwei oder drei Familien- und Gesellschaftskreisen zu erscheinen genötigt war. Bei einem kleinen Fest in auserlesener Tafelrunde, im Thierschhäuschen, zollte der Wirth, der treffliche Schulmann und Philologe, den Dank für die seinen Penaten erwiesene Ehre durch stimmungsvolle Verse:

„Wohl sprach der ernsterhabene Geist der Alten
In stiller Klarheit aus Metall und Stein,
Doch drang das Wort nicht in die Herzen ein
Und unbegriffen ragten die Gestalten.
Da schwang der deutsche Genius aus den kalten
Nordlanden sich in ihren Zauberhain,
Berührte sie und ließ den schönen Reih'n
Der Huldinnen hellenisch sich entfalten.
Die Wolke hob vor dem entflorten Blicke
Der Jünger sich empor auf seinen Ruf
Und gab das Licht der neuen Kunst zurücke.

Doch hatt' er nur im Worte sich enthüllet,
Noch war des Schicksals Ordnung nicht erfüllet,
Er fehlte noch, der gleich den Alten schuf.
Da öffnet sich der heil'ge Norden wieder,
Hochdonnernd auf Islandes Wolkenthron
Entsandte Thor aus seinem Wald den Sohn,
Des Hekla Flamm' ihm strömend durch die Glieder.
Urkräftig zog er nach Hesperien nieder,
Rang um der größten Meister Siegerlohn,
Bis Trug und Wahn der Afterkunst entfloh'n
Auf eitler Mattheit täuschendem Gefieder.
Sei uns gegrüßt! Du hast den Hort gefunden,
Der seit Apollodor verborgen lag,
Und die Natur dem Alterthum verbunden;
Den Winkelmann durch Dämmerlicht gewahret,
Du hast im Werk ihn glänzend offenbaret,
Der reinsten Plastik ätherhellen Tag."

Köstliche Augenweide bot ein dem Gast vom König in den Räumen der Glyptothek bereitetes nächtliches Fest. Die Façade des Gebäudes war durch Fackellicht hell beleuchtet, und in den Hallen selbst warfen verborgene Lampen auf die Marmorglieder der Statuen und auf Cornelius' ernste Griechenbilder märchenhaften Schimmer. Auch ein Meisterwerk des eigenen Meissels sah Thorwaldsen damals zum ersten Mal enthüllt auf ehrwürdiger Stätte, das Denkmal des Vicekönigs Eugen Beauharnais in der Michaelskirche. Zuletzt raffte sich sogar der Magistrat dazu auf, in Gala bei dem fremden Künstler zu erscheinen und ihm bewundernden Respects zu versichern. Den mächtigsten Eindruck in München empfing der Künstler, wie er selbst betheuerte, aus den altdeutschen Meisterwerken der wenige Jahre vorher vom König erworbenen Boisserée'schen Sammlung. Während er sich sonst gegen mittelalterliche Romantik kühl ablehnend verhielt, gerieth er, was bei dem in ihm so voll ausgeprägten Hellenismus überraschen muß, über jene schlichten Tafeln in helles Entzücken und äusserte sich enthusiastisch über ihren unvergleichlichen religiös-nationalen Wert.

Wenn der König Alles aufbot, um seinem Gast den Aufenthalt in München so angenehm wie möglich zu machen, so leitete ihn dabei auch eine Regung edlen Egoismus. Es war Ludwig's sehnlichster Wunsch, den Künstler ganz an München gefesselt zu sehen, und er fuhr deßhalb fort, ihn auch brieflich mit Bitten zu bestürmen. „Sie wissen, hochgeschätzter Thorwaldsen," schrieb er am 21. November 1830, „daß hier die Kunst großartig getrieben wird, daß sie blüht, außer gerade ein Zweig, an dem mir sehr viel gelegen ist, in dem Thorwaldsen der ausgezeichnetste seit Jahrtausenden. Die Bildhauerkunst liegt leider gänzlich nieder; einen trefflichen Meister derselben für München zu erwerben, thut Noth, aber ich zögerte noch; eben jetzt muß ich wissen, ob und wann Bayerns Hauptstadt das Glück zu Theil wird, Sie zu besitzen. Darum schreiben Sie mir jetzt, ob Sie dazu entschlossen sind und in welcher Zeit, nächsten Jahre, nämlich in dem 1831 oder 1832, Sie eintreffen werden, daß ich dann aber auch darauf zählen kann. . . . Einen solchen Erwerb wird München nie gemacht haben, wenn es sich Ihrer zu erfreuen haben wird." Thorwaldsen war durchaus nicht abgeneigt, dem ehrenvollen Ruf Folge zu leisten, allein er gerieth in Schwanken, als auch aus seiner Vaterstadt Kopenhagen immer dringlicher der Ruf zu ihm drang, Dänemark's größter Sohn dürfe nicht länger der Heimat entzogen bleiben. Trotzdem gab er, als er dem Könige die Vollendung der Adonisstatue anzeigte, eine halbe Zusage: „Vor Allem aber ersuche ich unterthänigst Euer königliche Majestät, mich nur als einen Veteran anzusehen, dessen einziger Wunsch ist, in einem Lande zu leben, wo die Kunst blüht und großartig getrieben wird."

Solche Worte ermutigten zu neuem Antrag. „Spätestens einen Monat nach Empfang dieses," schrieb Ludwig am 9. November 1831, „sollen Sie mir schreiben, ob Sie im nächsten Frühling annehmen würden den Lehrstuhl als Professor der Bildhauerkunst bei hiesiger Akademie der bildenden Künste. Wenn Sie deren Professor würden, habe ich vor, Sie zugleich zum Staatsrath in außerordentlichem Dienste zu ernennen. Selbst die von mir ernannten Minister haben keinen höheren Rang als den des Staatsraths. Wollten Sie aber auch nur als Privatmann Ihren Wohnsitz in München nehmen, so werden Sie gleichfalls in diesem Fall freudig von Allen, mit offenen Armen aber aufgenommen werden von dem Sie zu schätzen wissenden Ludwig." Thorwaldsen verschob aber bestimmte Erklärung von Monat zu Monat, von Jahr zu Jahr; er konnte sich zur Uebersiedlung in eine fremde Stadt nicht recht entschließen und wollte doch den wertgeschätzten Gönner nicht verletzen. Endlich mußte er aber Entscheidung treffen; er lehnte die Professur ab und empfahl mit warmen Worten, an seiner Statt den begabten einheimischen Künstler Schwanthaler zu berufen. Schwanthaler dankte dafür gerührt seinem Meister, und dieser Brief ist von besonderer Bedeutung, weil daraus hervorgeht, daß Thorwaldsen damals noch ernstlich mit dem Gedanken umging, dem König alle oder doch die meisten seiner Modelle zu schenken. Schwanthaler erzählt nämlich, er habe die darauf bezügliche Aeußerung seines Lehrers dem Könige mitgeteilt, der davon auf's Freudigste überrascht war und immer wieder in Aeußerungen des Entzückens ausbrach. „In somma, ich habe gesehen, daß er ungeheure Freude an diesen Modellsachen hat. So weit bin ich nun gegangen, und es steht Ihnen frei, hierin weiter zu verfügen, was Sie wollen. Der Glyptothek gegenüber wird ein Museum für Kunstausstellungen gebaut, das wäre so ein Plätzchen für Ihre Modelle."

Inzwischen arbeitete der Meister in Rom an der Statue des Kurfürsten Max, wobei ihm Schwanthaler durch Zeichnungen von Porträts und Rüstungen gute Dienste leistete. Daß der Kurfürst mit bloßem Haupt dargestellt werde, war Bedingung; Stellung und Bewegung dagegen waren ganz dem Bildner überlassen. Leider fügte der König selbst später noch die Bitte hinzu, es möge von den Basreliefs, die am Piedestal angebracht werden sollten, Umgang genommen werden. Es ging eben damals jene religiöse Bewegung durch Deutschland, die den alten Hader der Confessionen, namentlich in Bayern, aufregte, wo Minister Abel an's Ruder gekommen war und sich manche extreme Maßregel erlaubte. Der König selbst, vorsichtiger und toleranter als der Minister, fürchtete, daß durch allegorische Bildwerke am Standbild des glaubenseifrigen Ahnherrn in dem einen oder andern Lager Anstoß erregt werden könnte. „Politische Gründe," schrieb er in einem auffällig kühlen, ceremoniösen Briefe, „veranlassen mich, keine einzelnen Beziehungen durch Andeutungen hervorzuheben, sondern Maximilian I., groß durch sich selbst, wie es dem Kenner genügt, allein darzustellen." Vielleicht darf man die Erklärung des geschäftsmäßigen Tones dieses Schreibens darin suchen, daß Ludwig gerade damals jene entzückende Hoffnung, die ihm durch die Mitteilung Schwanthaler's eröffnet worden war, für immer schwinden sah. Die Liebe zum Vaterland hatte gesiegt, Bertel hatte sich entschlossen, mit seinen Schätzen nach Kopenhagen überzusiedeln, und die dankbare Heimat vergalt diese Anhänglichkeit durch Aufrichtung einer würdigen Heimstätte.

König Friedrich gab den Bauplatz, das Volk selbst bestritt den Bau des Museums, freudig steuerten dazu das arme Dienstmädchen und der Bauer ihr Schärflein bei. Als Thorwaldsen am Bord der Fregatte Rota sich der Vaterstadt näherte, wurde er wie ein König von dankbarem Volk begrüßt. Der Name Thorwaldsen war in seines dänischen Volkes Herz geschrieben, war des Volkes Gedanke geworden, und wohl nicht ohne bittere Empfindung mußte König Ludwig aus den Zeitungen ersehen, wie Fest auf Fest in Kopenhagen der Freude Ausdruck gab, daß der Phidias des Jahrhunderts seiner Heimat zurückgegeben sei.

Allein nicht mit einem Mißklang endet das edle Verhältniß zwischen König und Künstler.

Als Thorwaldsen im Sommer 1841 wie ein Triumphator durch die deutschen Städte zog, sah er wieder die schönsten Weihe= tage in München. Die Jünger der Kunst bewillkommten ihn ver= traulich als einen der Ihrigen und ehrfurchtsvoll als den Gott= begnadeten, der im Reich des Idealen zur Herrschaft berufen sei. Insbesondere ein Fest der „Zwanglosen" war durch Poesie und Witz reich geschmückt, und was noch erfreulicher, der greise Gast sah sich von vielen alten Freunden aus der Tiberstadt umgeben, mit denen er einst in Villa Malta so zwanglos fröhliche Stunden verlebt hatte. Schelling brachte das erste Lebehoch und Lebelang aus, Stieglitz pries das Glück der Gesellschaft, solchen Gast in ihrer Mitte zu sehen, in altgriechischen Weisen; Neumann ver= kündete seinen Ruhm in fünf lebenden Sprachen; einen altgothischen Trinkspruch brachte Maßmann aus, und Ernst Förster, Thiersch, Beck, Daxenberger, Marggraff und Pocci begrüßten den Geistes=

fürsten mit Gaben ihrer Muse. Auch die Künstler rüsteten ihm ein Fest, dessen Andenken viele Jahre lebendig blieb, nach gutem Münchner Brauch in den riesigen Hallen eines Bierkellers. Auch andere Beweise der Verehrung und Liebe wurden ihm zu Teil, der theuerste vom König, der gerade im Bad Brückenau verweilte, eine tröstende Kundgebung, daß das seltene Freundschaftsbündniß nicht gelöst sei. „Mein lebhafter Wunsch war es, Thorwaldsen, meinen guten, alten Bekannten, den größten aller Bildhauer seit Hellas blühendster Zeit, in München wiederzusehen, wo das schönste Denkmal, welches er verfertigt, Bewunderung erregt. Unerreicht ist Kurfürst Maximilian I." Zugleich ließ er ihm durch Minister Giese das Großkreuz des St. Michaelordens überreichen, das bisher wohl kaum ein Mann getragen hatte, dem keine Macht gegeben war, als über den Marmorblock. Aber auch er wollte den König ehren, wie noch kein gekröntes Haupt geehrt worden; er besprach mit seinen Münchner Freunden auf's Eifrigste den Plan, dem „Könige der Künstler" ein Denkmal zu schaffen. Thorwaldsen wollte das Modell liefern, die Kosten des Ergusses sollten durch Beiträge von Künstlern gedeckt werden. General Heydeck wechselte dieses Unternehmens halber auch später noch Briefe mit Thorwaldsen; allein dieser war in nächster Zeit durch das Monument Frederik's VI. vollauf in Anspruch genommen, und bald darauf, im März 1844, lag ein von Bayerns Monarchen dem „Unvergeßlichen" gewidmeter Lorbeerkranz auf Bertel Thorwaldsen's Bahre. Ich forschte selbst im Thorwaldsen-Museum unter den in großer Anzahl vorhandenen, unvollendeten Arbeiten und Probemodellen, ob nicht etwa ein Entwurf des projectirten Denkmals sich darunter befinde, — allein vergeblich.

Der Besuch dieses Museums wird mir unvergeßlich bleiben. Kopenhagen hat zwei Wunder aufzuweisen, die für den Deutschen diese Inselstadt mit unendlichem Reiz ausstatten: das Meer und das Thorwaldsen-Museum.

Da ich kaum dem geräuschvollen Treiben des Hafenplatzes entronnen war, wirkte um so berauschender und berückender der geheimnißvolle, stille Zauber der Tempelhalle, in welcher bei jedem Schritt die seltensten Kunstgenüsse sich darbieten oder die ehrwürdigsten

Erinnerungen wachgerufen werden. Welch herrliches Erbe hat der Meister seiner Heimat hinterlassen! Ueber sechshundert Werke Thorwaldsen's, theils Originale, theils Abgüsse, sind in dem egyptisch-griechischen Bau vereinigt, den er selbst in den letzten Jahren bewohnt hatte. Auch seine Sammlungen sind hier aufgestellt. Die über dreihundert Stücke zählende Gemäldegallerie gibt Zeugniß, welch hohen Wert der Meister gerade der Münchner Schule beimaß, und welche Verehrung ihm die Münchner Künstler zollten. Kaum irgend ein bedeutenderer Maler hatte versäumt, Thorwaldsen's Sammlung durch eine Gabe zu bereichern, aber auch dieser selbst hatte manchen mittellosen Kunstjünger durch Bestellungen zugleich geehrt und unterstützt. Noch ist in den schlicht möblirten Wohngemächern Alles im nämlichen Zustand wie damals, als der freundliche Greis, in dessen Blicken der Ausdruck kindlichen Sinnes vereinigt war mit dem Blitz des Genius, an seinen Thonmodellen arbeitete. Unvollendet steht hier das Modell, an dem er, wie sein vertrauter Diener Wilckens in seinen Aufzeichnungen erzählt, noch am letzten Lebenstage arbeitete, eine Büste Luther's. Ihr gegenüber hängt das von Stieler gemalte lebensgroße Bildniß Ludwig's, und auch sonst grüßen Münchner Bekannte von allen Wänden. Wehmütig angeregt verläßt man die Stätte, die ein großer Mensch geheiligt hat, und tritt in den Hofraum, wo unter freiem Himmel ein mit Rosen umpflanzter flacher Denkstein anzeigt, daß hier das ruht, was vom Meister sterblich war. Wahrlich, kein Pharao hat sich durch berghohe Pyramiden ein würdigeres Grabmal aufgerichtet als unser Künstler, der inmitten seiner Schöpfungen schläft, er, „der im Leben, ein zweiter Jason, stritt, ein Held in Herrlichkeit, der uns auf's Neu' erbeutet das Bließ der goldnen Zeit."

www.ingramcontent.com/pod-product-compliance
Lightning Source LLC
Chambersburg PA
CBHW032114230426
43672CB00009B/1729